나의 만화유산
답사기

# 나의 만화유산 답사기

서찬휘 지음

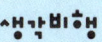

들어가며

# 기상천외한 상상력을 배태하는 시공간을 누비다

초등학교 5학년 말경 나는 충청남도 천안으로 이사했다. 지금에 비하면 당시의 천안도 참 작은 마을이었지만 당시 나는 그보다 훨씬 작은 리 단위 마을에서 막 이사한 입장이었다. 새로 살게 된 마을을 두리번거리던 내 눈에 유난히 꽂힌 게 있었으니, 바로 종합터미널 건물 앞에 우뚝 서 있는 거대한 조형물이었다. 이름하여 〈수백만 마일 — 머나먼 여정Millions of Miles–Distant Voyage〉. 아르망 페르난데스Armand Fernandez가 폐자동차의 뒤축을 가로세로 6미터, 높이 20미터로 쌓아 만든 이 조형물은 처음 보았을 땐 묵직하고 거대한 형상으로, 머리가 굵어지고 난 뒤엔 작품이 담고 있는 메시지로 내 가슴을 거세게 울렸다.

지금도 천안의 종합터미널 앞 광장에서 만나볼 수 있는 〈수백만 마일〉은 폐자동차 뒤축이라는 소재를 이용했다는 점에서 버스터미널이라는 공간에 부합하기도 하지만, 더 중요한 건 1000개가 아닌

'999'개의 뒤축을 쌓아 올렸다는 점이다. 1000이 아닌 999란 수를 선택함으로써 완성이 아니라 계속해서 진행될 무한함을 함축해 표현한 이 작품은 어느 시기부터인가 정신 차리고 보니 오덕이었던 내 가슴을 장대하게 울리기에 충분했다. 이건 그야말로 〈은하철도 999〉가 말하고 싶어 하는 진정한 영원성과도 닿아 있지 않은가!

그래서 나는 만화 관련 글을 쓰기 시작한 시점부터 이 〈수백만 마일〉처럼 만화와 전혀 상관없어 보이는 무언가가 만화 작품과 연결되는 사례를 찾아다니며 기록해야겠다고 생각하고 〈만화 밖 만화〉라는 제목으로 글을 쓰기 시작했다. 하지만 문제는 딱 〈수백만 마일〉까지만 쓸 수 있었다는 점이다. 만화 작품과 연결점이 있는 만화 바깥의 무언가라는 주제가 생각보다 어려웠던 탓이겠으나, 도무지 다음 주제를 찾아낼 수 없었던 나는 이 글 꼭지를 언젠가 갚아야 할 빚으로 남기고 마음 한구석으로 밀어 넣었다.

이번에 펴내는 《나의 만화유산 답사기》는 〈만화 밖 만화〉 이후 15년 만에 다시 꺼내든 내 마음의 빚더미다. 글의 방향도 특정 만화 작품과의 연결점을 모색하는 것이 아니라 만화 문화와 얽힌 장소와 공간에 관한 이야기를 풀어내는 쪽으로 바뀌었다. 쓸 만한 글꼭지를 찾을 수 있어야 한다는 접점도 있지만, 그동안 내가 오로지 '만화계' 안쪽에서만 유효한 이야기를 주로 써온 게 아닌가 하는 반성도 방향 변경에 한몫했다.

이 주제를 고를 때 들었던 생각은 만화 업계인들이나 충실한 독자층에게만 의미가 있는 무언가가 아니라 만화를 모르는 사람들이 접했을 때도 '아, 이게 만화와 관련이 있었구나' 하고 알 수 있는 기록으로 남기면 좋겠다는 것이었다. 또한 만화란 창작자의 기상천외한 상상력에서만이 아니라 시대적 장소적 역사적 배경 위에서 태어나는 문화이기도 함을 말하고 싶은 마음도 컸다. 마침 '만화는 시대를 담는다'는 주제를 의뢰받아 진행했던 몇몇 강연과 전시가 이와 같은 결정에 도움을 주기도 했다.

그때와 다른 게 있다면 만화와 시대라는 화두에서 '시대'에 방점을 찍었다는 점이다. 이번 책을 쓰면서 어떤 경우에도 만화사를 앞세우지 않고 우리의 만화 문화가 어떤 시대적 장소적 맥락 위에 서 있는가를 이야기하려고 했다. 이 때문에 이 책에는 만화 이야기 이상으로 시대 배경과 근현대사 이야기가 많이 등장한다. 완전히 별개인 듯한 사안들이 절묘한 타이밍에 만화 이야기 안으로 엮여 들어오는 모습을 보면서 색다른 재미를 느끼실 수 있으리라 생각한다. 어느 한 시절엔가는 만화를 접했을 독자 여러분이 이 책을 읽고 '아, 이게 만화에서는 이런 곳이었구나' 하고 생각해도 좋겠고, 한

번쯤 직접 찾아 살펴보는 분이 계신다면 더 바랄 게 없겠다.

《나의 만화유산 답사기》라는 제목은 설명이 필요 없을 《나의 문화유산 답사기》의 어감을 빌려 왔다. 처음 이 글을 구상했을 때부터 이 제목 말고는 어떠한 말도 생각나지 않았다. 유홍준 선생께 이 자리를 빌려 고개 숙여 경의와 죄송한 마음을 표한다. 그리고 처음 생각과는 방향이 다소 달라졌지만 가장 중요한 영감을 불어 넣어준 〈수백만 마일〉의 작가 고故 아르망 페르난데스 선생에게도 감사한다. 〈수백만 마일〉이란 작품이 없었다면 난 이 글들을 시작하지 못했다.

또한 누구보다도 감사해야 할 분이 많다. 내 첫 책《키워드 오덕학》만큼이나 차마 말 못 할 곡절이 쌓인 이 글들을 끝내 세상에 묶어낼 수 있게끔 결정해준 출판사 생각비행과 담당자 손성실 님, 미덥지 못한 아들을 묵묵히 지켜봐 주신 양가 부모님, 그리고 첫 책 이후 1년 가까운 시간 동안 역시나 전폭적인 응원을 아끼지 않은 아내와 책이 나올 즈음 두 돌이 막 지났을 딸 봄이. 모두 고맙고 사랑합니다.

달빛 비치는 2017년 겨울 초엽에<br>서찬휘

# CONTENTS

들어가며 기상천외한 상상력을 배태하는 시공간을 누비다 • 4

**01** 치욕과 공포의 흔적을 안아든 문화 공간
## SBA 서울애니메이션센터와 남산 일대                    14

남산, 신성한 산에서 일제 침략의 근거지로 • 16 | 남산, 일제의 근거지에서 독재의 근거지로 • 22 | '안기부 터'가 된 서울애니메이션센터 건물 외벽에 박정희의 글씨가 있는 이유 • 27 | 서울애니메이션센터의 출범 • 30 | '산업' 기조만 강조 말고 조금 더 문화적, 역사적 공간으로 쓰이기를 • 35

### 장소 옆 이야기
재미로와 서울애니메이션센터는 변화 중 • 38 | 남산 돈까스 • 41 | 남산인권마루와 기억의 터 • 42 | 공포 만화 거장 이토 준지의 망언 • 44

### 답사 코스
통감관저 터 – 중앙정보부 – 안기부 • 48 | 서울애니메이션센터 – 남산원 – 숭의여자대학교 • 53 | 서울애니메이션센터 – 재미로, 재미랑 – 명동역 • 56

**02** 아마추어 만화인과 코스튬플레이어의 각별한 추억이 서린 곳
## 중소기업협동조합중앙회 여의도 종합전시장 SYEX        61

여의도 개발과 종합안보전시장 • 63 | 중소기업 여의도 종합전시장의 등장 • 67 | 뛰어난

접근성, 매력적인 임대료로 만화 행사들을 끌어들이다 • 70 | 굼벵이관이 아마추어 만화인과 코스튬플레이어에게 각별했던 이유 • 77 | 사라진 장소가 남긴 여파 • 85

### 장소 옆 이야기
5.16 광장에서 여의도 광장, 다시 여의도 공원으로 • 89 | 굼벵이는 어디로 | 이명박과 박근혜 • 90 | 사라져간 ACA | 컬처 쇼크 & 카타르시스 • 92

### 답사 코스
IFC • 96 | 여의도 공원 • 98 | SETEC, aT센터 • 100

## 03 만화에 서린 또 다른 독재의 흔적
# 신촌 일대, 그리고 신촌 대통령                           102

합동 출현 직전 - 1. 단행본 시장에서 대본 중심 시장으로 • 104 | 합동 출현 직전 - 2. 독재 정권 뒤의 독재 정권, 불량만화 논쟁 • 106 | 1967년, 합동의 등장과 전횡 • 111 | 반反합동 움직임 전개와 야합, 그리고 좌절 • 114 | 합동의 끝없는 전횡, 그리고 종말 • 121 | 독재자의 치세는 끝났으나 • 125

### 장소 옆 이야기
이한열과 신촌 • 129 | 한국 만화 데이터베이스의 시발지, 신촌 • 132

### 답사 코스
합동출판사의 자취를 찾아 • 136 | 이한열을 기억하는 길 • 139

## 04 둘리의 고향, 소시민의 발자취를 찾아
### 한강에서 쌍문동까지　　　　　　　　　　　　　　144

둘리는 어떻게 고길동의 집 앞까지 오게 됐을까? • 147 | 둘리, 강북의 아이 • 151 | 〈아기공룡 둘리〉, 〈응답하라 1988〉의 모티브가 되다 • 158 | 도봉구의 둘리 사업, 기대와 아쉬움 • 161 | 우이천의 둘리 벽화 • 168

### 장소 옆 이야기
쌍문동을 무대로 삼은 또 다른 작품 • 170 | 새 애니메이션에서는 둘리가 부딪친 한강 다리가 다르다? • 171 | 도봉구, 만화가 전용 주택 조성 • 173

### 답사 코스
둘리뮤지엄 • 176 | 쌍문1동 주민센터, 숭미파출소 • 178 | 둘리 벽화 • 179 | 길동 씨네 앞 • 180

## 05 덕내와 젊음이 자리했던 어느 이공간에 관하여
### 홍대 일대　　　　　　　　　　　　　　　　　　182

홍대 권역에 관한 추억 • 183 | '홍대 문화'의 시작과 발달 • 188 | 일본풍, 그리고 오덕 문화와의 만남 • 192 | 젠트리피케이션, 홍대 앞은 더 이상 성지가 아니다 • 198

### 장소 옆 이야기
손희준 작가의 홍대 추억 • 201 | 새로운 덕질 공간, '홍대 던전' • 202

### 답사 코스
한양TOONK, 북새통문고 • 206 | 한 잔의 룰루랄라 • 207 | 홍대 던전 • 209

## 06 복숭아 마을, 만화 도시를 자처하다
### 부천                                                                210

복숭아가 유명하던 마을 • 212 | 부천의 도시화 • 219 | 부천, 만화를 잡은 이유 • 219 | 만화만이 주인공은 아니지만, '부천=만화 도시'가 무색하지 않은 까닭 • 223 | '의미 있는 시도'와 '유지'를 넘어서야 할 때 • 227

**장소 옆 이야기**
복사골 문화센터 • 232 | 서울 지하철 7호선 • 233 | 아파트 벽화 • 234 | 웹툰융합센터 • 236

**답사 코스**
부천시립북부도서관 • 242 | 부천종합운동장 • 243 | 둘리의 거리, 복사골문화센터 • 244 | 한국만화영상진흥원 • 245

## 07 한국 근대만화의 시작지
### 《대한민보》 터                                                        247

1909년 6월 2일이 한국 만화의 시작일인 까닭 • 249 | 관재 이도영貫齋 李道榮 • 251 | 그리고 《대한민보》• 257 | 수진궁 터를 한국 만화의 시발지로 기념한다는 것 • 259

**장소 옆 이야기**
만화의 날을 6월 2일로 바꿔야 한다는 주장에 관하여 • 265 | 한국과 일본은 만화의 날이 같다? • 266 | 수진궁 귀신, 그리고 제안대군 • 267

**답사 코스**
《대한민보》 터 | 식객촌 • 270 | 탑골공원 • 271

## 08 책과 청춘의 한 페이지들이 모여 흐르던 곳
# 청계천과 대학천　　　273

대학천의 유래 • 274 | 서점이 청계천–대학천에 모여든 연유 • 276 | 청계천변에서 살 수 있었던 것들 • 278 | '대학천' 표 덤핑 도서와 만화 불량 시비 • 281 | 한계 끝에 호황도 끝나다 • 284 | 그리고 대학천 거리의 만화 서점들은 지금 • 287 | 시대 흐름의 풍파 뒤에 남아 • 290

### 장소 옆 이야기
아내가 대학천 상가에서 겪은 일 • 293 | 현대시티아울렛 동대문점 • 296 | 세운상가 • 297 | 세운상가와 충무로 인쇄골목과 만화가 • 307

### 답사 코스
청계천 헌책방 거리 + 대학천 상가 • 312 | 세운상가 • 314 | 충무로 인쇄골목 • 315

## 09 명동 삼국지와 한국형 오타쿠 여명기의 흔적
# 명동 중국 대사관과 회현지하상가　　　317

진고개, 본정 • 318 | 모던보이와 모던걸 • 320 | 명동 입구, 중국과 얽히기도 했던 자리 • 322 | 조선은행 앞 광장과 미쓰코시 백화점 • 329 | 전쟁광 일본 군부의 득세와 폭주, 문화 암흑기 • 335 | 미쓰코시 백화점 자리의 미8군 PX화 • 337 | 딸라 골목, 외국 서적 골목 • 342 | 명동, 한국형 오타쿠 1세대의 양식을 제공하다 • 346 | 한국의 오타쿠, 반백 년 만에 환생한 모던보이와 모던걸 • 351

### 장소 옆 이야기
만문만화 • 354 | 일신서적과 현대전자 • 357 | 메이드 카페 • 360 | 부산 보수동 책방 골목과 남포동 일대 • 363

**답사 코스**
중국 대사관 골목 • 370 | 한국은행 앞 교차로 • 371 | 회현지하상가 • 372

**10** 《보물섬》의 자취를 찾아
# 육영재단과 어린이회관     374

《보물섬》, 1980년대 만화계 변화의 대표 주자 • 376 | 박정희 일가와 육영재단, 그리고 《어깨동무》 • 381 | 《어깨동무》와 《보물섬》의 거처, 어린이회관의 터 잡기 • 384 | 능동에 어린이대공원이 들어선 사연 • 387 | 육영재단의 본체, 능동 어린이회관 • 394 | 《보물섬》 창간 과정에 비릿한 냄새가 나는 까닭 • 401

**장소 옆 이야기**
《보물섬》 창간호(1982년 10월호)에 실린 박근혜 창간사 • 409 | 박조건축 • 411 | 육영재단의 내홍 • 413 | 새 보물섬은 학습만화 잡지 • 415 | 잼 프로젝트 첫 내한공연 • 416

**답사 코스**
능동 어린이대공원 • 420 | 육영재단 어린이회관 • 422 | 세종대 • 423 | 세종대-건국대 앞 상업시설 + 코믹갤러리 • 424

**마무리하며** 426
**참고 문헌** 430

나의 만화유산 답사기 01

### 치욕과 공포의 흔적을 안아든 문화 공간
# SBA 서울애니메이션센터와 남산 일대

수도 서울을 대표하는 랜드마크 가운데 하나를 꼽으라면 단연 N서울타워다. 서울에서 태어났으나 성장기를 오롯이 지방에서 보낸 내게 서울 한복판에 높이 솟은 방송탑 구조물은 그야말로 꼭 올라가 보고 싶은 곳 1순위였다.

지금이야 서울에 높이 500미터가 넘는 건물을 세우겠다는 계획도 나오지만, '서울에서 손꼽히는 높은 자리'란 대도시 풍경에 익숙지 않던 내게 N서울타워는 꽤 로망이었다. 케이블카도 신기하기 이를 데 없고 원형 전망대는 물론 바닥이 빙글빙글 돌아가는 식당도 멋있었다. 특히 남산에서 한눈에 내려다보이는 서울 풍경은 '우와 우와' 하는 탄성을 자아내게 하는 구석이 있었다. 정작 서울 토박이인 아내는 남산을 나와 만나서 처음 가봤다고 해서 추억 속 두근거림은 지역 출신의 선망일 뿐이었나 하는 쓸쓸함이 뒤따르긴 했지만, N서울타워의 옛 세칭인 '남산타워'를 들을 때면 예의 '높고 멋있는' 이미지가 떠오르곤 한다.

케이블카에서 바라본 N서울타워

　이렇게 어린 시절의 추억이 담긴 남산은 어느 사이엔가 만화 칼럼니스트라는 직업상 내게는 자주 오가야 하는 자리가 돼 있었다. 바로 서울애니메이션센터 때문이다. 서울 명동에서 남산 자락으로 조금만 오르면 나오는 이곳은 만화 전시와 애니메이션 영화제 등이 열리는 장소이자 만화계 양대 단체인 한국만화가협회와 우리만화연대가 입주해 있는 공간이기도 하다. 두 단체가 입주해 있는 건물에는 '만화의 집'이란 현판이 붙어 있다. 만화의 집 안에는 만화 도서관이 들어서 있기도 하다.
　그 외에 각종 지원 사업이나 만화상의 심사장, 애니메이션 스튜디오의 저렴한 입주 공간으로도 쓰였으니 그야말로 서울시 안에서 만화와 애니메이션과 관련한 공공시설로서는 손에 꼽히는 곳이라

하겠다. 2014년엔 명동 일대에 '재미랑'이란 이름으로 별도의 전시 및 캐릭터 상품 판매 공간이 들어섰고 서울애니메이션센터로 올라오는 진입로를 '재미로'라고 이름 붙여 만화 거리로 만드는 기획도 진행되었다. 국내의 대표적 만화 잔치인 서울국제만화애니메이션 페스티벌SICAF도 2013년부터는 이 일대를 중심으로 열리고 있다.

유명 국산 만화와 애니메이션 캐릭터들이 장식돼 있는 입구·담벼락 자리에서부터 동글동글한 마스코트 캐릭터가 반겨주는 푸른 빛 건물 외벽까지 밝고 친숙한 분위기를 자아내려 애쓴 흔적이 역력하다. 실제로도 주말이면 부모 손을 잡은 아이들이 삼삼오오 놀러와 사진 찍는 풍경을 어렵지 않게 볼 수 있거니와 '꽃피는 춘삼월'이라는 양력 4~5월 무렵에는 남산에 꽃이 흐드러지게 피어 있어 꽃놀이를 겸해 놀러 오기도 좋다.

한데 서울애니메이션센터와 그 주변이 보통 사람의 문화 공간이 된 시간은 그리 오래지 않다. 하물며 이곳은 밝기는커녕 남산에 서린 치욕과 억압의 역사 한 가운데에 서 있는 공간이다.

## 남산, 신성한 산에서 일제 침략의 근거지로

서울애니메이션센터가 서 있는 서울특별시 중구 예장동에서 회현동 1가를 아우르는 지역은 일찍이 도성의 성벽을 수비하던 군인들이 무예를 닦는 군사훈련장인 '무예장'이 있던 자리다. 예장이라는 이름은 이 무예장에서 딴 표현으로, 고을의 준말인 '골'을 붙여 예장골이라는 명칭으로도 불렸다.

예장은 남산 기슭을 끼고 있는데, 본래 남산은 조선 태조 이성계가 새로 나라를 세우고 풍수지리에 따라 도읍을 개성에서 한양으로 옮길 때 북쪽 현무 북악산, 서쪽 백호 인왕산, 동쪽 청룡 낙산과 더불어 도성의 남쪽 주작 역할을 부여받은 산이었다. 조선 왕조는 이 산들의 능선을 따라 성을 쌓고 북악산 기슭에 궁궐을 짓고는 그 맞은편에 자리한 산을 남산南山이라 부르며 집터 맞은편(앞쪽)에 서는 산을 일컫는 안산案山으로 삼았다.

풍수지리에서 안案이란 임금이 방석에 기대 나랏일을 살피는 책상과도 같은 형상을 말하며, 안산은 집터나 묏자리에 재앙이 닥치지 않도록 보호하는 역할을 한다고 본다. 따라서 남산은 새 나라의 도읍이었던 한양을 보호하는 역할을 하는 산으로서 신성시되었다.

남산에서 바라본 서울 전경

《태조실록》에는 "백악(북악산)을 진국백鎭國伯, 남산을 목멱대왕木覓大王으로 삼아 경대부卿大夫(고위 관리)와 사서인士庶人(일반 백성)의 제사를 금했다"라는 대목이 등장하는데 이 목멱대왕을 모신 사당을 목멱사木覓祠라 했다. 이 사당은 다른 말로 나라의 제사를 지내는 곳이라 하여 국사당國祀堂으로도 불렸다.

한편 남산에는 전국에서 오는 봉화가 한곳에 모이는 봉화대가 설치돼 있었다. 《세종실록 지리지》경도 한성부에서는 목멱사에 관해 "도성 남산 꼭대기에 있으니 소사小祠(작은 제사)다"라고 하는 한편, "봉화가 다섯 곳 있으니…(후략)"라면서 각 봉화가 어느 지역에서 올라온 봉화에 응하는지를 적고 있다. 다시 말해 남산은 도읍을 지키는 신성한 산이기도 했지만, 실제로는 조선 팔도의 소식을 임금에게 전달해 나라를 지키게 하는 목적으로도 매우 큰 의미를 지니고 있었던 셈이다. 게다가 이곳은 앞서 언급했듯 본래 군사훈련장이던 예장이 있던 자리기도 했거니와 《세종실록》에 명나라 사신이 목멱산에 올라 역사에게 씨름을 시켰다는 기록이 연거푸 등장할 만큼 힘이 한껏 뭉쳐 있던 곳이었다.

조선 건국 초기 나라의 도읍을 지키는 산이자 백성이 함부로 오를 수 없는 신성한 산이었던 남산은 임진왜란을 맞아 외세

조선총독부 증축 전 모습

에 짓밟힌다. 1592년 선조가 백성을 버려둔 채 도망가자, 한양에 들이닥친 왜군은 예장 터에 진을 치고 일본식 성을 쌓았다. 이를 왜군들은 왜성대倭城臺 또는 왜장대倭將臺라 일컬었다. 임진왜란에서 패하고 물러간 지 292년 뒤 일본은 다시 이 땅을 집어삼킬 야욕을 본격화하며 마치 자기 선조들에게 물려받은 땅이란 듯이 왜성대에 자리를 잡는다. 일본은 1884년 갑신정변 때 일본공사관이 불탄 책임을 따져 물은 끝에 녹천정椽泉亭 자리를 거의 강제로 빼앗아 그 자리에 새 공사관을 세웠다. 1905년 을

병탄 전 한국통감부였던 건물 앞에서 연설 중인 이토 히로부미

통감관저

사늑약이 체결되자 일본은 이듬해인 1906년 공사관을 한국통감부 통감관저로 썼으며, 한국통감부를 그보다 조금 더 윗자리에 세웠다. 한국통감부는 1910년 경술국치로 대한제국이 망하자 조선총독부가 되었다.

한편 남산과 그 주변은 이 시기를 기점으로 완전히 일본인들의 자리가 되고 말았다. 일본은 1897년 3월 17일 일본인 거주자들의 휴식 공원을 만든다는 명목으로 예장동 일대 3000여 평을 영구 임

현재 팔각정 자리에 있었던 남산의 국사당 내부 사진. 이성계, 무학대사, 최영을 비롯해 여러 호신신장을 모시고 있었다.

일제가 1925년 남산 중턱에 세운 조선신궁. 남산 꼭대기의 국사당은 조선신궁보다 높은 위치에 있다는 이유로 인왕산으로 쫓겨났다.

차해서 그해 7월 왜성대 공원을 열더니, 1898년엔 남산에 남산대신궁을 세우고 1916년 5월 22일 경성신사로 개칭했다. 1925년엔 남산 꼭대기의 국사당의 이름에서 제사를 뜻하는 사祠 자를 스승 사師 자로 바꿔 무학대사 사당으로 축소한 채 인왕산으로 쫓아내고 남산 중턱에 조선신궁朝鮮神宮을 세워 일본 신화의 주신인 아마테라스 오오미카미天照大御神, あまてらすおおみかみ와 메이지 천황明治天皇을 데려다 놓았다. 남산 성곽 일부는 헐려 조선신궁을 세우는 데 쓰였다.

고종은 명성황후가 일본인들에게 살해당한 을미사변(1895) 당시 자객에 맞서다 희생당한 이들을 기린다는 명목으로 일본인 거주지 동쪽 끝자락에 장충단을 세우며 일본에 마음으로나마 각을 세웠는데, 일본은 그 위쪽에 조선 초대 통감이자 식민지화의 원흉이던 이토 히로부미伊藤博文의 사당인 '박문사'를 세우며 조롱했고, 장충단 자체도 1910년 없앤 후 1920년 무렵엔 공원화하고는 상하이 사변에 전사한 일본 군인들인 이른바 '육탄3용사'의 동상을 세우기도 했다. 이도 모자라 러일전쟁(1904~1905)

당시 사령관이자 메이지 천황이 죽자 그 뒤를 따라 할복자살했다는 노기 마레스케乃木希典를 기리는 노기 신사가 서는가 하면 통감관저 터에는 주한 일본 공사를 지냈던 하야시 곤스케林權助의 동상이 서기도 했다. 조선 건국부터 부여받은 남산의 신성한 역할을 생각한다면 일본은 남산을 그야말로 '철저하게 계획적으로' 유린한 셈이다.

남산 기슭에서 시작된 국권 침탈의 흐름은 결국 나라를 집어삼켰고, 남산 아래까지 내려가 일본인 중심의 번화가를 탄생시켰다. 일본인들은 지금의 법정동 충무로 1~3가에 이르는 명동 일대를 '중심지'라는 뜻으로 혼마치本町라 불렀다. 혼마치는 우리식으로 읽어 '본정'이다. 본래 정치 세력의 주 거주지를 구분하던 북촌과 남촌은 일제강점기에 청계천을 기준으로 조선인 중심 거주지와 본정

한일 병합 직전에 찍힌 한국 주둔 헌병대 본부. 이후 조선 헌병대 사령부가 되었으며 박정희가 5.16 군사 쿠데타를 일으킨 뒤에는 수도방위사령부가 됐다. 1998년 이후 남산골 한옥마을로 대중에게 공개돼 있다.

을 포함한 일본인 중심 거주지를 가리키는 표현이 된다. 지금의 남산골 한옥마을은 헌병통치의 중심지였던 헌병사령부 터다. 광복 후 혼마치를 대체한 충무로라는 이름은 일본을 무찌른 이순신 장군의 시호를 따 붙인 것이어서 마치 본정이었던 시절을 지우려는 듯한 인상도 준다. 명동 일대는 사실상 일본 관광객에게 점령당한 지 오래고 최근엔 중국인도 가세하고 있어 옛 풍경이 이러했겠구나 하는 심정이 들기도 한다. 이 혼마치를 중심으로 한 명동 일대에 관한 이야기는 이 책의 아홉 번째 꼭지인 중국대사관과 회현 근처를 이야기할 때 좀 더 자세히 다루겠다.

그렇다면 서울애니메이션센터는 이 가운데 어떤 자리에 서 있는 걸까? 다름 아닌 한국통감부와 조선총독부가 있던 자리다. 바로 옆에 자리하고 있는 숭의여자대학은 경성신사 터였고, 또 그 옆에 자리한 리라초등학교를 지나면 있는 사회복지 시설 남산원 입구 근처엔 노기 신사의 흔적이 지금도 남아 있다.

## 남산, 일제의 근거지에서 독재의 근거지로

조선총독부의 첫 자리였던 지금의 서울애니메이션센터 자리는 조선총독부가 경복궁의 홍례문을 철거(1916)한 자리에 새로운 청사를 세워(1926) 이전하면서 이듬해 은사기념과학관恩賜記念科学館이라는 이름을 단 과학전시관으로 바뀌었다(1927). 은사기념과학관이란 이름

에 담긴 은사恩賜는 '임금이 은혜로써 신하에게 물건을 내려주던 일'을 뜻하는 표현으로, 여기서 임금이라 함은 시대 배경상 일본 천황을 뜻한다. 한 잡지 기사(〈83년 전만 못한 서울과학관… 초라한 한국 과학의 그림자〉,《동아사이언스》, 2010년 4월 11일자)에 따르면 기록에 제반 경비로 5만 엔을 하사했다고 나온다. 일본 요미우리 TV 아나운서인 미치우라 토시히코道浦俊彥가 소속 방송국 아나운서 공식 웹페이지에 싣고 있는 〈신 언어 사정新 ことば事情〉 코너 2012년 7월 31일자 글에 따르면 이 시기 일본인의 임금은 소년공이 10엔, 대졸 초임자와 숙련공의 경우 50엔이고 요즘 화폐 가치로 환산하면 1엔이 1만 엔(약 10만 원) 정도라 하니 당시로서는 꽤나 어마어마한 금액이었던 셈이다. 이 과학관은 광복 이후엔 국립과학박물관이 됐다가 1948년 국립과학관이 됐으나 1950년 한국전쟁을 겪는 통에 죄다 불탔다. 전쟁이 끝나고 폐허처럼 남아 있던 이 자리에, 역시 전쟁통에 정동 청사가 폭파돼 임시 방송 체제를 유지하던 KBS(중앙방송국)가 1957년 사옥을 지어 올렸다(1957. 12. 10).

하지만 마치 터가 문제였다는 듯 KBS는 몇 년 안 가 또 한 번 군홧발에 짓밟힌다. 명색이 민주주의를 내걸었으나 종신집권을 위한 부정선거를 저질렀다가 4.19라는 시민혁명을 얻어맞은 이승만이 하야를 선언(1960. 4. 26)하고 하와이로 도망간 지 1년여 만에 육군사관학교 8기생 출신 군인들이 박정희의 주도로 군사 쿠데타를 일으켰다(1961. 5. 16). 이날 새벽 4시경 KBS 남산 사옥에 총을 들고 들이닥친 군인들은 숨어 있던 아나운서를 끌어내 혁명의 당위를 설명하는 문서와 6개항으로 이뤄진 혁명공약을 발표케 한다.

폭력으로 제2공화국을 무너뜨린 박정희 세력은 군사혁명위원회를 국가재건최고회의로 개칭하고 깡패 소탕령을 내려(1961. 5. 21) 정치 깡패로 소문난 이정재를 비롯해 폭력배들을 거리에 끌고 다니며 망신 준 뒤 처형(1961. 10. 19)하는가 하면 이승만의 자유당 정권이 몰락한 원인이었던 3.15 부정선거의 책임을 물어 최인규 전 내무부장관을 역시 교수형으로 죽인다(1961. 12. 21).

이러한 일련의 사건 사이에 국가정보기관인 중앙정보부(중정)가 들어서는데(1961. 6. 10), 재밌는 건 이 중앙정보부가 바로 한국통감부 통감관저 자리 옆에 본관을 뒀다는 점이다. 나라를 망하게 하고 백성을 엄혹한 식민통치로 몰아넣은 경술국치의 장소 바로 옆에 독재 정권의 유지를 위해 납치, 고문, 용공 및 간첩 조작, 도청 등 온갖 폭압적 수단을 동원하는 기관을 세웠다는 점은 박정희 군사 독재의 의식적, 역사적 맥락이 일제강점기와 강하게 연결돼 있음을 드러내는 대목이다.

중정 설립은 박정희와 함께 군사 쿠데타를 일으켰던 김종필이 주도했으며, 이후 박정희가 부하 김재규의 총에 맞아 죽은(1979. 10. 26) 혼란기를 틈타 또다시 무력으로 정권을 잡은 전두환 세력의 손으로 '국가안전기획부(안기부)'가 되어 명맥을 이어간다. 중정과 안기부 시기에 '남산'은 그 이름 자체로 공포 정치의 대명사였으며, 수많은 민주화 운동 인사가 본관 건물과 주변에 자리한 부속 건물들로 끌려 들어가 끔찍한 취조와 고문을 당했다. 이 건물들에서 인민혁명당 구성원들을 북한 지령으로 국가사변을 기획했다는 혐의로 기소해 사형판결 확정 후 18시간 만에 처형한 제2차 인혁당 사건을 비롯해 동백림 사건, 최종길 타살 사건, 민청학련 사건, 김대중 납치극, 김대중 내란음모 사건 등 다양한 인권침해 사건이 제조되었다. 이 기관들에서 정보권력, 집권자의 칼, 공포정치 구현의 선두에 섰던 부장들 상당수가 좋지 못한 말로를 걸었다는 점도 웃지 못할 비극이다.

1995년 안기부가 내곡동으로 이전하면서 안기부에 관련된 일부 건물은 폭파돼 사라지고 일부 건물은 서울시 소유가 되어 용도가 바뀌었다. 중정 본관 건물이었던 곳은 서울유스호스텔이 되어 젊은 이들의 숙소로 쓰이고 있고, 행정과 고문, 감청 등이 진행된 건물들

중정과 안기부 본부가 자리하고 있던 건물. 고문의 현장을 시민 교육장, 인권센터로 활용하자는 주장이 많았으나 이명박 전 서울시장은 이곳을 유스호스텔로 바꾸었다.

진입로 벽에 세계인권선언문이 걸려 있는 모습

은 각기 서울소방재난본부, 서울시도시안전본부, 교통방송 등으로 쓰였다. 옛 중앙정보부장 관저는 문학의 집으로 바뀌었다. 경술국치의 현장인 한국통감부 통감관저 터를 지나 중정과 안기부 건물로 굽이져 들어가는 진입로 벽에는 공포에 질려 끌려 들어가 모진 고문을 당했던 민주화 인사들의 고통을 기억하자는 듯 세계인권선언문 전문이 걸려 있다.

　안기부는 이후 국가정보원으로 개편되었으며, 이후 원초적 본능을 못 이기고 대선 개입을 비롯한 권력형 비리를 저지른 바 있다.

## '안기부 터'가 된 서울애니메이션센터 건물 외벽에 박정희의 글씨가 있는 이유

박정희는 친일 경력과 좌익 경력을 덮기 위해 이승만 이상으로 반공 이데올로기를 국시로 삼았고 대중문화를 철저히 검열·통제했다. 만화도 예외는 아니었는데 여기서도 중정이 나서는 대목이 있다. 1959년 등장해 인기를 끈 한국 SF 히어로 만화 《정의의 사자 라이파이》의 작가 김산호는 1960년대 중반 미국으로 건너갔다. 표면적인 이유는 "선진 만화기술을 배우기 위해"였지만 실제로는 중앙정보부에서 라이파이와 인민해방군과 싸우는 장면에 그려진 붉은 별을 보고 용공사상이 있다면서 1주일을 조사한 데 대해 환멸을 느껴서였다고 전한다.

김산호는 《오마이뉴스》와의 2002년 인터뷰(〈"단군모습, 신선 아닌 씩씩한 기마족"〉, 《오마이뉴스》, 2002년 8월 22일자)에서 "몇 십 년이 흘러 서울애니메이션센터와 우체국 등에서 내 그림을 전시하고 우표에 사용한다고 해서 서울애니메이션센터 주변을 방문했는데, 그 자리가 옛 안기부 터였다. 나를 조사한 안기부 옛 터에서 내 만화 원판을 전시한다고 하니 기분이 묘하더라"라고

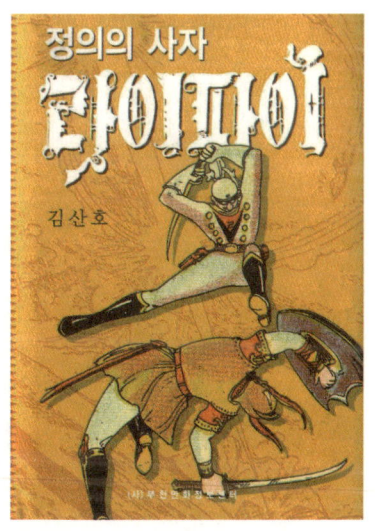

《정의의 사자 라이파이》

밝힌 바 있다. 이 인터뷰에서는 안기부라 나오지만 1966년이라는 시기상으로는 중정인데, 당시까지는 서울애니메이션센터 자리에 KBS 사옥이 있었던 터라 김산호 작가가 조사를 받은 곳은 지금 유스호스텔이 있는 중정 본관 또는 그 주변 건물일 것으로 보인다. 하지만 서울애니메이션센터 건물도 1986년부터는 안기부 관할이 되어 취조 장소 등으로 쓰였다.

아닌 게 아니라 서울애니메이션센터 관계자와 입주인들 사이에서는 귀신 목격담이 매우 흔하다. 당직자들은 밤이면 어디선가 들려오는 비명과 고문 받는 소리에 시달렸다고 한다. 이 일대가 중정에서 안기부 건물로 쓰이는 동안 각 건물에는 본부에서 연결되는 지하통로가 있었다는데, 서울애니메이션센터에도 그 통로가 연결돼 있다는 '소문'이 있지만 현재 지하실이 폐쇄돼 확인할 길이 없다. 다음 만화속세상에서 연재된 강풀의 웹툰 〈무빙〉은 16화부터 1980년대 말에서 1990년대 초반 무렵의 안기부를 무대로 삼고 있는데 작품 배경미술에 등장하는 건물이 바로 이 시기의 서울애니메이션센터 자리에 있던 안기부 관할 건물이다.

KBS 사옥에서 안기부 시기 사이에 이 자리는 국토통일원이라는 기관이 쓰기도 했다. 국토통일원은 지금의 통일부다. 국토통일원은 1969년 3월 1일 발족한 이래 자유센터 일부 건물을 임대해 써오다가 KBS가 여의도에 새 건물을 지어 1976년 10월에 옮겨가자 같은 해 11월 29일 그 빈 자리로 이전해왔다. 박정희는 이듬해인 1977년 2월 1일 이 건물 바깥벽에 '國土統一(국토통일)'이라 쓴 친필 휘호

이곳이 국토통일원 자리였음을 보여주는 국토통일 글씨.

리라초등학교 쪽으로 올라가 벽 사이를 찾으면 글자를 볼 수 있다.

1977년 2월 4일자 〈대한뉴스〉 제1120호에는 국토통일원에서 열린 제막식 풍경이 나온다.

를 가로 1.5미터, 세로 4미터짜리 화강암에 새겨 붙이고 제막식을 열고는 5.16 군사 쿠데타 당시 새벽에 6개항으로 이뤄진 혁명공약을 처음으로 내보낸 제7스튜디오를 순시했다. 당시 국토통일원은 스튜디오를 혁명 당시 형태로 보존하고 있었다고 하는데, 박정희는 나라를 빼앗은 그 순간을 되돌아보며 희열을 느꼈을지도 모를 일이다. 국토통일원이 1986년 세종로 정부종합청사로 이전하면서 이 건물은 안기부 관할 건물로 쓰이다 1999년 서울애니메이션센터가 들어서고야 비로소 시민들에게 개방됐다.

이 건물에 붙어 있는 박정희의 육필은 현재 새로운 구조물에 가려 잘 보이진 않지만 입구 옆 담벼락 자리에 올라서서 보거나 리라초등학교 쪽에 올라 건물 벽 사이를 찾으면 볼 수 있다. 당시 보도에 따르면 국토통일원 측은 "남산을 내왕하는 모든 사람의 가슴 속에 통일의 염원을 되새기게 하는 남산의 명물이 될 것"(〈원형 보존된 혁명방송실〉,《동아일보》, 1977년 2월 2일자)이라 밝혔다 한다. 현재 센터의 성격과는 전혀 어울리지 않지만, 건물에 가려 그늘 속에 묻혀 있는 모습이 독재정권기의 음울한 유산다운 면모로 보이기도 하니 그 또한 기묘하다.

## 서울애니메이션센터의 출범

질곡의 역사를 끌어안은 채 시민을 맞이한 서울애니메이션센터는 서울시가 출연한 서울산업진흥재단의 첫 중소기업 지원 사업을 통해 1999년 5월 3일 설립됐다. 말하자면 서울시가 설립을 맡고 서울산업진흥재단이 책임운영을 맡은 형태다. 이 때문에 출범 당시 서울애니메이션센터의 정확한 명칭은 '서울산업진흥재단 서울애니메이션센터'였다. 재단이 2005년 3월 서울산업통상진흥원으로 바뀌어 SBA라는 영어 약칭을 얻자 '서울통산산업진흥원SBA 서울애니메이션센터'라는 명칭이 쓰였다. 서울통상산업진흥원이 2014년 다시 서울산업진흥원으로 사명을 변경하였기에 현재는 '서울산업진흥원 SBA 서울애니메이션센터'라는 명칭을 쓴다. 〈모래시계〉를 만든 고 김종학 PD의 제이콤에서 애니메이션 본부장으로 일하며 애니메이션 〈망치〉 제작을 준비 중이던 김병헌이 공개 채용을 통해 기술지원부장이라는 직함으로 첫 수장 역할을 맡았고, 컴퓨터 아티스트 최은경이 과장 직책으로 팀장을, 한국에 자생한 1세대 오타쿠로 정평이 나 있던 김세준이 자료 담당을 맡아 출범했다.

서울애니메이션센터 전경

당시의 보도자료를 살피자면, 서울애니메이션센터는 만화·애니메이션 산업에 대한 종합적인 지원과 육성을 목적으로 설립되었으며 '산업에서 문화까지를 포괄하는 복합 다기능 지원센터'를 표방했다. 서울애니메이션센터는 자료에서 작품 제작에서 판매까지 진행할 수 있는 비즈니스 지원실과 전문도서관 기능을 담은 정보실, 만화·애니메이션 문화 저변 확대에 기여하는 교육실, 신진 기획·창작 인력의 발굴과 육성을 위한 창작지원실로 구성돼 있다. 한편 개장 이후 상설 기획전시를 꾀하고 국가별 애니메이션 영화상영전, 만화·애니 제작 지원, 남산입구에서 백범광장까지의 남산 소월길을 애니로드로 조성하겠다는 계획을 밝히고 있다.

이러한 계획에 따라 서울애니메이션센터에는 독립 만화지 《화끈》팀과 〈아치와 씨팍〉 제작사 조범진팀 등 다양한 만화·애니메이션 창작팀/창작사가 개장 초기에 입주했으며 애니충격전을 비롯해 전 세계의 중단편 신작 애니메이션을 만날 수 있는 애니메이션 영화제가 진행됐다. TV에서 보기 어렵거나 극장에서 빨리 내려가기 일쑤인 애니메이션들도 비교적 오래 틀어주었다. 이후 각자 만화계에서 족적을 남기게 되는 작가들인 최규석·석정현·변기현 작가가 '삼단변신'이라는 이름으로 입주해 작품 활동을 하기도 했으며, 극장판 애니메이션 〈소중한 날의 꿈〉을 제작한 '연필로 명상하기'도 이곳에서 작업을 진행했다. 만화 도시를 표방한 부천이 1998년부터 부천만화정보센터를 세워 만화 지원 사업을 벌이기 시작했지만, 부천이 만화 창작지원실을 개관한 시기가 1999년 9월이니 서울애니메이션센터가 시기상으로 조금 더 앞선다.

　그런데 서울애니메이션센터의 개장 과정은 상당히 고난의 연속이었다. 자료에 따르면 서울형 산업 육성 정책으로서 애니메이션 산업 지원을 검토하기 시작한 게 1996년 3월인데 세부 운영 계획과 운영위원회, 실무위원회가 구성된 게 1998년 7월, 센터의 마스코트 캐릭터 '애니동자'와 제호가 나오고 부서별 운영계획이 수립된 게 1999년 1월이다. 다시 말해 검토를 시작한 시기와 실제 업무가 본격적으로 추진되기 시작한 기간과 개장 시기에 상당한 차이가 있어 준비 과정이 쉽지 않았음을 짐작케 한다.

　이와 관련해 수장 노릇을 했던 김병헌에 따르면 당시 서울시장이었던 고건 시장(1998. 07~2002. 06, 제31대 서울시장 재임)이 이른바 '서울형 사업'으로 새로운 고부가가치 도심형 사업인 애니메이션을 꼽고 비어 있던 안기부 건물을 활용케 하자 결정을 내렸는데, 막상 사람을 뽑고 준비를 시켜놓고는 개장 일정을 잡는데 다소 뜸을 들였다고 한다. 결국 업계와 학계, 전문가들이 전략적으로 어떤 것을 하겠다는 점을 브리핑하여 개장을 관철시켰다고 한다.

　하지만 이름이 '서울애니메이션센터'인 탓에 개장 행사부터 시작해 만화가들의 참여를 끌어내기가 쉽지는 않았다고 한다. 이는 기술직책부장이라는 수장의 직책명에서 볼 수 있듯 당시 서울시가 지원하고자 하는 방향 자체가 고부가가치 '산업'으로서 마치 기계 부품처럼 맞춰 돌아가 고부가가치 결과물을 생산해낼 수 있다는 식이었기 때문이었다고 한다. 이곳이 서울산업진흥원 산하로 설정돼 있는 까닭도 여기에 있다. 실제로 당시 서울시는 만화와 애니메이션을 구분하지 못했다고 하며, 실무단에서는 실질적으로는 만화 정책이 많고 도서관과 창작지원실 등도 있다는 식으로 만화가들을 설득했다고 했다. "만화라는 말을 뺀 채 서울애니메이션센터라고 부르는 데 대한 만화계의 아쉬움을 해소해, 만화와 애니메이션의 생산적 결합을 이끄는 문제도 털어내야 할 숙제다"(〈안기부 옛 터가 한국만화 새 터로〉,《한겨레》, 1999년 12월 21일자)라는 기사 내용에서 당시 만화계의 분위기와 우려를 엿볼 수 있다.

한편 현재 센터 본관 건물 왼편에 자리하고 있는 만화의 집 자리엔 본래 미국 유명 시사만화가 래넌 루리Rana-n.R.Lurie의 박물관이 들어설 예정이었다. 이 기획 자체는 고건 시장 앞 대인 1997년 조순 시장 시기에 언론을 통해 발표됐는데, 이때 계획은 현재 서울애니메이션센터 자리 전체를 '서울 만화광장'으로 지정하고 래넌 루리 만화관을 만들자는 형태였다. (〈루리 만화전시관 등장〉,《매일경제》, 1997년 6월 6일자) 래넌 루리가 1997년 5월 9일 조순 전 시장을 만난 자리에서 제안해 약속됐다 하고 1997년 10월 28일 시민의 날에 맞춰 개장을 추진했지만, 조순 전 시장이 대선 출마를 선언하며 직무대행을 맡았던 강덕기 서울시장 직무대행이 1997년 9월 22일 백지화를 선언했다. 당시 언론 보도에 따르면 "루리 만화관 백지화 결정은 '국내에 우리 만화와 만화가들을 위한 변변한 공간이 하나도 없는데 외국 만화가를 위해 전시장을 만드는 것은 옳지 않다'는 여론을 수용한 것"(〈서울시 "루리 만화관 없던 일로〉,《동아일보》, 1997년

9월 23일자)이었다고 한다.

이후 고건 시장 시기에 서울애니메이션센터가 개관했고, "무형 자산을 활용하는 프로젝트들을 진행하면 시에 큰 효과가 난다"는 설득으로 센터 본관 옆 건물의 관리 권한을 얻어냈다. 센터는 이에 따라 해당 건물을 '만화의 집'으로 정하고 만화 박물관과 역사관, 도서관을 차리고 한국만화가협회와 우리만화발전을위한연대모임(현 우리만화연대) 등 만화가 단체들을 유치했다(1999. 12). 현재 서울애니메이션센터와 그 옆에 만화의 집이 자리한 구도는 이렇게 완성되어 지금에 이르고 있다.

## '산업' 기조만 강조 말고
## 조금 더 문화적, 역사적 공간으로 쓰이기를

어찌 보면 서울애니메이션센터는 지난 역사의 아픈 상처들을 고스란히 안은 건물을 어떻게든 활용하려 한 행정적인 필요와 1990년대 후반 '애니메이션 한 편 잘 만들면 자동차 몇 만 대 수출 효과'로 대표되는 굴뚝 없는 산업 추진 기조가 맞물려 탄생한 이질적인 공간이다. 서울애니메이션센터는 시작부터 '문화'라기보다 '산업'에 방점을 찍었고, 행정 측의 이해 부족으로 문화의 장르 구분도 다소 모호하게 출발한 여파가 지금까지 이어지고 있다. 하지만 최근 재미랑과 재미로를 비롯해 센터 주변으로 공간을 확장해나가는 시도

재미랑. 전시 공간과 캐릭터숍 등이 들어서 있다.

가 이어지고 있는 점은 많이 긍정적이다.

다만 재미로를 비롯해 주변 공간을 만화와 애니메이션 테마 거리로 명확하게 꾸미기란 서울시 측이 좀 더 적극적으로 나서지 않는 한 성과를 내기가 쉽지 않다. 건물주가 아닌 일개 임차인들에 지나지 않는 상인들에게 협조를 구할 수 없기 때문이다. SICAF가 2013년부터 센터 본관을 비롯해 주변 명동 일대를 활용해 열리고 있고 재미로와 재미랑이란 공간 또한 적극 활용하려 하고 있지만 여전히 일대 거리의 맥락이 '만화스럽다'고 읽히진 않는 까닭이 다른 데 있진 않다. 게다가 명동 일대가 왕년의 혼마치 시절을 떠올리고 싶다는 듯 일본인 관광객들 중심으로 상권이 바뀌고 있는데다 최근엔 중국인 관광객이 급증하고 있는 와중이라 다소 구석진 지점까지 문화 공간으로서 일반 시민들에게 회자되기란 참 쉽지 않다.

그렇다면 발상을 바꿔 역사성과 맥락성을 함께 전달할 수 있는 투어 프로그램의 상설 운용 등으로 방향을 바꾼다면 어떨까. 서울 애니메이션센터와 남산 주변만큼 이야깃거리를 눌러 담고 있는 공간도 드물다. 그렇다면 단지 공간을 산업 지원 측면이나 저렴한 임대 차원에서만 활용하기보다 오히려 역으로 공간이 담고 있는 역사성으로 주변뿐 아니라 사방 천지의 사람들을 끌어들이고 그 전달 수단으로서 만화와 애니메이션 장르를 적극 활용하는 편이 이 공간을 좀 더 의미 있게 쓰는 방식이리라 본다. 끝내 가리지도 버리지도 못한 센터 본관 벽면의 박정희 육필을 비롯하여, 이 공간과 주변이 지니고 있는 다양한 아픔과 이야깃거리들이 세월과 함께 풍화해간다면 못내 아쉬울 것이다. 현재 센터 본관 건물이 1957년에 지어졌으니 근대문화유산 지정 등은 어렵겠지만, 그럼에도 센터 건물과 주변이 역사적 문화적 견지에서 해석될 여지를 만들 수 있기를 바란다. 여기엔, 그만한 이야깃거리들이 있다.

서울애니메이션센터 담벼락 자리에 서 있는 태권V

 장소 옆 이야기

### 재미로와 서울애니메이션센터는 변화 중

《나의 만화유산 답사기》의 첫 글인 남산 편을 처음 작성했던 시기가 2015년 4월 19일이다. 이후 재미로를 비롯한 남산 쪽도 가만히 머물러 있지만은 않았다. 지역 상권을 한층 밝아 보이게 하려는 벽화 사업도 이어지고 있고 각종 캐릭터 조형물도 이어지고 있다. 그것이 과연 '만화'와 잘 연결되는가에 관해서는 다소 의문이 남지만 남산에 서 있는 곳의 이름부터가 '애니메이션센터'라는 점을 감안할 필요는 있겠다. 재미로는 tvN 드라마 〈화유기〉, SBS Plus 드라마 〈애간장〉 등의 촬영 배경지로도 쓰였다는데, 드라마 등지에서 배경으로 노출되는 건 이후 배우 팬층의 유입을 기대할 수 있는 일이어서 긍정적으로 볼 만하다.

하지만 서울애니메이션센터의 변화는 다소 논란을 겪고 있다. 서울시는 2016년 8월 10일 서울애니메이션센터를 재건축하겠다고 발표했다. 이 발표에 따르면 서울시는 예장 자락에서 퇴계로로 이어지는 남산 자락을 '남산 애니타운'이란 이름을 단 캐릭터 콘텐츠 산업 메카로 키우겠다는 계획을 세우고 있다. 서울애니메이션센터의 재건축은 이와 같은 변화의 중심축인 셈이다. 그러나 이 말은 곧 예전 건물을 부수고 새 건물을 짓겠다는 이야기다. 본문 마지막에서 근대문화유산 지정을 운운했건만 이젠 정작 건물 자체가 사라지게 생겼다.

서울시는 2016년 설계 공모를 실시해 새 건물의 당선안을 선정했고, 2017년 11월 한 달간엔 서울애니메이션센터라는 이름을 바꾸기 위한 이름 공모전도 진행했다. 서울시는 서울애니메이션센터 재건축 사업을 2019년 12월까지 진행할 예정이라면서 "남산 예장자락 일대의 역사를 상징하는 풍부한 공간을 창출하는 동시에 주변 전체를 상상과 생동의 장소로 탈바꿈시키는 건축적 사건"이라고 밝혔다고 한다. 하지만 경기대 안창모 교수는 이에 관해 비판적인 입장을 내비친다. "국치의 장소에 지어질 예정이지만, 설계공모전 과정 어느 곳에서도 주최 측과 설계자가 땅의 역사적 의미와 교훈을 인식하고 있었다는 사실을 확인하기 어렵다. 당선안대로 지어진다면 건축가 승효상이 주장하는, 터가 갖고 있는 무늬가 사라지면서 역사의 교훈 역시 사라지게 될 것이 우려된다" "이대로 애니메이션센터 사업이 진행된다면 역사의 현장이 사라지게 될 것이다"(안창모, 〈日帝 총독부·안기부의 터… '歷史의 교훈' 지워선 안돼〉, 《문화일보》, 2017년 10월 18일자)라고 주장하고 있는 것이다.

새 건물은 단지 공간을 넓게 써야 한다는 목적 때문에 필요한 건 아니다. 아닌 게 아니라 서울애니메이션센터 건물은 옥상에 드라마 〈커피 프린스 1호점〉의 남자 주인공 집 세트가 있던 만화의 집과 더불어 건물의 노후로 안전 문제가 끊임없이 제기되어 왔다. 하지만 공간의 역사성이란 단지 건물을 무조건 보존해야 한다기보다

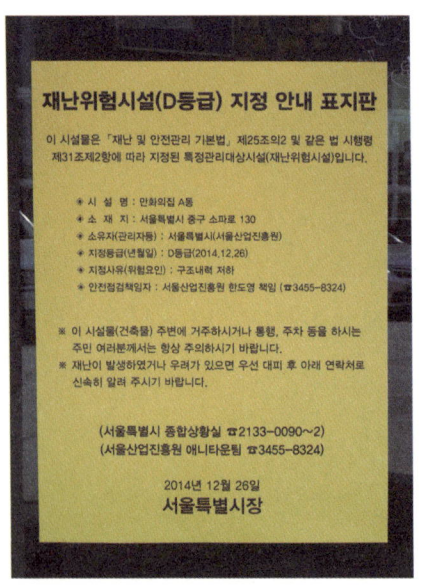

'재난위험시설'로 지정된 만화의 집

새로 들어서는 공간이 앞의 역사성을 어떻게 이어내고 그 공간을 찾는 이들에게 기억시키느냐의 문제에 가깝다. 그리고 우리는 새로 들어서는 공간이 옛 공간이 쌓아온 맥락을 지우는 모습을 너무나 많이 보아왔다. 새 서울애니메이션센터에 우려가 제기되는 까닭이 다른 데 있지 않다. 서울시가 2016년 재건축을 발표하면서 건물이 지어진 년도를 1962년이라 주장하며 KBS 사옥 시절을 지우고 있는 상황이어서 우려는 더욱 커진다.

　새 건물을 짓는 일은 이제 기정사실이다. 전시 행사를 좀 더 원활하게 치를 수 있는 전용 공간을 마련한다는 소식은 반갑기도 하다. 하지만 기왕 새로 짓는다면 서울시가 이 공간의 역사성에 관해 스스로 밝힌 바를 조금이나마 더 반영할 수 있기를 바랄 따름이다. 그리고 어차피 부수고 새로 지을 것이라면 폐쇄된 '지하실'을 비롯해 안기부 시기의 자취를 꼼꼼히 기록으로 남긴 후 부수길 바란다.

## 남산 돈까스

남산 하면 떠오르는 음식은 돈까스. 왜성대가 있던 곳답게 일본인들이 즐겨 먹는 일본식 개량 서양 음식이 명물로 남았다. 이곳엔 〈1박 2일〉과 〈무한도전〉 등 유명 TV 예능 프로그램에도 등장한 바 있는 돈까스 전문점들이 서로가 원조라며 즐비하게 서 있다.

어떻게 보면 이제 '남산 돈까스'란 표현 자체가 '전주 비빔밥' '흑산도 홍어' '부산 돼지국밥'같이 한국의 돈까스를 대표하는 일종의 지역 브랜드가 된 듯한 인상이다. 타 지역에서도 남산 돈까스임을 부각하는 매장이 종종 보이는 것도 비슷한 맥락이다. 중앙정보부장으로 악명을 떨치다 어느 날 형체조차 찾을 수 없게 된 김형욱의 생전 별명이 바로 저 남산 돈까스였다는 게 살짝 호러다.

서울애니메이션센터 쪽에서 행사가 있을 때면 만화계 사람들이 곧잘 회식 장소로 찾는 곳이 두 갈래로 나뉘는데 한 곳이 재미로 쪽의 식당들이고 한 쪽이 이 돈까스집들이다. 돈까스의 맛 수준은 대체로 대동소이하나 식당에 따라 돈까스와 더불어 독특한 메뉴가 함께 있는 경우도 있으니 남산 나들이할 때 한 번씩 가게를 바꿔가며 들러봄 직하다. 나는 일본식 돈까스와는 다소 다른 한국식 수제 왕돈까스를 추천한다.

남산 돈까스

SBA 서울애니메이션센터와 남산 일대

## 남산인권마루와 기억의 터

서울시는 2015년 12월 10일 제67주년 세계인권의 날을 맞이해 한국통감부 통감관저 터와 중앙정보부-안기부로 연결되는 일련의 공간을 '남산인권마루'라는 이름으로 묶어 정비하고 표석을 세웠다. 이 원고를 처음 시작하던 당시만 해도 유스호스텔 자리로 올라가는 길목의 세계인권조례와 유스호스텔에 놓인 이명박 당시 시장 명의의 표석 하나, 그리고 한국통감관저 터에 놓인 표석 하나가 각기 따로 놓고 있었다.

그러던 곳이 남산인권마루로 정비된 이후엔 각 건물마다 당시 어떤 역할을 했는지를 살필 수 있게끔 설명을 제공하고 있다. 단지 '무슨 건물이었다'에서 그치지 않고 그 공간에서 실제로 어떤 일들이 벌어졌는지를 기재했다는 점이 좋다. 아닌 게 아니라 유스호스텔이 된 중정 본관 앞에 적힌 표석에는 과거는 대충 이러이러했으나 우리가 유스호스텔로 만들었으니 세계 젊은이들이 우의를 두텁게 하면 좋겠다는 내용만 적혀 있으니 그야말로 역사적 맥락과 아픔에 전혀 관심을 두지 않은 행정가의 면모였다 하겠다. 안기부 이전 당시 이곳의 활용 방안에 '아시아평화인권센터'라는 제안이 있었는데 나 또한 그리 됐어야 한다고 생각한다. 참고로 오래 전 출강하던 대학교의 행사 차 이곳의 숙박시설 내부에 들어가 본 적이 있으나 도무지 아늑함이라고는 찾을 수 없었다. 원래가 사람 잘 죽이던 기관의 본부였으니 을씨년한 기분이 드는 게 원래 목적에 충실

통감관저 터에 조성된 '기억의 터'

한 것이었으리라.

한국통감관저 터에는 2016년 8월 29일 〈일본군 '위안부' 기억의 터〉라는 이름으로 기억 공간이 별도로 조성됐다. 이 글을 썼던 당시엔 아직 없었던 공간인데 자리 곳곳에 녹아들어간 정성과 고민이 돋보인다. 이곳에 설치된 주요 시설로는 일본군 '위안부' 피해자 할머니들의 명단과 증언을 담은 '대지의 눈'과 "기억하지 않는 역사는 되풀이된다"는 문구가 4개 국어로 적힌 '세상의 배꼽', 그리고 1936년 일제가 세운 을사늑약의 주역 주한 일본 공사 하야시 곤스케의 동상 잔해를 뒤집어 세워 치욕을 달랜 '거꾸로 세운 동상'이 있다.

한편 서울애니메이션센터의 퐁피두 스타일 담장 아래엔 한국통

서울애니메이션센터 담장 밑에 있는 한국통감부·조선총독부 터 표석

서울애니메이션센터 담장 밑에 있는 김익상 의사 의거 터 표석

감부, 조선총독부 터라는 표석과 김익상 의사 의거 터라는 표석이 있다. 하지만 막상 KBS와 국토통일원, 안기부 옛 터에 관한 표석은 없다. 남산인권마루와 같은 맥락에서 이 자리를 거쳐 간 공간에 관한 설명을 붙여야 하지 않을까 싶다. 이 공간은 그 시기를 빼놓고는 설명할 수 없는 곳이지 않은가.

## 공포 만화 거장 이토 준지의 망언

2014년도 SICAF에서 특별전 작가로 초청받아 재미로 근방에서 전시를 연 일본의 대표적 공포 만화가 이토 준지는 행사 관련 인터뷰에서 "귀신의 존재를 믿지 않는다"라는 초대형 망언(?)을 남긴 바 있다.

행사의 주무대였던 서울애니메이션센터 건물과 그 주변이 유명한 심령 스폿이라는 걸 알았다면 공포만화 작가로서 어떤 기분이 들었을까?

# 답사 코스

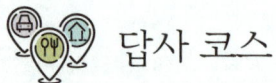

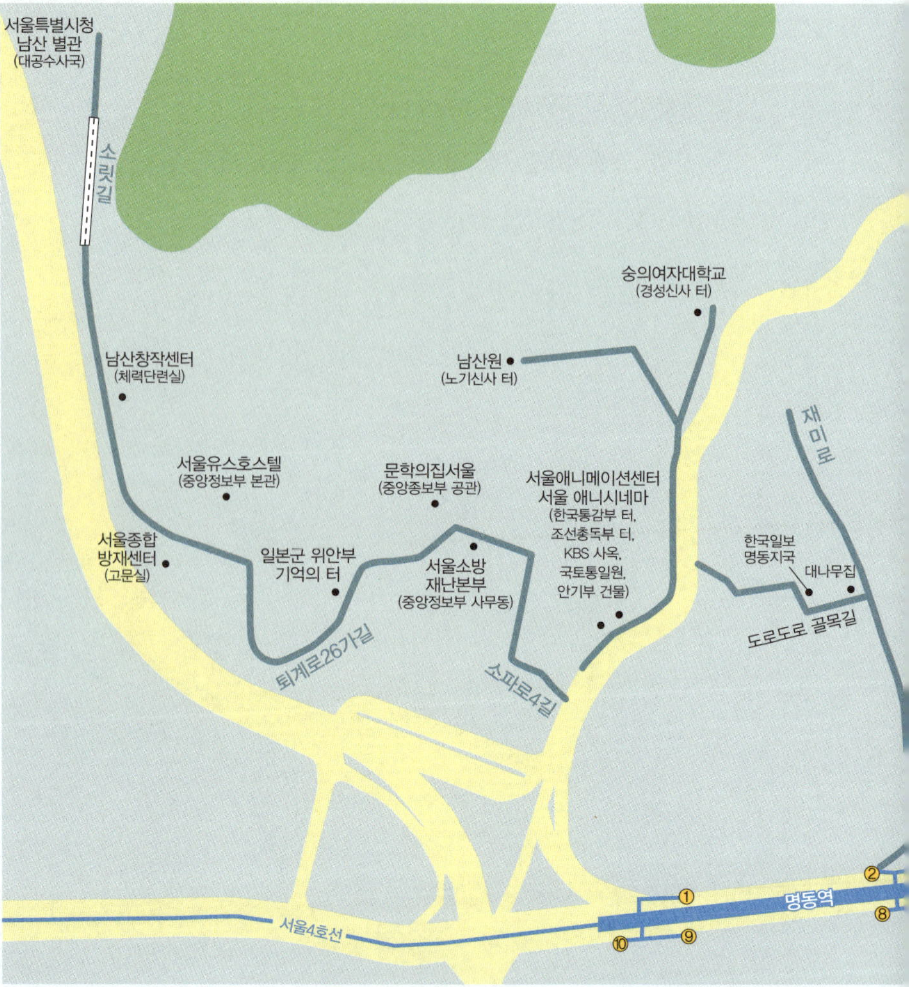

남산원

서울애니메이션센터

만화의 집

재미로

도로도로 골목길

소릿길

서울소방재난본부

문학의 집

일본군 위안부 기억의 터

《나의 만화유산 답사기》 1편을 기준으로 한 남산 답사는 북쪽 기슭에서 명동으로 연결되는 예장 자락을 중심으로 훑기를 추천한다.

남산 북쪽 기슭에는 역사의 흔적이 상당히 넓게 산재해 있어 한 번에 돌아보자면 동선을 짜기가 쉽지 않다. 서울애니메이션센터에서 출발해 재미랑, 재미로를 거치며 관련 프로그램과 전시를 관람하고 명동으로 빠지는 코스가 만화에 충실하면서 가볍게 즐기는 방식이 되겠다. 하지만 근현대사의 역사적 맥락까지 고려한 종합적 답사를 하고 싶다면 서울애니메이션센터는 중간 지점으로 놓는 편이 동선 면에서 유리하다. 꽤 거리가 기니 남산 돈까스로 이른 점심을 든든히 먹고 움직여보는 것도 좋겠다. 이 책에서 따라가 볼 길과 공간 대부분이 그러하지만 걸어서 움직이기를 권한다.

## 통감관저 터 - 중앙정보부 - 안기부
소파로4길 입구~서울시 남산 제1청사(중앙정보부 제5별관) 왕복 약 1.8킬로미터

서울애니메이션센터에서 산자락을 조금 내려오면 대한적십자사가 있다. 그 건너편에 길 입구가 하나 보이니 바로 소파로4길이다. 쭉 걸어 들어가면 소방재난본부가 있고 그보다 위에는 문학의 집이 있다. 각기 중앙정보부 사무동 및 유치장과 중앙정보부장 공관으로 쓰였던 곳이다. 사람을 고문으로 고깃덩이로 만들다시피 해서 육국이란 별칭으로 불렸다던 중앙정보부 제6국과 감청/도청의 중심지

였던 중앙정보부 감찰실은 각기 서울시도시안전본부와 교통방송 건물로 쓰이다가 현재는 사라졌다.

여기서부터 시작이다. 옛 중정 6국과 감찰실 건물을 없애는 공사가 진행되면서 2018년 2월 현재 소방재난본부 앞으로는 진입이 어렵다. 살짝 뒤편으로 돌아 문학의 집 앞쪽을 지나 퇴계로26가길로 굽어져 들어가면 경술국치의 현장, 통감관저 터가 보인다. 지금은 일본군 '위안부'들의 고통을 기억하는 공간으로 재조성됐다. 이곳을 본 후 차도를 따라 굽어 들어가거나 계단을 타고 언덕을 넘으면 위압적이면서 큰 건물이 하나 보인다. 중앙정보부 본관이었고 현재는 서울유스호스텔이 돼 있는 공간이다. 유스호스텔 앞은 서울종합방재센터다. 이곳은 고문실이 있던 중앙정보부 제6별관으로 지하통로를 통해 본관과 연결되어 수많은 정치인과 언론인이 끌려 들어갔다.

표석에 적힌 이명박 당시 서울시장의 실없는 안내를 읽은 후 왼쪽을 보면 터널이 보인다. 터널을 지나 이어진 기나긴 길 끝에는 중앙정보부 제5별관이었던 서울특별시 남산제1청사가 자리하고 있다. 북한 간첩 관련 업무를 하던 대공수사국이었지만 간첩을 조작하는 일도 했던 곳이다. 이곳에 갇혔던 인사 가운데에는 1989년 북한에 갔던 임수경 전 의원이 있는데, 물고문용 욕조가 있는 방에서 13명이 돌아가며 24시간 내내 취조했다(《시사인》 제243호) 한다.

유스호스텔과 서울시 남산제1청사 사이에는 84미터짜리 터널길이 더 있는데 현재 철문 소리, 타자기 소리, 물소리, 발사국 소리,

SBA 서울애니메이션센터와 남산 일대　　　　　　　　　　　　　　49

중앙정보부 사무동으로 쓰였던 서울시 소방재난본부

한국통감관저 터 표석. 고 신영복 선생의 글씨로 2010년 8월 29일 민족문제연구소가 세웠다.

대지의 눈. 일본군 '위안부' 할머니들을 기억하기 위한 공간

거꾸로 세운 동상. 하야시 곤스케의 동상을 거꾸로 세워 망국의 치욕을 달랬다.

중앙정보부 본관이었던 서울유스호스텔

노랫소리 등을 배치해 당시의 고통스러운 기억을 되새기는 소릿길로 재구성돼 있다. 이 사이의 남산창작센터는 당시 요원들의 실내체육관으로 쓰였다.

용도에 맞춰 구성된 건물 배치와 설계겠으나, 이 공간들은 설령 역사적 사실을 알고 들어가지 않는다 하더라도 건물은커녕 접근해 들어가는 길의 형태에서부터 사람을 극단적으로 긴장시키는 면모가 있다. 안 그래도 해가 잘 안 드는 남산 북쪽 경사면이다. 뒤에 명동과 회현을 이야기할 때 다시 언급하겠지만, 그 산 아래 북쪽에 자리한 지명이 진고개인 까닭도 비만 오면 남산서 내려온 토사가 진 흙밭을 이루고 잘 마르지 않았기 때문이다. 그렇게 음기가 잔뜩 뭉친 공간에 들어가는 길목조차 굽이굽이 꼬아놓고 철문까지 달린 굴길을 설치해놓았으니, 끌려 들어가던 사람은 아마 터널을 지나면서 이미 절망에 빠졌을 터다. 교통방송 자리 옆에 있던 주자 파출소는 중정에 끌려간 가족의 생사를 확인하기 위한 면회소였는데 실제로 면회가 이뤄진 경우는 거의 없다고 전한다. 현재는 이

중앙정보부 제5별관으로 향하는 길목에 자리하고 있는 터널. 간첩으로 조작되어 끌려온 이들이 터널 저편으로 사라져갔다. 현재는 그 기억을 형상화한 '소릿길'이 조성돼 있다. 작품명은 〈네 개의 문〉이라고 한다.

중앙정보부 제5별관이었던 서울시청 남산 별관

중앙정보부와 안기부 건물이었던 각종 공간의 현재 이름이 한자리에 모인 이정표

중정 사무동이었던 소방재난본부 건물 1층에 마련된 sba 웹툰 파트너스

또한 터만 남아 있다.

이와 같이 고통스러운 인권유린의 현장이었음을 기억하고 왔던 길을 다시 돌아오면 중정 본관이었던 유스호스텔로 굽어 들어오는 언덕길에 세계인권선언문이 보인다. 공간에 묻어나는 고통을 떠올리며 읽어보면 문장 하나하나가 새롭게 느껴질 것이다.

갔던 만큼을 돌아 나오다 보면 중앙정보부 사무동이었던 소방재난본부를 다시 보게 되는데 1층을 자세히 보면 창문에 'sba 웹툰 파트너스'라는 글씨가 배치된 것을 볼 수 있다. 2017년 6월 2일 개관했으니 비교적 근래의 일이다. 이 공간은 문피아, 와지트 두 업체가 운영하는 웹툰 창작/협업 지원 공간으로, 만화와 전혀 상관없을 법한 공간이지만 서울시 차원에서 현업/예비 작가를 위한 창작 공간을 지원하고 각종 교육과 간담회도 열 수 있는 공간을 마련했다는 점에서는 긍정적이다. 서울애니메이션센터와 재미로로 내려가는 언덕 자락은 물론 그 반대편 영역까지 만화와 관련된 시설이 번져가고 있는 양상이어서 재밌다.

## 서울애니메이션센터 - 남산원 - 숭의여자대학교
### 소파로4길 입구~서울애니메이션센터 및 주변 약 500미터

다시 소파로4길 입구에 서서 서울애니메이션센터로 올라온다. KBS 사옥 시절의 흔적이 남아 있을 법한 곳은 서울애니시네마다. 애니메이션도 자주 상영하지만 만화와 애니메이션 관련 행사도 많이 열리렸는데, 원래는 방송국 프로그램 제작을 위한 공간이었던 셈이다. 전시실에는 만화 관련 전시도 곧잘 열리므로 건물이 사라지기 전에 들러 전시를 관람해보는 것도 좋다. 그 외에 체험 프로그램을 진행하는 교육실과 세미나실 등이 1~2층에 마련돼 있으며 작가 및 애니메이션 창작지원실로 쓰였던 공간들도 있다. 1층 화장실은 국산 애니메이션이자 인기 드라마 〈대장금〉의 스핀오프 내지는 프리퀄 편이라 할 수 있는 〈장금이의 꿈〉 테마 화장실도 있으니 구경해봄 직하다.

이 건물에는 다양한 공간이 많이 분포해 있지만 원래 건물이 의도한 용도에 맞지 않게 꿰맞춰 쓰고 있어선지 오래 오간 사람들도 위치를 잘 모르는 방들이 종종 있다. 일 때문에 건물 2층에 자주 다녀봤지만 박종세 아나운서가 혁명공약을 읽었다던 13.2제곱미터(4평)짜리 제7스튜디오의 위치가 어디인지는 모르겠다. 전시와 영상을 감상하고 바깥으로 나오면 퐁피두 스타일 담장에 자리한 캐릭터들과 인증숏을 찍고 리라 초등학교 쪽으로 올라가 국토통일원이었던 흔적을 찾아본다. '국토통일'이란 박정희의 글씨가 숨어 있다. 숨은 그림 찾기 하는 기분으로 눈에 담아둔다.

리라초등학교 쪽의 골목으로 조금 들어가면 사회복지시설인 남산원이 있다. 지금도 운영되는 곳이니 유난 떨지 않게끔 조심하면서 들어서 보면 노기 마레스케를 기리는 노기 신사의 흔적이 보인다. 중요한 시설은 남아 있는 게 없고 다만 참배객이 손을 씻을 수 있게끔 한 석재 수조 미타라이샤御手水舍와 신사에 쓰였음직한 석재들, 그리고 신사의 흔적 일부가 남아 있다. 특히 신사의 흔적은 최근엔 남산원에서 내놓은 물건들에 가려져 찾기가 더 어려워지고 있으니 확인해보고 싶은 이들은 주의 깊게 관찰할 필요가 있다.

리라초등학교보다 조금 더 올라가면 숭의여자대학교다. 여기가 경성신사가 있던 자리다. 이 신사는 1898년 남산대신궁으로 창건되었다가 1916년 경성신사로 개칭했다. 노기신사가 1934년에 건립됐으니 시기 면에선 먼저 생겼다. 숭의여자대학교는 1903년 평양의 선교 병원이었던 제중원에 설립된 숭의여학교를 모태로 하며, 신사참배를 거부하며 1938년 자진 폐교했다가 1954년 경성신사 터에 건물을 지어 올려 현재에 이른다. 2013년에는 경성신사 신전 윗

남산원 입구 근처에 방치돼 있는 손 씻기용 수조 미타라이샤. 개장 당시 한 부부가 기증했다는 내용이 담겨 있다. 돌 뒤에는 마음을 닦는다는 '세심'이라는 글자가 새겨져 있다.

남산원 입구에서 조금 더 들어가야 찾을 수 있는 노기 신사의 흔적

자리에 숭의역사관을 지어 일반에게도 공개 중이다. 숭의여자대학교는 학교 내에서 발견된 신사의 석물을 한자리에 모아 기억 자료로 활용하고 있기도 하다.

## 서울애니메이션센터 – 재미로, 재미랑 – 명동역

서울애니메이션센터~명동 약 600미터

한국통감부와 조선총독부 건물 터였던 서울애니메이션센터 주변의 일제 잔재까지 살피고 나면 다시 현재로 돌아올 시간이다. 남산 북쪽 기슭을 따라 명동역으로 내려가는 길은 둘로 나뉜다. 하나는 서울 지하철 4호선 명동역 1번 출구에서 소파로를 따라 쭉 올라왔던 길 그대로 내려온다. 그리고 다른 하나는 서울애니메이션센터 사이의 골목길을 타고 내려온다. 초행길인 이들이 전자를 많이 선택하지만 이쪽을 자주 와 버릇하던 이들은 후자를 선택한다. 서울애니메이션센터 건너편의 명지빌딩과 리빙TV 건물 사이의 골목길로 들어가 한국일보 명동지국 건물에서 우회전, 그리고 바로 만나는 첫 번째 골목에서 좌회전하면 매우 좁고 높은 계단길을 만나게 된다. 양쪽에 게스트하우스나 소규모 공장 등이 빼곡하게 들어차 있는 이 골목길은 눈이 오면 다니기 꽤 골치 아프지만 독특한 정취를 보여주는 공간감을 자랑한다. 서울시는 이 길에 '도로도로dorodoro 골목길'이라는 이름을 붙였다.

이 계단길 끝이 바로 재미로다. 다소 어설프지만 골목상권 사이사이에서 간판과 벽면 등에 만화적 아이디어들을 구현하고 있다. 이 골목길 사이에 자리하고 있는 재미랑은 전시관과 캐릭터숍, 작은 도서관과 N서울타워가 보이는 옥상을 갖추고 지나는 이들의 발길을 사로잡고 있다. 발길이 명동에 완전히 닿기 전에 재미랑에 들러 이것저것 구경해보고 캐릭터 조형물 등과 인증숏을 찍어도 좋다.

재미랑과 재미로는 때때로 이런저런 이벤트를 펼치므로 SNS 등지에 오르는 공지를 보고 타이밍을 맞춰 방문하면 재미난 구경을 할 수도 있다. 현실적인 한계로 재미로가 공간을 임대해 운영할 뿐인 점포들과 밀착된 기획을 펼치긴 여전히 쉽지 않아 보이지만, 참여하는 게 '돈이 된다면' 어떨까. 어쨌든 꾸준한 지원책과 기획으로

2014년 9월 11일부터 11월 2일까지 재미랑에서 진행된 BAD COMICS 특별전. 'BAD'는 'Behind Adult Dream'의 준말로 내가 편집에 참여했던 월간 만화잡지 《보고BOGO》도 전시 대상 가운데 하나였다.

서울애니메이션센터에서 SICAF2013 기획전시로 열린 윤승운 선생 특별전 〈발명왕 요철이, 맹꽁이 서당 놀러가다〉

성공한 캐릭터 거리가 되면 좋겠다.

한편 '대나무집'을 비롯한 재미로의 일부 식당은 유난히 만화계 인사들의 회식 장소로 애용된다. 어쩌면 밥 먹으러 들어갔다가 어린 시절 추억을 만들어준 당사자들을 눈앞에서 만날 수 있을지 모를 일이다.

이와 같은 코스를 완전히 뒤집어서 이동해보는 것도 한 가지 방법이다. 명동역에서 재미로를 거슬러 올라가다가 대나무집 왼쪽 골목으로 들어가면 앞서 언급한 계단길이 나온다. 끝까지 올라가 서울애니메이션센터 맞은편에 선 후 앞의 세 코스를 거꾸로 진행해도 좋다.

답사가 끝난 후엔 돈까스를 먹으러 가거나, 케이블카를 타고 N서울타워를 구경하러 가도 좋겠다. 기왕 간다면 팔각정에 얽힌 이야기를 떠올리면 의미가 좀 더 있겠다. 숭의여자대학교를 지나서 쭉 가면 남산의 서북 방향에 자리한 백범광장과 안중근 의사 기념관 자리가 보인다. 이곳이 조선신궁 자리다. 서울애니메이션센터에선 약 1킬로미터 정도 걸으면 되니, 거꾸로 올라온 경우 이곳까지 발걸음을 옮겨봐도 좋겠다. 이 자리에 거대한 자기 동상에 국회의사당까지 지어놓으려 했던 이승만의 욕망도 떠올리면서 말이다. 백범광장 근처에 자리하고 있는 서울교육연구정보원은 지금은 어린이대공원에 있는 어린이회관의 옛 건물이었다. 이와 얽힌 이야기는 이 책의 마지막 장인 열 번째 꼭지에서 다루겠다.

명동의 동쪽 반대편에 자리하고 있는 장충단도 본문에 언급되기는 하나 서울애니메이션센터에서 걸어서 이동하기는 쉽지 않은 거리다. 혹 이곳까지 보고 싶은 경우 명동역까지 와서 전철을 탄 후 서울 지하철 3·4호선 충무로역에서 3호선으로 갈아타고 동대입구역에서 내리기를 권한다. 공원이 된 장충단과 더불어 박문사 자리에 선 서울 신라호텔을 구경할 수 있다. 참고로 이 서울 신라호텔은 반대편의 풍경과 건물의 쓰임새 사이에 괴리감이 큰 감이 없지 않아 건물 안에서 바깥을 구경할 때 적잖게 당황하게 된다. 〈도쿄 바빌론〉〈X〉〈카드캡터 사쿠라〉 등을 만든 일본의 인기 만화 창작집단 클램프CLAMP가 2006년 SICAF에서 초청 받아 기자회견을 한 곳도 바로 이 서울 신라호텔인데, 클램프의 첫 해외여행이었다는 점과 더불어 신비주의에 가까울 만큼 실체를 드러내지 않던 이들의 얼굴이 거의 처음 공개되었다는 점으로 큰 화제를 모은 바 있다.

## 나의 만화유산 답사기 02

아마추어 만화인과 코스튬플레이어의 각별한 추억이 서린 곳

# 중소기업협동조합중앙회 여의도 종합전시장 SYEX

수도 서울의 노른자위이자 한국 정치·경제의 1번지 하면 단연 여의도다. 이곳에는 온갖 금융 시설이 밀집해 있고 국회의사당이 자리하고 있다. 최근 상암 쪽으로 몰리는 추세라고는 하지만 한때는 이곳이 방송 미디어의 중심지이기도 했다. 63빌딩을 비롯한 초고층 건물 시대를 연 곳도 여기였다.

이런 여의도에서도 한복판이라 할 만한 여의도동 23번지는 한때 만화인, 좀 더 나아가 '오덕'들의 밀도가 주기적으로 전국 최고를 찍는 공간이기도 했다. 그 공간에 자리하고 있던 건물과 일대에서 만화 관련 행사가 자주 열렸기 때문이었다.

에어돔으로 이루어진 독특한 외양 때문에 곧잘 '굼벵이관'으로 불린 이 건물의 공식 명칭은 '중소기업협동조합중앙회 여의도 종합전시장Seoul Yoido EXhibition center, SYEX', 조금 줄여서 '중소기업 여의도 종합전시장'이라 불리던 곳이었다. 2003년을 끝으로 폐쇄되기 직전까지 약 4년에 걸친 기간 동안 이곳은 우리나라 아마추어 만화인

중소기업 여의도 종합전시장 전경

자료: 《중소벤처신문》 나영운 사진기자

들은 물론 그 당시 막 꽃피기 시작하던 코스튬플레이 문화의 중심지 역할을 했다.

이곳에서 아마추어 만화인(만화 동인)들은 자신이 직접 그려 찍어낸 책(만화 동인지)이나 관련 상품을 팔았고, 상업 만화판에서는 만날 수 없는 소재나 이야기를 즐기고 싶어 하는 사람들이 주로 찾아들었다. 나 또한 지방에서 등가방 들쳐 메고 뻔질나게 드나들었다. 직접 만화를 그려 팔던 아내와 처음 만난 곳이기도 하다. 물론 그땐 부부가 될 줄은 몰랐지만 말이다.

## 여의도 개발과 종합안보전시장

여의도동 23번지가 처음부터 만화인들에게 의미가 있거나 유명한 자리는 아니었고 하물며 문화 공간은 더욱 아니었다. 이 공간이 대중에게 처음 모습을 드러낼 때엔 '종합 안보 전시장'이란 이름을 달고 있었는데, 그 연혁은 1970년대 여의도 개발의 역사와 살짝 닿아 있다.

여의도는 조선 시대에만 해도 그다지 쓸모가 없는 모래밭이었다. 그러던 곳이 일제강점기였던 1916년 비행장을 세우면서 중국 침략을 위한 전진 기지로 쓰이게 된다. 비행장은 광복 이후에는 미군과 한국 공군이 쓰다가 1958년 민항기 업무가 김포공항에 넘어갔으며, 1968년부터 시작된 여의도 도시화 과정에서 군항기 기능도 1971년 성남에 개설한 공군기지(현 서울공항)로 넘어가면서 폐쇄된다. 참고로 김포공항 자리도 일제강점기가 후반으로 접어들던 시절 미군 함대에 자폭 공격을 가했던 가미카제神風 특공대의 훈련장이었다.

박정희 정권은 여의도 도시화 과정에서 여의도에 자리하고 있던 양말산과 여의도 옆자락에 자리하고 있던 밤섬을 폭파해(1968. 2. 10) 여의도의 모래밭을 메우는 데 썼으며, 활주로가 자리하던 자리를 자신의 군사정변을 기념한 5.16 광장으로 이름 지었다(1971. 9. 29 준공). 본래 조선 왕실의 목축장으로 쓰이며 양과 말을 길러 양말산이라 불렸던 190미터짜리 산 자리에는 국회의사당이 들어섰다

1995년 항공사진과 현지조사를 기반으로 그 이듬해 제작된 국토지리정보원판 1:5000 지도. 실금이 모이는 여의도 정중앙에 당시 종합안보전시관이던 여의도 23번지가 있다.

자료: 국토지리정보원

(1975. 9. 1 준공). 양말산은 홍수만 나면 모조리 잠기는 여의도에서 유일하게 고개를 내밀던 곳이다.

본래 국회의사당은 이승만 정권이 조선신궁이 있던 자리에 세우려 계획하고 1959년 5월 15일 기공식까지 열었다가 박정희가 1961년 군사 쿠데타를 일으키며 백지화한 바 있다. 이승만은 조선 왕조의 신성한 산이었던 곳에 일찌감치 자기 동상을 세워놓고는 나라를 좌지우지할 국회의사당까지 세우려 했는데, 남산만큼은 아니어도 그럴싸한 높이였던 산을 깎아서 국회의사당을 세우고, 그 앞의 넓은 활주로 자리를 광장으로 만들어서는 자기가 나라를 뒤집은 날을 이름으로 떡하니 붙여놓은 박정희의 행보 또한 그리 다르지 않았다. 5.16 광장을 비롯해 지금 우리가 보고 있는 여의도 풍경은 대체로 이 시기에 틀이 잡히기 시작했다. KBS도 5.16 당시 박정희의 쿠데타 세력의 첫 목표이기도 했던 남산 방송국을 떠나 1976년 10월 여의도로 왔다.

여의도의 한가운데인 여의도동 23번지에는 박정희 정권 막바지였던 1978년 4월 12일 종합안보전시장이 개설되었다. 《한겨레신문》의 1993년 보도에 따르면 종합안보전시장은 1975년 당시 문공부가 서울시 소유의 땅을 무상으로 빌려 설립한 전시 공간인데(《여의도 안보 전시장 이전 신경전》, 《한겨레신문》, 1993년 4월 27일자) 설립 주

밤섬 제거 공사를 지휘하는 김현옥 당시 서울시장. 1968년 2월 10일 촬영

자료: 서울사진아카이브

중소기업협동조합중앙회 여의도 종합전시장(SYEX) 65

체는 UN한국참전국협회(회장 지갑종)으로 그동안 일반에게 공개하지 않았던 한국전쟁 당시의 물건들을 전시하여 자주국방과 국가안보 사상을 높이고 자유국가 상호간의 단결을 촉구한다는 목적을 띠고 있다. 전시 물품으로는 군용기 열한 대와 전차 열다섯 대, 화포 스물다섯 문을 비롯해 각국의 보병화기, 한국전쟁 당시 UN군 사령관이었던 맥아더의 파이프 등 400여 점이 있었다고 한다. (《여의도에 '종합안보 전시장', 전차 등 6·25 전시품 한 눈에》, 1978년 4월 12일자) 개장 소식을 다룬 당시 〈대한뉴스〉의 화면을 보면 도시화가 어느 정도 진척된 여의도의 모습을 보여주듯 빼곡히 들어선 아파트를 배경으로 각종 무기와 장비가 늘어서 있는 모습을 볼 수 있다.

종합안보전시장은 1993년 무렵 부지의 소유자인 서울시가 땅을 매각하겠다면서 비워줄 것을 요구하자 설 곳이 마땅치 않게 됐다. 《한겨레신문》의 보도에 따르면 1990년 9월 노태우의 지시에 따라 전쟁기념관이 서울 용산의 옛 육군본부 자리에 지어 올라가기 시작

서울 여의도 종합 안보 전시장 개설을 소개한 〈대한뉴스〉 제1181호(1978. 4. 20)

했고, 공보처가 관리 주체였던 종합안보전시장은 서울시의 요구로 갈 곳 없는 신세가 됐다. 공보처가 국방부에 두 시설을 통합하기 위한 협의를 요청했지만 운영 주체가 다르고 설립 주체의 격이 다르며 필요한 전시물도 이미 다 확보했다는 이유로 거절당했다. (《서울에 '전쟁'전시관 2곳 될 판》,《한겨레신문》, 1993년 11월 12일자)

종합안보전시장 또한 박정희 정권 당시 문공부가 터를 정해 세우고 운영을 맡긴 것임을 보자면 운영 측인 유엔한국참전국협회 입장에서는 격세지감이었겠으나, 결국 서울 근교에 이전할 부지를 찾다 삼성그룹이 경남 사천에 삼성항공 공장을 짓고 그 부지에 박물관을 지어주기로 하면서 비로소 옮길 자리를 찾게 됐다. (《우리 마을 기네스〈59〉 사천 항공우주박물관》,《국제신문》, 2012년 9월 13일자)

## 중소기업 여의도 종합전시장의 등장

서울시 입장에서는 1975년 이후 부지를 무상 임대해주고 해마다 계약을 자동 갱신해주면서 비용이 적잖게 부담스러웠던 모양이지만, 1995년에 2월에 안보전시장과 삼성항공이 전시품 이양 계약을 맺자 바로 그해 5월 반원형의 임시 전시장을 설치해 1997년까지 운영하고 1997년엔 상설전시관을 새로 건립키로 했다 밝히고 나선다 (《여의도에 중기종합전시장 설치》,《경향신문》, 1995년 5월 26일자). 이 전시관은 초반 계획과 달리 실제로는 이듬해인 1996년 8월 16일 개장했는데, 보도에 따르면 중소기업협동조합중앙회가 1995년 2월 서울시에 여의도안보전시장 활용계획을 건의하면서 추진되기 시작했다고 한다(〈중소기업 여의도 중기 전시장 16일 개장〉, 《연합뉴스》, 1996년 8월 13일자).

재밌는 건 무상 대여에 따른 비용 문제를 들어 안보전시관을 쫓아내다시피 했던 서울시가 중소기업협동조합중앙회에 임대료를 따로 받지는 않았다는 점이다. 1996년 8월 16일 개막식에는 김영삼 대통령과 함께 조순 당시 서울시장, 이상희 중소기업협동조합중앙회장, 이건희 삼성그룹 회장과 정몽구 현대그룹 회장 등이 참석했다고 하는데 이 가운데 삼성그룹이 전시장의 건립비용을 댔다고 전한다. 총 공사비는 50억. 면적 2만 7390제곱미터(8300평), 건평 1만 824제곱미터(3280평) 규모였다(〈중소기업 여의도 종합 전시장 개장〉, 《연합뉴스》, 1990년 8월 15일자).

이 자리에 들어선 건물은 독특하게도 철근 콘크리트 구조가 아닌 에어돔 형태의 구조물이었다. 충북 충주에 기반을 두고 있는 막구조물 전문 업체 (주)타이가가 시공한 에어돔은 한인건축이 설계를 맡았으며, 에어돔 두 동과 상설 판매장 한 동으로 이뤄져 있었다. 전시관은 당시로서는 국내 최초 단막單幕 구조물이었고, 그 가운데 에어돔 제1전시관은 그 당시 국내 최대로 기네스북에 기록된 바 있는 전시·회의 시설인 서울 삼성동의 코엑스(한국종합전시장으로 영문표기는 KOEX, 1998년 이후 COEX로 개칭)의 옥외 전시장보다 더 넓은 내부 면적 6866제곱미터였다. 제2전시장은 2437제곱미터로 약간 작은 편에 속했다. 이 에어돔은 전기 모터로 공기구멍에 바람을 밀어넣어 형태를 유지했는데, 마치 여러 마디로 이뤄진 굼벵이 같은 형태였다. 이후 '굼벵이관'이라 불리게 된 별칭은 여기서 유래했다.

기둥 하나 없이 바람으로만 유지되는 에어돔 형태로 대형 구조물을 세운 건 당시로서는 국내 최초였고, 공기압 조절에 컴퓨터가 쓰여 첨단 기술로 소개되기도 했다. 구조물의 소재는 방염·자외선 차단 처리를 가한 PVC였는데, 그 색깔이 전시관마다 달라 사진을 찍을 때엔 양쪽에서 색감 차이가 적잖게 나기도 했다. 색깔은 제1전시장이 노란색, 제2전시장이 흰색이었다.

이렇게 해서 등장한 중소기업 여의도 종합전시장의 시설 내역은 다음과 같다.

| 구분 | 제1전시장 | 제2전시장 |
| --- | --- | --- |
| 면적 | 6866m²(2077평) | 2437m²(737평) |
| 천장 높이 | 30m | 20m |
| 지탱 하중 | 제한 없음 | 제한 없음 |
| 규격(가로×세로) | 110m×70m 타원형구조 | 70m×40m 직사각형구조 |
| 건물형태 | 에어돔형 막구조 | 에어돔형 막구조 |
| 부대시설 | 주최자 사무실 : 8평<br>회의실 : 204.6m²(62평), 150명 수용<br>주차장 : 6517.5m²(1975평), 350대 수용 | - |

중소기업 여의도 종합전시장 시설내역

## 뛰어난 접근성, 매력적인 임대료로
## 만화 행사들을 끌어들이다

지금은 폐쇄 상태지만 중소기업 여의도 종합전시장의 홈페이지에 적혀 있던 설립 목적은 "서울특별시가 부지를 제공하고 중소기업협동조합 중앙회에서 시설을 설치 운영하고 있는 여의도 종합전시장은 전문전시회 및 각종행사를 개최하여 중소기업제품의 우수성을 국내외에 홍보함으로써 중소기업제품에 소비자인식을 높이고 판매촉진 및 품질향상에 기여한다는 취지"였다. 이곳엔 전시장 두 개 관과 더불어 상설판매장이 함께 마련돼 있었는데, 이곳은 ① 우수 중소기업제품의 최저가 판매로 중소기업제품에 대한 새로운 인식제고 ② 대형매장과 차별화하여 최저가 할인매장 형성 ③ 중소기업제품에 대한 홍보 및 판로확대지원 등을 내걸고 있었다.

 결국 중소기업 여의도 종합전시장은 중소기업의 판로와 홍보 창구를 뚫어주기 위한 목적으로 관 차원에서 세운 공간이었던 셈인데, 1999년 7월 제2회 서울 코믹월드를 시작으로 마흔 번에 가까운 아마추어 만화인 행사가 이곳에서 열리면서 졸지에 만화인들 사이에서 가장 유명한 장소 가운데 하나가 됐다. 공모전 성격이었던 동아-LG 국제만화페스티벌DIFECA까지 합치면 1998년 5월부터다. 다음 표는 이 공간에서 열린 공모전 및 아마추어 만화인 행사의 목록이다.

2002년 3월 31일 코믹월드 서울 21 행사 당시 중소기업여의도종합전시장 내외부 풍경. 대형 돔 구조물 바깥의 넓은 마당과 잔디밭은 코스튬플레이어와 촬영자들이 활농하기 좋았다.

자료: 스토리박스 장종철

| 연도 | 행사 | 일정 | 개최관 |
|---|---|---|---|
| 1998 | 98 동아-LG 국제만화페스티벌 | 05.02~05.06 | 1관 |
| 1999 | 99 동아-LG 국제만화페스티벌 | 05.21~05.27 | 1관 |
| | 2회 서울 코믹월드 | 07.31~08.01 | 1관 |
| 2000 | 18회 ACA 만화축제 | 01.29~01.30 | 1관 |
| | 1회 ACA 코믹페어 | 06.03~06.04 | 1관 |
| | 6회 서울 코믹월드 | 02.12~02.13 | 1관 |
| | 7회 서울 코믹월드 | 04.01~04.02 | 2관 |
| | 8회 서울 코믹월드 | 05.20~05.21 | 2관 |
| | 9회 서울 코믹월드 | 07.29~07.30 | 1관 |
| | 10회 서울 코믹월드 | 09.09~09.10 | 2관 |
| | 11회 서울 코믹월드 | 11.11~11.12 | 2관 |
| | 12회 서울 코믹월드 | 12.30~12.31 | 1관 |
| 2001 | 20회 ACA 만화축제 | 01.20~01.21 | 1관, 2관 |
| | 2회 ACA 코믹페어 | 04.07~04.08 | 1관 |
| | 21회 ACA 만화축제 | 08.04~08.05 | 1관, 2관 |
| | 4회 ACA 코믹페어 | 10.13~10.14 | 1관 |
| | 13회 서울 코믹월드 | 01.27~01.28 | 1관 |
| | 14회 서울 코믹월드 | 03.03~03.04 | 1관 |
| | 15회 서울 코믹월드 | 04.21~04.22 | 1관 |
| | 16회 서울 코믹월드 | 06.09~06.10 | 1관 |
| | 17회 서울 코믹월드 | 08.18~08.19 | 1관 |
| | 18회 서울 코믹월드 | 11.10~11.11 | 1관 |
| 2002 | 22회 ACA 만화축제 | 01.26~01.27 | 1관 |
| | 23회 ACA 만화축제 | 03.09~03.10 | 2관 |
| | 24회 ACA 만화축제 | 08.03~08.04 | 1관 |
| | 25회 ACA 만화축제 | 09.28~09.29 | 1관 |
| | 20회 서울 코믹월드 | 02.16~02.17 | 1관 |
| | 3회 F.A.N | 02.16~02.17 | 2관 |

| 연도 | 행사 | 일정 | 개최관 |
|---|---|---|---|
| 2002 | 4회 F.A.N | 03.16~03.17 | 2관 |
| | 21회 서울 코믹월드 | 03.30~03.31 | 1관 |
| | 24회 서울 코믹월드 | 08.10~08.11 | 1관 |
| | 26회 서울 코믹월드 | 10.19~10.20 | 1관 |
| | 27회 서울 코믹월드 | 12.28~10.29 | 1관 |
| 2003 | 26회 ACA 만화축제 | 05.31~06.01 | 1관 |
| | 28회 서울 코믹월드 | 02.08~02.09 | 1관, 2관 |
| | 29회 서울 코믹월드 | 03.15~03.16 | 1관 |
| | 30회 서울 코믹월드 | 05.10~05.11 | 1관 |
| | 32회 서울 코믹월드 | 08.16~08.17 | 1관, 2관 |
| | 33회 서울 코믹월드 | 09.20~09.21 | 1관 |
| | 34회 서울 코믹월드 | 11.29~11.30 | 1관 |

중소기업 여의도 종합전시장에서 열린 만화 행사들

그런데 어쩌다 이 공간이 아마추어 만화인 행사가 자주 열리는 장소가 됐을까? 표면적으로는 접근성과 공간의 크기 면에서 이만한 자리가 없었다는 점을 꼽을 수 있다. 영등포에서 멀지 않고, 서울 지하철 5호선 여의도역이 바로 앞이라 서울 전역은 물론 지방에서 접근하기에도 용이했다. 공간의 크기와 접근성 면에서 볼 때 당시는 물론 지금까지도 서울에 몇 없는 대형 행사장 가운데 경쟁력이 있는 편이었다.

1980년대부터 자생적인 아마추어 만화 문화를 형성해오고 있던 ACA Amateur Comics Associations(전국아마추어만화동아리연합)의 경우 갈수록 커지는 행사를 장소가 받쳐주지 못했다. 일례로 서울 동대문의

2001년 1월 20~21일까지 이틀간 중소기업 여의도 종합전시장 1~2관에서 열린 제20회 ACA 만화축제의 도록 표지

2002년 3월 9~10일 이틀간 중소기업 여의도 종합전시장 2관에서 열린 제23회 ACA 만화축제의 도록 표지

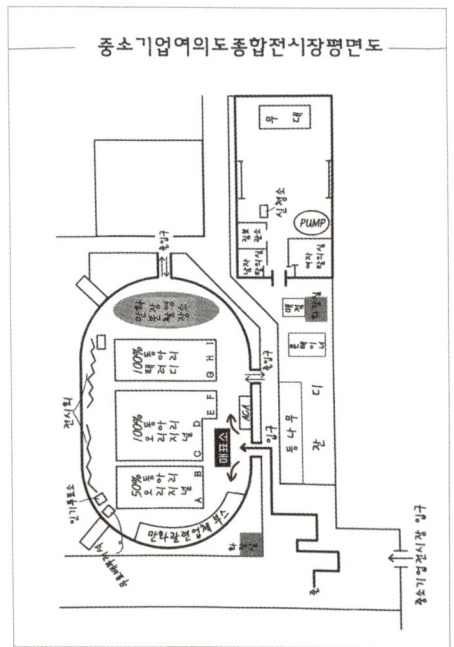

제20회 ACA의 배치도. 1관의 둥근 형태와 1관보다 약간 작은 2관의 규모를 볼 수 있다.

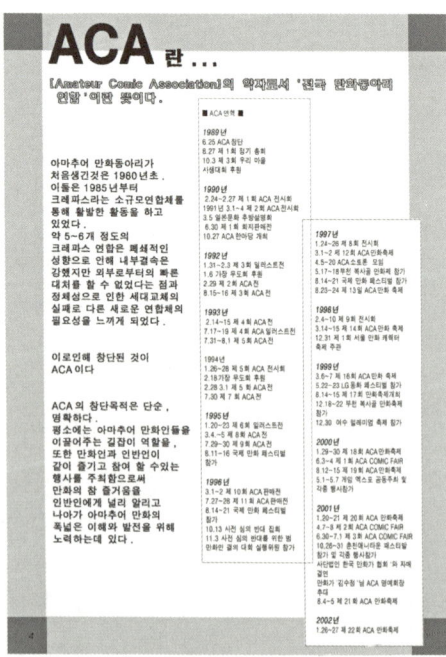

ACA라는 행사의 정체성을 소개하는 페이지

거평프레야(현 현대시티아울렛) 13층과 같은 자리를 빌려 열었던 앞선 행사들의 경우 몰려드는 인파를 주체하지 못했고, 1999년 국내에 첫 선을 보인 코믹월드도 거평프레야 13층과 서울 삼성동의 섬유센터를 빌려 열었으나 마찬가지 한계를 겪어야 했다. 섬유센터의 경우 2~3층을 오가야 하는 한계도 있어 불편함이 심했다. 중소기업 여의도 종합전시장은 이들에 비해 훨씬 넓으면서 접근성이 나쁘지 않았다.

더 중요한 점은 그러한 특성에 비해서 임대료가 비교적 저렴했다는 데에 있었다. 중소기업 여의도 종합전시장의 임대 단가는 전시회의 경우 1일 기준 700원/$m^2$일인데, 코엑스의 경우 2015년 기준으로 1950원/$m^2$, 2009년 기준으로는 1880/$m^2$이었다. 2003년 기준을 1800원/$m^2$으로 놓고 친다 해도 2.5배 넘는 차이가 난다. 여기에 여의도 종합전시장은 이틀을 넘을 수 없는 단기 행사를 이벤트로 간주해 1관 450만 원, 2관 190만 원의 고정 비용을 책정하고 있었다. 면적 면에서 보자면 코엑스의 태평양관 1실이 2592/$m^2$로 2관과 비슷한데, 6월 중 하루를 쓴다 하면 단순 계산으로도 2015년 기준 555만 9840원, 2009년 기준 522만 1848원이다. 2003년을 약 488만 원으로 추산해도 중소기업 여의도 종합전시장의 2관 사용료가 역시 2.5배 이상 싸다. 전시회의 경우 등차율이 심지어 시기별로 0.4~0.7까지 나올 정도여서 할인율이 굉장히 좋은 편이었다. 이 차이야말로 만화 행사는 물론, 전시 행사가 필요한 곳에 중소기업 여의도 종합전시장 같은 곳이 얼마나 필요한 곳인지를 명백하게 보여준다. 사업체도 아닌 아마추어 만화인들의 연합체였던 ACA 같은 곳 입장에서 상당한 매력이었을 터다.

여기에 또 한 가지 요인이 덧붙는다. 중소기업 여의도 종합전시장은 중소기업 지원을 위해 열린 공간이라는 기조 때문인지 행사 개최 조건이 덜 까다로웠다. 코엑스의 경우, 설립 당시부터 국내 유일 국내 최대라는 위상을 내세웠던 탓인지 1990년대 초반 무렵에도 이미 임대료와 고압적인 계약 조건 문제로 집단 반발이 있었던 정도여서 만화 행사 가운데 코엑스에 발을 들일 수 있었던 경우는 서울시 차원의 국제 행사였던 서울국제만화애니메이션페스티벌(이하 SICAF)을 제외하면 거의 없었다.

만화 용품 수입상인 S.E.Techno가 판촉 목적으로 열기 시작한 코믹월드 이전엔 ACA 만화축제가 가장 큰 아마추어 만화인들의 행사였는데, 이 ACA의 한 주축을 맡고 있던 박은실이 독립해 열었던 'CAN 페스티벌'(2000. 8. 12~15)이 최초로 코엑스에 입성한 아마추어 만화 행사였다. 3층 대서양관을 4분의 1 가량 임대해 열었던 이 행사는 일정이 19회 ACA 만화축제와 겹치면서 사실상 흥행에 실패했고 이후 코엑스를 뚫은 아마추어 행사는 없다시피 했다. CAN 페스티벌도 1회를 끝으로 사라졌다.

코엑스는 서울권은 물론 국내 최대라는 상징성 때문에 아마추어 만화인 행사를 열고자 하는 이들은 무리를 해서라도 뚫어보고 싶은 대상이었으나 쉽지 않았다. 한때 "코엑스가 체면 때문에 만화 행사를 거부한다"라는 루머도 돌았으나 그보다는 행사 자체의 덩치 문제가 컸다. 아마추어 만화인 행사는 대체로 주말 이틀을 기준으로 삼는데, 코엑스와 같은 대형 전시관이 주로 여는 행사는 SICAF의 예에서 볼 수 있듯 5일에서 주 단위인 경우가 많다.

이는 코엑스 뿐 아니라 이후 만화 관련 행사에 자주 쓰이게 된 서울 대치동의 SETEC(서울무역전시장)과 서울 양재 aT센터(한국농수산식품유통공사)에 마찬가지로 적용됐던 문제로, 행사장이 장기 계약으로 임대를 자주 진행할 수 있지 않는 한 개최 일정이 불명확해 연 단위 일정을 짜는 데에 어려움을 주는 행사를 그리 달가워하지 않게 마련이다. 때문에 행사장들은 여러 장기 고객들이 먼저 일정을 선점한 후 남는 일정 가운데에 주말에 해당하는 일정을 잡게 한다. 이를 고려할 때 코엑스는 비용과 기준 일정 면에서 애초에 고르기 어려운 선택지였다.

그에 비해 짧은 행사를 저렴한 가격에 여는 데 큰 제약을 두지 않은 중소기업 여의도 종합전시장은 매우 훌륭한 대안이었다. 그 결과는 앞서의 표 길이가 잘 보여주고 있다.

## 굼벵이관이 아마추어 만화인과 코스튬플레이어에게 각별했던 이유

도입부에서 언급한 바 있지만 중소기업 여의도 종합전시장은 2003년을 끝으로 폐쇄됐다. 다시 말해 이곳이 만화 행사에 쓰인 기간은

4~5년 정도밖에 안 된다. 하지만 이후 등장한 SETEC이나 aT센터가 지금까지 아마추어 만화인 행사에 쓰인 기간이 그보단 훨씬 긴 데도 사람들은 '굼벵이관'을 유난히 추억한다.

왜일까? 분명한 건 이와 같은 추억담이 단순히 추억 보정이거나 없어졌기 때문에 느끼는 연민이 아니란 점이다. 수수께끼를 풀 힌트는 '시기'다. 중소기업 여의도 종합전시장이 만화와 만났던 4년은 아마추어 만화인들은 물론, 만화와 애니메이션을 비롯한 대중문화 수용자층 사이에 대거 투하된 핵폭탄이 연발로 터진 시기와 거의 일맥상통한다.

먼저 아마추어 만화계 쪽의 상황을 살펴보자. 1982~1983년 무렵 자생하기 시작한 만화 동아리들이 1985년에 크레파스란 이름으로 뭉쳤다가 폐쇄성을 극복하기 위해 새 연합체를 구성한 게 1989년 등장한 ACA다. 이 ACA가 1990년대 중반 일본 최대 동인지 판매전인 코미케(코믹마켓)와의 교류과정에서 2차 창작물과 비주얼록 팬아트라는 새 조류를 흡수하기 시작했고, 1998년엔 일본 쪽에서 유행하던 코스튬플레이(코스프레)를 '만화분장'이라는 이름으로 적극 수용했다.

이 시기의 아마추어 만화계의 특징을 보자면 초기 구성원들이 견지해오던 '순수창작'과 '회지(동인지) 출간', '프로 데뷔를 목표로 한다'라는 기조와는 사뭇 다른 움직임이 자리 잡기 시작하고 있었고, 1990년대 중반부터 X-JAPAN 등의 비주얼 록밴드를 따라하는 이들이 간간히 있던 것을 넘어 아예 코스튬플레이라는 문화가 본

행사의 하나로 자리 잡기 시작했다. 실제로 코스튬플레이 문화 자체는 일본에서 건너왔지만, 이를 역동적인 무대 쇼로 승화한 건 또 한국이 세계 최초이기도 하다.

이 시기 아마추어 활동은 점점 만화를 창작하기 위한 활동에서 즐기는 대상이나 소재를 만화라는 방식을 빌려 표현하기 위한 활동으로 확장되기 시작했고, 1999년 첫 등장한 코믹월드는 그래서 아예 슬로건을 '애니·만화·캐릭터 아마추어 종합 이벤트'로 잡았다. 만화 동아리 연합이고 책을 내는 게 당연한 기조였던 ACA와는 매우 다른 입장을 취한 셈이다. 결과적으로 보자면 훨씬 가볍고 진입 장벽이 낮았던 코믹월드는 얼마 안 가 ACA를 양으로 압도하기 시작했다. 바꿔 말해 중소기업 여의도 종합전시장의 마지막 4년은 아마추어 만화인들의 세대교체와 시대 전환이 일어난 시기와 정확히 겹친다.

한데 살펴봐야 할 건 이뿐만이 아니다. 1997년 이후 한국은 그야말로 만화와 애니메이션을 좋아하던 이들에게 그야말로 대혼란기였다. 이 시기 지금까지도 만화에 악영향을 끼치고 있는 청소년보호

코믹월드 서울146 카탈로그. 제호 위의 행사 정의가 '애니, 만화, 캐릭터 종합 이벤트'다.

법이 발효되어 출판 만화의 존립 자체를 뒤흔들었다. 같은 시기 만화가는 음란물 제작 혐의로 끌려가 조사와 재판을 받았고, 심지어 "네 만화가 음란물이 아님을 증명해보라"는 윽박지름에 시달려야 했다. 한데 국가 차원에서는 IMF 외환위기가 터지면서 나라 경제가 송두리째 박살나더니, 그 겨를에 명예퇴직한 가장들이 쌈짓돈으로 대거 도서대여점을 차리면서 만화의 상업적 가치에 큰 악영향이 온 시기이기도 하다. 때마침 가정에 보급되기 시작한 초고속 인터넷은 만화 독자를 도서대여점에서 이윽고 불법 스캔본의 세계로 이끌었다.

재밌는 건 이런 악재들이 정신없이 몰아치는 가운데에도 만화와 애니메이션을 좋아하던 이들을 마니아에서 오타쿠로 대오 각성시킬 법한 사건들이 비슷한 시기에 마구 터졌단 사실이다. 일단 일본보다 2년 정도 늦게 〈신세기 에반게리온〉이 소개됐다. 이 시기를 전후해 일찌감치 자생하고 있던 일본 애니메이션 애호가들이 1세대 오타쿠로서 업계에 투신하거나 PC통신, 초기 인터넷 환경에서 모습을 드러내기 시작했고, 이들의 컬렉션은 비록 당시로서는 불법이었지만 비디오테이프로 숱하게 복제되어 아직 채 개방되지 않았던 일본 대중문화에 목말라하던 이들을 열광시켰다. 이 시기의 1세대가 어디에서 형성되었는가는 뒤의 명동-회현 편에서 다루기로 한다.

케이블TV의 애니메이션 전문채널이었던 투니버스에서는 이런 수요를 충족하기 위해 청소년층 이상 연령대가 볼 만한 일본 작

N.EX.T의 신해철이 짓고 부른 주제가로 화제를 모은 〈영혼기병 라젠카〉의 완구

국산 TV 애니메이션 가운데 비교적 준수한 품질로 좋은 평가를 받은 〈레스톨 특수구조대〉의 OST 표지

애니메이션 전문지 창간의 불씨를 댕긴 《월간 모션》. 이 잡지의 마스코트 캐릭터 공모전에서 당선된 차민이는 이후 프로 만화가로 데뷔하기도 했다.

품을 다수 들여와 틀었고 〈스튜디오 붐붐〉과 같은 전문 해설 프로그램을 편성하기도 했다. 국산 TV 애니메이션 제작 붐으로 〈녹색전차 해모수〉(1997), 〈영혼기병 라젠카〉(1998) 등이 연이어 등장했다. 〈카드캡터 사쿠라〉가 일본 NHK BS2에서 방영되고 있던 시기(1998) 같은 날 같은 채널에서 국산 애니 〈레스톨 특수구조대〉가 〈장갑구조부대 레스톨裝甲救助部隊レストル〉이란 제목으로 일본어 더빙판으로 연이어 방송되기도 했다.

그 기세를 몰아 대원씨아이는 국내의 자생형 1세대 오타쿠 안영식을 편집장으로 삼아 일본 카도카와쇼텐角川書店의 애니메이션 정보지 《뉴타입》의 한국어판을 출간했고(1999) 《모션》(1997)과 《애니테크》(1998)와 같은 애니메이션 전문지도 앞서거니 뒤서거니 창간돼 높은 관심을 반영했다. SBS가 '만화왕국'이란 슬로건을 내걸고 〈마법소녀 리나〉(일본명 〈슬레이어즈〉), 〈기동전함 나데카〉(일본명 〈기동전함 나데시코〉), 〈슬램덩크〉 〈사이버 포뮬러〉 〈에스카플로네〉 등 비교적 연령대가 높은 작품을 연이어 틀어댄 것도 이 시기다. 이 즈음 일본만큼은 아니지만 애니메이션 캐릭터를 연기한 성우 팬덤이 대폭발했고, 방영작 가운데 〈슬레이어즈〉는 1997년 PC통신의 황혼기에 엄격한 체계를 갖추고 운영되던 동호회 문화가 무너지고 소모임 중심으로 재편되던 시기와 맞물려 팬픽션(팬소설)과 패러디 만화라는 2차 창작물 붐에 불씨를 댕기는 역할을 한다. IMF를 일으킨 죄가 컸던 김영삼 정부가 정권 재창출에 실패했고, 이어서 대통령에 당선된 김대중은 1998년부터 세 차례에 걸쳐 일본 대중문화의 전면 개방을 진행한다.

이 시기를 한마디로 말하는 건 불가능에 가깝지만, 적당히 정리하자면 이렇다.

① 국가 차원의 탄압으로 말미암아 전통적인 시장 붕괴와 반강제적인 시장 재편을 몸소 겪었고 ② 다른 한편으로 〈신세기 에반게리온〉을 비롯해 일본 애니메이션들을 음지로 양지로 접하며 오타쿠 문화의 세례를 받았으며 ③ 새로운 문물을 막 접하던 시기의 대중이 으레 그러하듯 우리 것과 외부 것의 비교와 좌절과 의도적 자의식 고양이 범벅돼 있었고 ④ PC통신에서 인터넷으로 넘어가는 시기에서 네트워크 환경의 발달과 정보 교류 문화의 변화 바람을 타고 자기가 보고 즐기던 대상에 관한 표현을 한층 더 가볍고 적극적으로 하기 시작했다. ⑤ 또한 코스튬플레이와 같은 문화가 단순 수입품에서 자가 발전품으로 바뀌며 급속도로 팽창하던 시기이기도 했다. ⑥ 그리고 이 모든 혼란상은 '전에 없던' 것이었으며 ⑦ 1997년에서 1999년에 이르는 짧은 시간 동안에 압축되어 펼쳐졌다.

그리고 1998년부터 2003년, 중소기업 여의도 종합전시장이라는 공간에서 열린 숱한 만화행사는 바로 이 앞 시기 짧지만 고밀도로 응축되고 쌓인 만화와 애니메이션과 관련한 에너지가 표현욕이라는 매우 원초적 욕구를 타고 대폭발을 이루었던 장이었다. 중소기업 여의도 종합전시장은 이렇듯 혼란이라고밖에 할 수 없는 분위기를 오롯이 또 묵묵히 받아낸 공간이었고, 또한 그러는 데에 금전적으로 지리적으로 이용자들의 부담이 덜한 공간이기도 했다.

ACA는 1999년 코믹월드 등장 이래 맞불작전으로 행사 주기를 좁혔다. 그 결과 아마추어 만화인 행사는 연2회에서 월 1~2회라는 빈도로 열리기 시작했다. 이 횟수 경쟁에서 ACA는 코믹월드에 밀렸고, 결과적으로 ACA는 중소기업 여의도 종합전시장이 영업을 마친 2003년을 끝으로 더 이상 서울에서 큰 행사를 열지 못했다. ACA의 기조를 따르던 이들에게는 중소기업 여의도 종합전시장이 자기의 한 시절이 접힌 공간일 수밖에 없는 셈이다. 반면 동인지를 꼭 내야 하는 분위기였던 ACA 만화축제와 달리 제약을 별달리 두지 않은 코믹월드를 통해서는 상당히 많은 신규 아마추어 만화인이 양산되었는데, 이들에겐 이 장소가 사실상 아마추어 만화인으로서 활동한 첫 장소가 되다시피 했다. 마지막이든 처음이든 만화인들로서는 이 공간에 품는 마음이 남다를 수밖에 없다.

만화인뿐 아니라 코스튬플레이어들에게도 이 장소는 매우 각별했다. 서울 시내 어디에서도 이만큼 넓은 마당을 닫힌 형태로 제공하는

〈밀가루 커넥션〉의 새욱깡 코스프레. 중소기업 여의도 종합전시장은 본관뿐 아니라 마당이 굉장히 넓고, 울타리로 주변 건물과 구분돼 있었다. 배경이 예쁘진 않았어도 안전하고 쾌적한 코스튬플레이가 가능했다.

곳이 드물었기 때문이다. 실제로 이후 SETEC과 aT센터에서 열린 행사들에서 코스튬플레이어들은 행사장 바깥에 울타리로 닫혀 있지 않은 공간에 있었는데, 구분선이 없다 보니 행사장 주변 주민들이 민원을 넣는 사례가 빈번하게 발생했다. 이런 연유로 이후 등장한 아마추어 만화인 행사인 서드플레이스3rd Place의 경우 주축 일원 가운데 코스튬플레이어 출신이 있었음에도 아예 행사 자체에서 코스튬플레이를 금지하기도 했다.

## 사라진 장소가 남긴 여파

연 50회 가량의 중소기업 전시회를 개최하여 국내 중소기업의 판로 확보에 큰 역할을 해왔던 중소기업 여의도 종합전시장은 2003년 12월 31일을 기해 서울시와의 부지 계약 만기를 이유로 폐관했다.

기간 만료로 말미암아 폐관한다는 이야기는 이전부터 흘러나오곤 있었으나, 여의도 금융권에 인접한 요충지에 중소기업 종합전시장이라는 전시관을 들인 그 목적과 이곳 외엔 중소규모 전시회를 열 곳이 마땅치 않은 서울이란 도시의 현실을 감안하면 쉽게 결정 내려선 안 된다는 의견이 대두된 바 있다. 2002년 8월에는 중소기업협동조합중앙회에서 그 부지에 중소기업 원스톱 지원센터를 설립하겠다는 구상을 내기도 하는 등 어느 정도 본래 목적에 부합하는 이야기가 오갔으나(《여의도 중기전시장-중기 원스톱 지원센터 구축 싱

사될까〉,《디지털타임스》, 2002년 8월 20일자), 서울시는 이를 비웃듯 이 듬해 1월 그 땅을 금융회사에 매각하겠다(〈전시장 부지 활용법〉,《한국경제》, 2003년 1월 22일자)는 등의 이야기를 흘리기 시작한다. 당시 이 땅에 국민은행이 관심을 보였으나 결국 국제 금융그룹인 AIG에서 국제금융센터IFC를 건립하겠다고 나섬에 따라 부지 매각 논의가 마무리됐고 2003년 12월 31일 계약 만료에 따라 전시장은 폐관됐다.

문제는 이 자리가 겪은 웃지 못할 후일담이다. 전시장 폐관 후인 2004년 3월, 총선을 앞둔 한나라당(이후 새누리당을 거쳐 박근혜 탄핵 이후 자유한국당으로 개칭)이 '차떼기'라는 오명을 씻고 쇄신의 한 걸음을 걷는다며 이 부지에 천막당사를 세운 것이다. 가건물을 차고 용도로 신청하고 사무실로 쓰는 불법을 저질러 구청에서 이행금을 부과받고도 별 문제 없이 버틴 한나라당의 천막당사는 임대료조차 여의도의 명당자리라 불리는 알토란 땅을 빌리는 것치곤 지나치게 싼 4000여만 원에 불과해 같은 당 소속인 당시 서울시장 이명박의

IFC 공사 중이던 여의도 23번지 모습

힘을 빌리지 않고선 불가능했다는 비판을 받았다. 서울시는 당시 열린우리당(현 더불어민주당)이 같은 자리를 당사로 쓸 수 있게 해달라는 요청을 거절한 것으로 드러난 바 있다.

서울시와 AIG그룹은 2004년 계약을 맺고 IFC의 건립을 본격화했으며, 2006년 5월 건물을 짓기 시작해 2012년 10월 완공했다. 계약 당시부터 특혜 논란에 휘말리고 완공 이후엔 지하 쇼핑몰을 빼면 높은 공실률을 보인다는 점, 애초 목적이었던 금융 허브로서의 기능은 갖추지도 못하고 운영사가 완공 1년도 안 돼 호텔동을 팔려 하는 등 문제점이 끊임없이 드러나고 있어 그 자리를 잃은 만화인의 입장에서는 속이 쓰릴 수밖에 없다.

물론 앞서 여의도동 23번지를 차지했던 안보종합전시장의 끝이 그러했듯, 장소 자체가 영원불멸하게 특정 대상만을 위해 존재할 수는 없는 노릇이다. 중소기업 여의도 종합전시장 또한 만화계를 위해서만 있었던 것은 아니니 그 자리가 다른 용도로 쓰이게 됐다는 사실 자체를 문제 삼을 수는 없다. 다만 그 과정이 석연찮은 점과 바뀐 자리가 그다지 좋은 역할을 하고 있지 못하다는 점이 못내 아쉬움을 낳는다.

게다가 중소기업 여의도 종합전시장이 사라지면서 아마추어 만화계는 대내외로 큰 타격을 입었다. 일정 이상 확장세를 거듭해 행사들이 더 이상 작은 전시장을 이용할 수 없게 됐지만 서울시내에 그럴싸한 행사 시설이 코엑스, SETEC, aT센터를 빼면 마땅하질 않다. 가격 대비 성능비가 매우 훌륭했던 장소 한 곳이 사라지면서

중소기업협동조합중앙회 여의도 종합전시장(SYEX)

선택지는 확 좁아졌는데, 앞서 언급한 바와 같이 이들 행사장은 이틀짜리 행사를 반기지 않는다. 코엑스가 선택지가 될 수 없는 상황에서 SETEC과 aT센터는 장기 예약 고객인 S.E.Techno의 코믹월드 외에 만화 행사를 잘 받아주지 않았다. 이런 연유로 이후 등장한 서드플레이스나 동네 페스타와 같은 행사는 장소 대관 문제로 골머리를 썩이는 사례가 많았다. 표면적으로는 행사장 하나가 사라졌을 뿐이지만, 그로 말미암아 아마추어 만화계는 한 업체의 독점 구도를 수년 이상 공고히 하는 결과를 맞이해야 했다.

그 과정에서 아마추어 만화인 활동은 더 이상 '자유롭고 재기발랄한 창작'을 기조로 삼는 만화계의 세 기둥 중 하나가 아니게 됐고, 2003년을 기점으로 만화계가 웹툰을 중심으로 완전히 재편되면서 창작 활동을 통해 인정받고자 하는 이들은 대거 포털을 등용

중소기업 여의도 종합전시장 전경

제공 : (주)타이가

문으로 여기기 시작했다. 비단 장소 폐관만의 문제는 아니겠으나, 모처럼 한 시기 농밀하게 모인 에너지가 생산적인 결과를 만들어내지 못한 채 장소와 함께 사멸한 것이 못내 아쉬울 따름이다.

##  장소 옆 이야기

### 5.16 광장에서 여의도 광장, 다시 여의도 공원으로

조성 당시 박정희가 북한의 김일성 광장을 의식해 더 크게 지으라 명령했다던 5.16 광장은 전두환 정권기에 여의도 광장으로 개칭된다. 전두환은 박정희 시기인 제3공화국과의 단절이란 의미로 이름을 바꿨다. 그리고 여의도 광장은 김영삼 정권기였던 1994년 세워진 '여의도 재정비 구상 및 광장시민공원화 계획'에 따라 공원화의 길을 걷는다.

이는 문민정부를 표방한 정부답게 군사 독재 잔재이자 아스팔트밖에 없는 광장을 시민을 위한 공원으로 바꾸자는 발상이었다. 하지만 당시 서울시장이었던 '최틀러' 최병렬은 공원화 계획과 관련한 공청회에서 사견임을 전제로 "여의도 공원이 조성되면 이름을 박정희 공원이나 광복 50주년을 기념해 광복공원으로 하는 것이 바람직하다"라고 밝혀 논란을 일으킨 바 있다(1994. 12. 23). 이런 종류의 발상은 이후에도 구미시를 박정희시로 바꾸자는 식의 주장으로 연결되며 눈살을 찌푸리게 하고 있다.

여의도 공원은 1997년 4월 착공하여 1998년 10월 부분 개장했고 1999년 2월 전면 개장해 현재에 이르고 있다.

## 굼벵이는 어디로

중소기업 여의도 종합전시장에 쓰였던 에어돔은 철거 후 축소·재조립되어 대전 엑스포과학공원에서 '엑스포 이벤트 돔'이란 이름을 달고 쓰인 바 있다. 다만 '중소기업협동조합중앙회 여의도 종합전시장'이란 글자 자국이 선명하게 남은 채였던 데다 글자 순서가 뒤바뀌어 다소 기괴한 외관이었다. 대전 엑스포과학공원의 시설물은 대전시가 엑스포재창조사업을 진행하며 철거하여 현재 남아 있지 않다.

한편 중소기업 여의도 종합전시장 에어돔의 시공사인 (주)타이가는 이후 2002년 FIFA 한일 월드컵의 상암월드컵경기장과 제주월드컵경기장의 막 구조물을 작업하기도 했다.

## 이명박과 박근혜

공교롭게도 이 시기 중소기업 여의도 종합전시장 자리와 얽힌 두

인물 이명박과 박근혜는 이후 나란히 우리나라의 대통령직에 올랐다. 굼벵이관 자리가 한나라당 천막당사로 쓰이던 시기는 2017년 대한민국 첫 파면 대통령이 된 박근혜가 그 당을 이끌고 있던 시기다. 한나라당에 땅을 빌려준 당시의 서울시장 이명박은 박근혜에 앞서 대통령직을 수행했다.

이익 논리에 밀려 사라진 중소기업들의 공간에는 번듯한 국제금융센터IFC가 들어서 있고, 그 건물은 계약 조건 면에서 공사 단계부터 어마어마한 특혜를 받았다는 논란에 휩싸여 왔다. 하지만 소유주였던 AIG는 IFC를 10년 만인 2016년 11월 1조 5000억 원이라는 거대한 차익을 남기고 캐나다계 글로벌 투자회사인 브룩필드에 팔아치운다. (《AIG, 여의도 국제금융센터 매각… 10년 만에 1조 5000억 차익 챙겨》,《국민일보》, 2017년 11월 18일자) 동북아 금융허브를 만들겠다며 해외자본을 유치했지만 결국 이 공간에 금융회사다운 금융회사가 들어와 있지 않아 사실상 실패한 정책이라는 비판이 나온다. 과연 이명박이 추진한 일다운 결말이고, 남은 책임과 부담은 시민의 몫이며, 그 사이에서 공간을 잃은 자들은 한없이 주변으로 외곽으로 밀려나고 있을 따름이다. 공간의 현재 모습이 앞서 정권에게서 문화가 받아온 취급과 맞아떨어진다는 생각을 지울 수 없다. 하지만 무릇 공공성을 생각한다면, 이런 식이어선 안 되는 게 아니었을까? 물어도 소용없겠지만 그럼에도 정말 묻고 싶다.

중소기업협동조합중앙회 여의도 종합전시장(SYEX)

## 사라져간 ACA

ACA는 2003년 이후 서울에서 밀려난 데 이어 아마추어 만화 동아리 연합이라는 정체성을 버리고 만화·코스프레 관련 이벤트를 대행하거나 소규모 이벤트 개최를 돕는 역할을 했다. 현재는 그나마도 사이트를 폐쇄한 상태다.

## 컬처 쇼크 & 카타르시스

여의도라는 곳은 기성, 기득권과 고위 간부, 엘리트주의, 화이트칼라들의 주 터전이라는 인상이 매우 강하다. 그러던 곳이 만화행사

만화 관련 행사 모습

들이 열리기 시작하면서부터 미묘한 광경을 연출하기 시작했다.

무엇보다 한두 달에 한 번 꼴로 등장하는 '코스튬플레이어 집단과 이들을 중심으로 한 일련의 청소년들'이 길거리를 바삐 오가는 넥타이 부대와 맞닥뜨리는 광경은 만화행사들이 중소기업 여의도 종합전시장에서 열리기 시작한 초창기엔 매우 묘한 시선을 불러일으켰다.

물론 이 당황스러운 조우가 물리적 충돌로 이어지거나 하진 않았으나 그 자리를 일터로 삼고 있던 세력들에게 당황스러움과 동시에 신선한 충격을 주기에 충분했던 것이다. 이를 유심히 본 한 작가는 초창기의 이 충격을 가리켜 "기성권에 대한 벽이 깨질 때 느끼는 카타르시스"라는 표현을 쓰기도 했다.

# 답사 코스

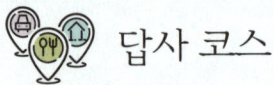

국회의사당

여의도공원

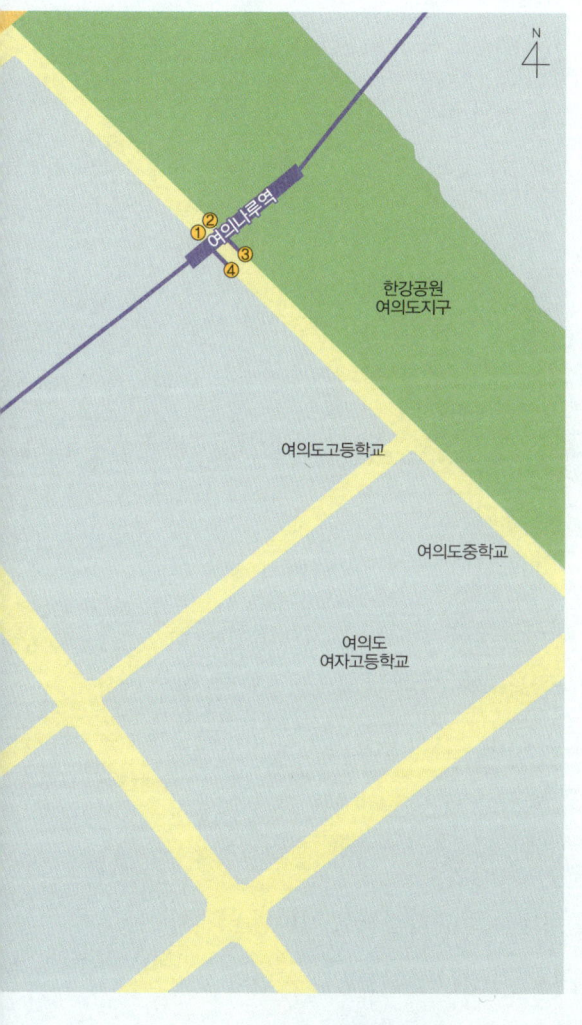

IFC몰

IFC 내 EBS 캐릭터들

옛 중소기업 여의도 종합전시장

여의도공원(C-47)

SeMA벙커

중소기업 여의도 종합전시장은 지금은 아예 흔적 자체가 남아 있지 않은 공간이고, 문화적으로도 역할 면으로도 그 시기의 흐름과 연결돼 있는 부분이 아예 없다. 다만 여의도의 개발과 얽힌 일화들의 연장선에서 공간을 파악해보거나, 여의도에서 폭발기를 거치며 성장한 아마추어 만화의 모습을 이어가고 있는 다른 공간을 찾아가 보는 게 가능하겠다.

## IFC
서울 지하철 5호선 여의도역에서 연결통로 이용 약 300미터 이동

중소기업 여의도 종합전시장 자리에 서 있는 IFC는 예전과 달리 서울 지하철 5호선 여의도역과 지하보도로 연결돼 있어 찾아가기는 한결 더 편해졌다. '국제 금융'이라는 본 목적을 애초에 달성할 생각이 없었던 건물은 호텔과 더불어 여타 복합 쇼핑몰과의 차별성도 별로 없지만 그 모습 자체가 이 공간의 과거와 현재를 가장 역설적이고 통렬하게 잘 보여주는 느낌이기도 하다.

사실 여의도란 공간 자체가 상당히 우격다짐으로 개발된 터전이고, 한국의 맨해튼을 목표로 한다던 초기 안과는 달리 북한의 김일성 광장을 의식해 원래 안에서 광장 크기를 두 배로 늘리라는 박정희의 지시가 떨어지는가 하면 없는 돈을 채우기 위해 상업용지를 줄이고 주거지를 늘리면서(《정도 600년 서울 재발견 〈34〉 도시계획 (1) 작

전처럼 밀어붙인 '여의도 개발'〉,《동아일보》, 1993년 8월 12일자) 애초에 구축 단계부터 구성 자체에 맥락이란 개념이 사라진 공간이었다.

이렇게 돈과 욕망과 권력과 이상한 종교가 한데 뭉친 독특한 공간이 된 여의도의 정확히 한가운데에 중소기업 제품을 홍보하고 팔 수 있게끔 하겠다던 전시장이 섰던 것 자체가 어쩌면 기적일 수도 있다. 하지만 그나마 공공성을 보충해주던 곳을 치우고 본연의(?) 자세로 돌아간 지금을 좋다고만 하기엔 아쉬움이 남

여의도 IFC몰 전경
자료: 대한민국역사박물관 현대사 아카이브

는다. 특히 그 과정에서 쓸려나간 만화 문화의 한 시절이 더더욱 아리다. 그런 점들을 생각하며 건물을 구경하거나, 어쨌든 왔으니 뭐라도 먹고 나오면 그만이겠다. 다만 여느 복합쇼핑몰이든 여의도든 가성비를 생각하기는 어려운 공간이다.

볼거리가 마땅치 않은 이들을 위해(?) 박정희가 남기고 간 과거의 선물이 같은 자리에 하나 공개됐다. 바로 여의도 지하벙커다. 여의도 지하벙커는 2005년 여의도 버스환승센터 공사를 위해 현장을 조사하던 가운데 발견된 의문스러운 792제곱미터(약 240평) 가량의 지하 단층 시설물이다. 국토교통부와 수도방위사령부에도 기록이

중소기업협동조합중앙회 여의도 종합전시장(SYEX)

전혀 남아 있지 않은 이 공간을 서울시는 유사시 대통령이 대피할 수 있게끔 지어놓은 공간으로 파악했는데, 10년간 보존하다 2015년 10월 1개월간 예약한 시민들을 대상으로 잠시 공개한 후 시민 아이디어를 모아 전시문화공간으로 바꾸기로 결정해 약 1년간의 공사 끝에 2017년 10월 19일 서울시립미술관 별관 격인 전시공간 'SeMA 벙커'를 열었다. 이 공간의 개장으로 말미암아 옛 굼벵이관 자리는 IFC가 되어 잊힌 공간이 아니라 여의도와 얽힌 역사의 연결고리를 현재와 묶어내는 자리가 됐다.

지하통로가 편하기는 하지만 편도 한 차례 정도는 IFC 건물 바깥으로 나와 여의도역 3번 출구 방향으로 나와 걸으며 주변 분위기와 완전히 동떨어졌던 당시의 분위기를 간접 체험해보는 것도 재밌다.

### 여의도 공원
서울 지하철 5호선 여의도역에서 300미터

지하벙커만으로 만족하지 못한 사람이라면 앞서 공간을 둘러본 기세를 몰아 여의도 개발 역사에서 중요한 역할을 했던 장소들을 함께 돌아보는 것도 좋다. 여의도 개발은 여의도 23번지가 안보 전시관이 됐던 맥락과도 연결된다.

여의도역 3번 출구에서 북서 방향으로 뻗은 큰 길이 의사당대로다. 이 길을 따라 쭉 걷다 보면 여의도 공원을 만난다. 이 자리에서 우리나라 최초의 비행사가 방문 기념 비행을 하기도 했고 가미카제 특공대로 끌려가기 전 훈련하기도 했다는 점을 떠올리며 가로질러 보면 여러 생각이 참 들기도 한다.

여의도 공원은 우리나라 만화계와도 연이 깊은 곳이다. 1996년 당시 청소년보호법의 전신인 '청소년 보호를 위한 유해 매체물 규제에 대한 법률안'이 준비되기 시작하자 이두호·허영만·이현세·장태산·박재동·이희재·황미나 등의 만화가를 중심으로 여의도 공원에

1996년 11월 3일 여의도 공원에서 열린 만화 심의 철폐를 위한 범만화인 결의대회 장면.
자료: 《"만화 심의 철폐하라"》, 《한겨레》, 1996년 11월 3일자

서 '만화 심의 철폐를 위한 범만화인 결의대회'가 열려 눈앞에 훤히 보이기 시작한 재앙에 반대 입장을 밝혔다. 이게 1996년 11월 3일의 일로, 이후 만화계는 11월 3일을 '만화의 날'로 정해 모두가 한마음으로 탄압에 저항했음을 기리고 있다. 청소년보호법으로 만화계가 초토화되고 난 뒤 정부는 규제보다 진흥으로 방향을 전환했고, 2001년부터는 만화의 날을 정부 차원에서 공식 기념일로 인정해 현재에 이르고 있다. 과오를 다시 인식하고 바꾸는 과정도 물론 중요하지만 이럴 거면 애초에 때리질 말 일이 아닌가 하는 생각을 지울 수 없다

## SETEC, aT센터

SETEC은 서울 지하철 3호선 학여울역 앞,
aT센터는 서울 지하철 3호선 양재역에서 버스로 이동

여의도와는 동떨어져 있지만, 중소기업 여의도 종합전시장에서 볼 수 있었던 풍경을 지금도 확인하고 싶다면 서울 지하철 3호선을 타고 서울 남부로 가면 된다. 학여울역 바로 앞에는 SETEC이, 그리고 양재동 쪽에는 aT센터(한국농수산식품유통공사)가 자리하고 있다. aT센터는 양재역에서 버스를 타고 이동하면 되는데 aT센터로 가는 버스는 비교적 큼지막하게 행선지 표시를 하고 있으니 참고하면 된다.

코엑스 외에 널따란 컨벤션 시설이 마땅치 않은 서울시에서 1990년대 이후 어느 정도 덩치를 키운 만화 행사가 갈 만한 공간은

코믹월드가 열린 SETEC 풍경(2005년 2월 13일 촬영)

양재 aT센터 안에서 바라본 앞마당. 관람객과 코스튬플레이어로 인산인해다(2009년 5월 10일 촬영).

이제 이 두 곳 정도다. 고양시의 KINTEX는 워낙 멀고 부천의 한국만화영상진흥원은 거리보다도 컨벤션 시설로서 쓰기엔 어려움이 많은 공간이며 결정적으로 둘 다 서울권 바깥이어서 수요가 적다.

현재 서울의 아마추어 만화 행사는 코믹월드, 동네페스타, 케이크스퀘어 등이 열리고 있으며 행사 규모에 따라 차이는 있으나 SETEC과 aT센터가 가장 널리 선택받고 또 오래 쓰인 편이다. 시간이 지났어도 만화 행사의 형태는 크게 차이나지 않으니만큼 확인해 보고 싶은 이들이라면 각 행사 홈페이지들에서 일정을 확인해 한번 방문해보는 것도 좋다. 참고로 SETEC은 아마추어 행사만이 아니라 SICAF와 같은 관 차원의 만화/애니메이션 행사가 열리기도 했던 곳이고 aT센터에 비해 앞마당이 훨씬 넓어 코스튬플레이어들에게서 사랑받는 편이다.

## 나의 만화유산 답사기 03

만화에 서린 또 다른 독재의 흔적
# 신촌 일대, 그리고 신촌 대통령

어린 시절 아버지가 모는 차를 타고 신촌을 지나친 적이 있다. 서울에서 태어났어도 대학생 시기까지 지방에서 자란 내게 서울 풍경은 생소하기만 했는데, 그 시절 신촌은 매캐한 최루탄 냄새와 시위대를 향해 욕하는 아버지의 짜증 섞인 목소리로 기억되던 곳이었다. 그때는 몰랐다. 1980년 후반 그 시기 즈음이 우리나라 민주주의에 굉장히 중요한 시기였단 사실을. 어쩌면 역사적 순간에 나 또한 근처에서 함께하고 있었을지도 모른다는 사실을 말이다.

시간이 흘러 신촌역과 홍대 사이에 있는 고시원에서 첫 독립생활이자 사실상 첫 서울 살이를 시작하면서 어린 시절 아버지 차 안에서 지나친 곳들 근처를 곧잘 돌아다니게 됐다. 이른바 '신촌 일대'는 발을 디딜 때면 괜히 가슴 두근대는 감정을 느끼게 해주었다. 1987년을 기억할 수 있는 장소로는 명동이나 남영동이 앞설 수 있지만 격동의 역사와 나의 첫 만남이 이뤄진 곳은 신촌이었던 터라 괜히 각별했다.

어릴 적 기억을 되짚어보자면, 비록 내 아버지 세대는 혀를 차셨지만 실제 이 자리에서 있었던 젊은 외침들이 조금이나마 다른 역사를 만들지 않았던가. 독재가 무엇이고 민주란 무엇인가를 고민할 수밖에 없는 시점에 서서 생각이 복잡해질 때면 어린 시절 신촌에서 어렴풋이 맡았던 최루탄 냄새를 떠올리곤 한다. 최루탄을 정면에서 맞닥뜨리지는 못했던 나이라 조금은 내 멋대로의 어쭙잖은 부채감을 느끼기도 하면서, 또 전두환 시대를 끝냈더니 노태우가 오더라는 웃지 못할 현실의 한계에 짙은 기시감을 느끼기도 하면서 말이다.

그런데 신촌 일대는 현대사의 한 자락으로서만이 아니라 내 분야인 만화 쪽에서도 상당히 깊은 연이 닿아 있는 공간이었다. 놀랍게도 20년에 가까운 동안 신촌은 한국 만화의 중심지였다. 하지만 만화가들은 이 신촌 시대를 영광이나 기쁨이 아닌 절망과 암흑으로 기억하며, 독재기라는 표현을 붙이길 주저하지 않는다. 독재를 끝내기 위해 대학생들이 뛰쳐나왔던 그 자리에 또 다른 독재가 있었던 셈이다.

이름 하여 '신촌 공화국' '신촌 대통령'으로 불리던 만화 출판의 최대 권력자, 합동출판사 이야기다.

## 합동 출현 직전 – 1. 단행본 시장에서 대본 중심 시장으로

합동 이야기를 하기에 앞서 합동이 등장하기 전인 1950~1960대의 만화계 상황에 관해 잠시 언급하겠다.

한국전쟁이라는 참혹한 재앙 속에서도 만화는 피난지인 대구와 부산 등지에서 만화 노점이라는 형태로 대중을 만나며 어려운 시기 몇 안 되는 오락거리 역할을 담당했다. 전쟁이 끝나고는 잡지들의 복간과 새 잡지 창간 붐 속에서 점차 수요를 늘려나갔고 이윽고 단행본 출간도 줄을 이었다. 이 가운데 《엄마 찾아 삼만리》는 김종래가 1958년에 발표한 고전 사극 만화로 한국전쟁을 전후한 사회의 모습을 조선시대에 빗대 묘사해내며 1964년에 이르기까지 10쇄를 찍은 한국 만화계 첫 베스트셀러다. 당시 단행본 만화의 시장성을 유감없이 보여준 대표작 《엄마 찾아 삼만리》는 2013년 등록문화재 539호로 지정돼 김용환의 《토끼와 원숭이》에 이어 만화 문화재 2호로 기록되고 있다.

《엄마 찾아 삼만리》(김종래, 1958)

《엄마 찾아 삼만리》를 발행한 만화세계사는 1956년 한국 첫 청소년 만화 월간지 《만화세계》를 낸 출판사다. 잡지도 창간호부터 매진되는 등 큰 인기를 끌었다는데, 225쪽짜리 양장본으로 출간했다는 《엄마 찾아 삼만리》가 시쳇말로 '대박'을 내자 여러 출판사가 대거 달려들어 단행본 전성기를 열었다. 《간판스타》《악동이》의 이희재는 이 시기의 단행본들이 "만화가 소설처럼 책으로 단아하게 나왔다. 책 장정도 제대로 돼 사볼만 하고 지금 봐도 도서로는 가치가 있다. 60~70년대 만화보다는 훨씬 격이 있었다"라고 증언하기도 한다. 하지만 이 흐름이 오래는 못 가는데, 1960년대 들어 만화의 대중 노출 창구가 길거리나 서점에서 대본소(만화방)로 급속하게 바뀌었기 때문이다. 이와 관련해 만화가이자 만화 편집자로 크로바문고를 이끌었던 박기준은 《박기준의 한국만화야사》에서 다음과 같이 적고 있다.

> 그러나 잡지에서 단행본으로 작가들이 몰리다 보니 공급이 수요를 넘게 되는 사태가 벌어지고, 단행본의 발행 부수가 폭주하다 보니 서점에서는 만화 취급을 거부했다. 자연히 궁여지책으로 출판사에서는 쪽수를 줄여서 서점용이 아닌 대본용으로 출간하게 되었다. 이에 따라 판매 부수도 크게 줄었으므로 인기 작가들은 여러 명의 보조를 두고 다작하느라 여념이 없었다. 인기를 얻지 못한 어중간한 작가들은 인기 작가의 어시스턴트로 들어가려고 애썼다.
> —《박기준의 한국만화야사》 74쪽

1958년 무렵부터 등장한 대본소는 언론 보도에 따르면 1960년

1960~1970년대 대본소 풍경을 재현해놓은 부천의 한국만화박물관 전시실 풍경

대 초중반에 이미 서울시내에 900여 개소, 전국 4500여 개소로 늘어나 있었다. 이 시기 만화방은 핵가족화로 형제도 몇 없던 아이들의 유일한 문화공간이었다. 만화방은 당시 막 보급되던 흑백TV를 들여놓고 프로레슬링과 복싱 등 인기 스포츠 프로그램을 보여주며 관람료를 별도로 받기도 했다. 대본소를 통해 안정적으로 물량을 내보낼 수 있게 되자 늘어난 만큼의 공급을 받쳐줄 수 있는 시스템이 자리하게 되는데, 부엉이문고와 제일문고, 크로바문고가 이 시기를 대표하는 출판사다.

## 합동 출현 직전 - 2. 독재 정권 뒤의 독재 정권, 불량만화 논쟁

이 시기 출판사들은 각기 특색 있는 작가를 자사에 소속시킴으로써 경쟁구도의 막을 올렸다. 부엉이문고는 《라이파이》 시리즈의 산호와 《칠성이》 시리즈의 김경언을, 제일문고는 앞서 단행본인 《엄마 찾아 삼만리》로 공전의 히트를 기록했던 김종래와 《만리종》의 박기당, 《탕》의 오명천과 《땡이》 시리즈의 임창 등을 대표 작가로 삼고 있었다. 그리고 앞서도 언급한 박기준의 크로바문고는 박기준 스스로가 《두통이》 시리즈를 그리는 작가였고, 박기준의 형이기도 한 박기정이 《도전자》를 그려내고 있었으며, 《명견 루비》의 박부성, 《약동이와 영팔이》의 방영진 등도 주축을 이루고 있었다. 박기준에 따르면 제일문고가 작가진은 최고였지만 극화 작품이 많아 탈고 기간이 길었고 부엉이문고나 크로바문고는 대부분 간단한 그림체여서 탈고가 빨라 기동력에서 큰 이점이 있었다고 한다.

  1950년대를 넘어 1960년대로 접어들면서 만화계가 완연하게 대본소 중심으로 돌아가게 되자 출판사들은 짧은 주기로 빨리 다음 권을 시리즈로 내어 독자를 계속 붙잡아두는 전략을 쓰게 되는데, 전국에 기본으로 확보한 만화방 수만큼의 물량을 효과적이고 지속적으로 내보내며 회전율을 높여야 하기 때문이다. 1960년대 초중반에 이르기까지 만화방 만화는 전쟁 후 주머니 사정이 좋지 않은 어린이들에게 비교적 싼값에 많은 작품을 접할 수 있게 해주는 역할을 했고, 출판사들은 회전율이라는 한계 속에서도 SF, 스포츠, 영웅, 시대극, 탐정물 등 다양한 장르의 작품을 쏟아냈다. 판매형 시장이 완전하게 정착하지 못한 채 대여 중심으로 흘러가긴 했지만 전후라는 시대적 한계를 감안하지 않을 수 없었고, 한편으로는 장

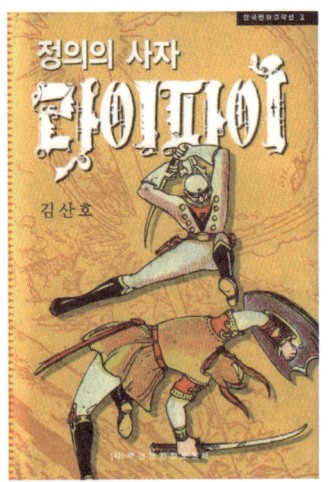
김산호 《정의의 사자 라이파이》

김경언 《칠성이》 시리즈

박기당 《만리종》

박기정 《도전자》

김경언 《명견 루비》

르와 소비층의 일대 확장기로 작용하기도 했다. 물론 그 과정에 출판사 사장들을 중심으로 인기작, 인기 캐릭터를 베껴 출시하는 관행이 만연했음은 분명히 지적하고 넘어가야 할 지점이다.

그러던 중 이승만이 3.15 부정선거(1960. 3. 15)를 저질렀다가 4.19 혁명(1960. 4. 19)을 맞아 쫓겨난 뒤 박정희가 5·16 군사 쿠데타 (1961. 5. 16)를 일으켰다. 박정희는 실권을 잡자마자 정치 깡패를 잡아다 처형하는 등 사회 분위기를 다잡으려 들었다. 그리고 만화는 이 박정희 독재정권기에 끊임없이 불량시비에 시달렸다. 1966년엔 연초부터 동대문서가 만화를 2만 권 압수했고(1966. 1. 12) 당시 흑백TV를 들여놓고 아이들을 끌어 모으기 시작했던 대본소에서 자리다툼 끝에 칼부림이 났다며 만화가 불량하다고 목소리를 높이는 기사가 나왔다. (《불량만화로 멍드는 동심》,《동아일보》, 1966년 5월 12일자)

급기야 1968년부터 한국아동만화윤리위원회가 창립(1968. 8. 31) 해 본격적인 만화 사전심의가 시작됐으며 1970년엔 한국도서잡지 윤리위원회(1970. 1. 21)가 설치돼 '다루어선 안 될 내용'을 막는 데 집중하기 시작했다. 이들은 공산주의를 상징한다는 붉은색을 쓸 수 없다거나 남녀 연애를 다룰 수 없다는 식의 조항을 들이댔고 한때 이념과 거리가 멀다며 용인된 덕에 곧잘 등장했던 반일 영웅 만화 종류도 폭력적이라는 판단을 받게 됐다.

이렇게 검열과 단속이 심각해지자 내용 면에서 다양성을 꾀하며 양적 확장세를 보이던 만화계는 일거에 숨을 죽이게 됐다. 2014년 부천국제만화축제BICOF 주제 선시 〈만화, 시대의 울림〉전에서 큐

대본소 안 흑백 TV 주변으로 몰려든 아이들의 모습이 보인다.

자료: 《동아일보》 1966년 5월 12일자

레이터를 맡았던 백정숙은 이 시기의 특징을 "만화는 완전히 오락적 매체로 규정되었고 반공만화 일색이었지만 유능한 어린이 주인공을 내세워 능력 있고, 운동 잘하고, 도덕적이고 모범적인 인간상을 만화 속에서 구현해냈다"라고 정리한다. 이러한 압박은 박정희가 10월 유신을 단행한 1972년에 이르러서는 대대적인 화형식과 언론을 동원한 불량만화 논쟁으로 나타난다.

1960년대 후반은 이렇듯 정권 차원에서 만화를 사회 분위기 다잡기 용으로 십분 활용하던 시기로, 만화가 다양성을 지니고 발전할 기회를 정부 차원에서 막았다고 볼 수 있다. 하지만 표현 범위를 문제 삼아 만화를 옥죄어 오던 정부와는 상관없이 만화를 둘러싼 환경 변화를 큰돈을 벌 기회로 받아들인 이들도 있었다.

전국 대본소를 대상으로 한 만화 유통을 틀어쥐면 내용이야 어쨌든 큰돈을 벌 수 있으니 목표는 간단했다. 이 '유통 독점으로 큰돈 벌기'를 최우선 과제로 삼고 등장한 곳이 바로 '합동'이다.

## 1967년, 합동의 등장과 전횡

세상 어떤 것에도 명明과 암暗은 있기 마련이라지만, 합동은 어느 곳에라도 인연이 얽혀 있어 싫은 소리가 쉬 안 나오는 만화 업계에서도 긍정적인 평가를 내리는 이가 없는 집단이었다. 그런 집단이 거의 20년 가까운 기간에 걸쳐 한국 만화계를 쥐락펴락했으니, 가히 한국의 현대 만화사 최대의 암흑기라 해도 과언이 아니다.

합동은 합동출판사, 또는 합동문화사, 합동동우회라는 이름으로 불렸다. 정확하게는 한 회사라기보다 여러 출판사가 지분 관계로 얽힌 출판 그룹이라 할 수 있다. 최대 주주로 꼽히는 이영래 회장이 절반가량을 쥐고 나머지 소사장들이 10퍼센트씩 쥐어 출판사를 나누고 구역에 따라 작가를 관리했다고 한다.

합동의 최대 주주인 이영래는 직함을 '회장'이라 붙이고 있었는데, 본래는 북에서 내려온 월남자 출신으로 신촌에서 방앗간을 하던 사람이었다. 방앗간의 위치는 지금의 경의중앙선 신촌 기차역에서 이대입구역 사이의 도로쯤이었다고 하는데 그 시기 이영래와 같은 월남자들이 방앗간 주변에서 장사를 했다고 한다. 합동의 한 축이었던 상록문화사의 주소는 서울시 서대문구 대현동 104-26으로 신촌 기차역 교차로에서 신촌 기차역 방향으로 꺾어 들어가는 길목에 자리하고 있었다. 물론 지금은 전혀 다른 곳이 들어서 있다.

이영래는 많이 배우지는 못했으나 살아남기 위해 북에서 내려왔기에 생활력이 강했다고 한다. 특히 돈을 벌어들이는 데에 기민했는데, 자기 방앗간 옆집이던 인쇄소를 인수하면서 인쇄물, 그 가운데에서도 만화에 눈을 뜨게 된다. 만화를 인쇄해 대본소를 통해 대중에게 유통하는 과정을 읽어낸 이영래는 이윽고 제작과 유통을 모두 틀어쥐면 된다는 결론을 내리고 구상을 실행에 옮겼다. 이영래의 진영출판사를 중심으로 당시 만화방용 만화를 내던 주요 출판사 대여섯 곳이 1967년 7월 한 이름 아래 묶인 것이다. 이는 만화가들이 만화로 먹고살 수 있었던 주요 창구가 한 곳으로 한정된 셈인데, 이들이 어떤 방식으로 독점 지위를 점하게 되었는지에 관해 박기준은 《박기준의 한국만화야사》에서 다음과 같이 서술하고 있다.

> 만화제작 공정을 모두 갖추고서 기존 출판사의 전속 작가들을 회유, 빼앗아가는 물론 도작, 모작, 사이비 작가 이용 등 수단과 방법을 가리지 않았다. 어느 정도 인기 작가를 확보하고 난 다음 전국 총판을 통한 독점 판매권까지 확보하자 기존 출판사들은 모두 손들어 버리고 말았다. ─《박기준의 한국만화야사》108쪽

한편 허영만은 1997년 3월 《경향신문》에 연이어 실었던 〈나의 젊음, 나의 사랑─만화가 허영만〉이란 기사에서 합동출판사에 관한 언급을 상당히 길게 전하고 있다. 동물 만화로 널리 이름을 날린 이향원 문하에 있을 때의 일화다.

> "7년이란 세월 동안 이향원 선생 밑에 있으면서 나는 당시 한국 만화계 돌아가는 사정을 대강 알게 되었다. 만화 시장에는 거대한 괴물이 하나 있었다. '합동출판사'. 스타 작가는 물론 비인기 작가까지 한 손에 쥐고 만화계를 떡주무르듯이 휘두르던 큰손. 덩치만큼 횡포도 심해서 만화가에게로 돌아와야 할 수익금을 중간에서 다 거둬갔다. 이른바 '세트판매' 때문이었다. 그들은 A급 B급 C급 작가들을 세트로 묶어 팔았다. A급 작가의 명성을 빌어 C급 삭가들

책까지 한꺼번에 팔아먹은 것이다. 해가 바뀌고 명성이 높아져도 만화가의 원고료는 오를 줄 몰랐다"

〔…〕

합동출판사에 맞서 이향원 선생은 숱하게 싸웠다. 매번 싸움에 지면서도 3번씩이나 뛰쳐나가 경쟁출판사를 차렸다. 싸움에 질 수밖에 없었다. 다른 만화가들은 대부분 동조해주지 않았다. 거물 출판사에 밉보이면 그나마 책도 못 내고 영원히 매장될까 싶어 몸을 사렸기 때문이다. 분개하는 선생을 보니 나도 덩달아 화가 치밀었다. 만화가에게 이렇게 힘이 없다니… 출판사에 잘못 보이면 아무리 좋은 작품도 세상의 빛을 볼 수 없는 것이었다.

─〈나의 젊음, 나의 사랑─만화가 허영만 ④〉,
《경향신문》, 1997년 3월 18일자

## 반反합동 움직임 전개와 야합, 그리고 좌절

이향원을 비롯해 합동출판사에 반기를 든 군소 출판사나 작가들 또한 적지 않았으나 대부분 회유와 방해공작으로 실패하고 쓴 잔을 마셔야 했다. 만화가만 괴로운 건 아니었다. 당시 만화 유통의 끝단인 만화방들도 피곤하긴 마찬가지였다. '만화방 아들'이었던 시사만화가 박재동은 저서 《만화! 내 사랑》(개정판 《박재동의 만화방》) 4장에서 "우리 만화가게 문예당도 합동출판사에 수난을 당했다. 그들은 인쇄한 만화들을 몽땅 사지 않으면 보급을 끊어 버리겠다고 으름장을 놓곤 했다"라고 적기도 했다.

한데 이와 같은 상황을 유심히 지켜보는 곳이 있었으니 바로《한국일보》다.《한국일보》는 박정희 정권 초기 부총리 겸 경제기획원 장관을 역임한 바 있는 사주 장기영이 일본을 드나들며 만화가 돈이 된다는 사실을 알았다고 한다. 게다가《한국일보》는 자매지《일간스포츠》에 실었던 고우영의 극화 만화로 쏠쏠한 재미를 봐왔던 터라 그냥 합동 혼자 재미를 보게 두기는 아까웠던 모양이다. 그리하여《한국일보》는 1971년 합동에 맞설 것을 선언하고 1973년 1월 7일자 회사 알림을 통해 만화책을 발매하겠다고 알린다.

'건전한 만화로 건전한 어린이를 기르자'는 뜻 아래 소년한국일보는 우수만화출판사업을 벌이기로 하여, 그 첫 시리즈가 오는 11일을 기해 전국적으로 일제히 발매됩니다. 4×6배판 100페이지의 부피에 '오프세트' 인쇄로 매일 15종씩 발간될 이 만화책은 재미있고 명랑하고 밝은 내용을 참신한 '스타일'로 꾸며 6백만 독자의 어린이 만화책에 '새롭고 즐겁고 건전한' 바람을 불러일으킬 것입니다. 보다 혁신적인 우수 만화의 제작을 위해 만화 작가 50여명과 아동문학가, 극작가 20여명을 동원한 황금의 집필진이 갖추어졌으며 전국의 영업소 및 한국일보의 각 지사, 지국, 보급소를 통해 어린이 만화 도서실에 배본됩니다. 명랑한 어린이의 양식으로뿐 아니라 사회의 명랑화를 위해서도 보템이 될 이 소년한국일보의 만화를 일반가정과 교육계에서 안심하고 권장해주시고 또한 적극 성원해주시길 바랍니다.　　　―《한국일보》, 회사 알림(1973년 1월 7일자)

　인쇄 기술과 분량을 상향하고 만화 총판이 아닌 신문 보급소를 이용하겠다고 밝힘으로써 저질 종이에 분량도 적고 인쇄 질도 좋지 않았던 합동을 하나하나 꼬집은 셈이다. 한국일보사의 소년한국도서는 출범 초기인 1973년부터 공모전을 여는가 하면 박기준, 박기정 형제를 비롯한 일련의 유명 작가를 전속으로 들이는 등 브랜드 전략에도 신경을 썼다. 하지만 영세함을 가장한 어둠의 권력 합동과 부총리에 장관 출신인 사주까지 나선《한국일보》는 치열하게 치받다 1년이 채 안 된 1973년 합의를 통해 만화 시장을 반씩 나누기 시작했다. 그 결과 작가들에게는 크게 다르지 않은 상황이 이어지게 됐다. 말 그대로 독점이 독과점이 됐을 뿐이다.
　신문뿐 아니라 작가들 차원에서 의미 있는 대응이 일어나기도 했는데, 그 가운데 대표 격인 사례가《땡이》시리즈를 그린 임창의 '땡이문고'다. 임창은 합동에 속하지 않은 만화 출판을 꾀하고자 1969년에 한 차례 땡이문고 설립을 시도했지만 실패하고《한국일보》가 판을 나눠먹은 뒤인 1974년에 다시 한 번 시도한다. 임창은 이 시기의 처절한 심정을 이후 월간지《뿌리깊은 나무》1976년 10월호에 〈더러운 어린이 만화 장사〉라는 제목으로 기고했다.

〔…〕

    1966년의 어린이 만화계에는 크나큰 일이 일어났다. 치열한 경쟁을 이겨 나온 대여섯개 출판사의 사장들이 모여서 이 회장을 중심으로 합동 주식회사를 만들기로 한 것이다. 다시 말하자면 자기네들끼리 합쳐서 단일 회사를 만듦으로써 만화계를 깨끗이 독점하자는 속셈이었다. 이 모의는 작가들 몰래 진행되었다. 그리고 일이 끝난 다음 작가들에게는 간단한 통보가 날아왔다. 나는 이런 조짐이 벌써부터 있음을 알았지만 당하고 나니 둔중한 쇠뭉치로 한 대 얻어맞은 느낌이었다.

〔…〕

    합동은 출발했다. 최고 원고료와 최저 원고료가 정해졌다. 모두가 회사의 외길 통행이었다. 이 결정에 대해 불만을 품은 작가들도 많았지만 회사는 조용히 운영되어 나갔다. 이 단일 독점 체제가 전국에 흩어진 총판에서 받아들이는 보증만 해도 운영 자금은 남아돌아갔다. 책을 찍어 내어 뿌리면 서울은 이튿날에 돈이 걷히고 부산과 대구는 사흘 만에 돈이 걷혔다. 이런 장사는 만화계 밖에 없다.

    일단 독점이 되자 판매 방식도 교묘하게 바뀠다. 지금까지는 대본업자가 필요한 만화를 골라서 샀다. 그러나 이제는 회사 쪽에서 스무 권을 한 질로 묶어서 내 놓는 것을 몽땅 사게 했다. 스무 권 가운데는 아이들이 잘 보는 책도 있고 안 보는 책도 있기 마련이다. 그러나 대본 업자들은 만화를 선택할 자유가 없어졌다. 옛날에는 인기 작가이 만화가 이천오백 부가 팔리면 씨구려 원고료를 준 무명작가의 만화는 천부도 안 나갔다. 그러나 이런 판매 방식을 쓰면 좋건 나쁘건 다 같이 이천오백부가 팔리는 셈이다. 그러니 만화의 질이 더 떨어질 수밖에 없었다. 경쟁 체제에서는 그나마 열심히 그려 대본업자와 어린이들의 인기를 끄려는 노력이 있었으나 이제는 그런 노력이 귀찮게 되고 말았다. 남의 작품의 표절과 일본 것을 베끼는 풍조는 더 깊어졌다.

[…]

이런 횡포에 시달리며 이태가 지났다. 그러자 벼르고 벼렀던 기회, 곧 합동에 반기를 들 수 있는 때가 왔다. 그동안에 합동과 싸우고 나온 작가와 쫓겨난 작가들이 모여 한 자본가를 주축으로 대지출판사라는 것을 차렸다. 저마다 흩어진 작가들을 모아서 작품을 만들고 곧장 판매에 들어갈 차비를 했다. 이때부터 만화계에서는 합동을 여당이라 부르고 대지를 야당이라 부르게 됐다.

[…]

나는 그간 합동의 무고로 엉뚱한 고발을 당하기도 했고 어딘지 모를 곳에 끌려가 위협을 받기도 했다. 그러나 나는 악착같이 내 집을 은행에 잡히고 이백만원을 만들어 향 원 씨, 박 부길 씨 같은 몇 작가들을 끌어 와서 내 손으로 만화를 시작했다. 이름하여 '땡이 문고'. 그러나 그도 얼마 못 가 자금난에 부딪쳐 문을 닫았다.

[…]

나는 음모와 배신의 틈바구니를 곤두박질하며 그 일년 반을 버텨왔지만 끝내는 무참히 나가 떨어졌다. 사람이 뜻을 잃으면 타락한다. 합동 쪽에서 온 사람이 내 앞에 백만원짜리 수표를 건네며 "그동안 많이 괴로우셨겠읍니다." 했을 때에 나는 두말없이 그 돈을 받아 챙겼다. 다시 합동에 들어가고 난 뒤부터 나는 창작 의욕을 잃었다. 땡이 문고 때에 은행에 저당했던 집을 팔아서 전세로 옮겼다. 배신에 대한 기억만이 끈덕지게 나를 괴롭혔다. 삼 년이 어디로 흘러갔는지 모르겠다. 합동은 바람 한 점 없는 만화계를 홀로 유유히 이끌어 갔다.

〔…〕

― 임창, 〈더러운 어린이 만화 장사〉, 《뿌리깊은 나무》, 1976년 10월호

이때의 대표 작가는 1970년대 최고의 스타였던 〈독고탁〉의 이상무와 1974년 소년한국도서 2회 공모전에서 입선 없는 가작을 받으며 막 데뷔한 허영만을 비롯해 김영하, 김철호, 김민 등이다. 이와 관련해 허영만은 《경향신문》에 실은 회고를 통해 다음과 같이 밝히고 있다.

어느날 이들이 나를 찾아왔다. 이상무 김영하 김철호. 스스로를 '삼총사'라고 한다며 내게 달타냥이 돼 주기를 요청했다. 데뷔한 지 몇 달 되지도 않은 신참내기에게 그럴 자격이 있나 싶으면서도 수년 전 이향원 선생이 무참히 깨지던 기억이 떠올라 흔쾌히 승낙했다. 데뷔를 시켜준 소년한국도서를 박차고 나와 '땡이문고'로 적을 옮겼다. 원고료는 한 푼도 못 받았지만 열심히 만화를 그렸고 뜻이

있는 신진 작가들을 우리 쪽으로 규합해 두 거물 출판사에 대항하는 '투쟁집단'을 만들어갔다. 지금도 만화가들은 그 시기를 일컬어 '독립운동시기'라고 부른다. 창작 주체인 만화가의 정당한 권리 찾기

— 〈나의 젊음, 나의 사랑 — 만화가 허영만 ⑤〉,
《경향신문》, 1997년 3월 19일자

하지만 이 싸움도 오래가지는 못했다. 사무실에 도둑이 들어 원고들이 모조리 사라졌기 때문이다.

그러나 투쟁은 8개월 만에 물거품이 되고 말았다. 어느 날 새벽 전화벨이 요란하게 울려 받아보니 출판사에 도둑이 들었다는 것이었다. 캐비닛 안에 들어 있던 원고들이 다 털리고 없었다. 곧 드러난 일이지만 도둑은 바로 출판사의 물주였다. 그동안 투자한 돈은 다 보상해줄 테니 원고를 가지고 오라는 합동출판사의 유혹에 넘어가 버린 것이다. 그 때의 배신감과 허탈감은 이루 말할 수 없었다.

— 〈나의 젊음, 나의 사랑 — 만화가 허영만 ⑤〉,
《경향신문》, 1997년 3월 19일자

이 일화와 관련해 이희재는 허영만에게 전해들은 이야기를 내게 다음과 같이 말해주었다. "출판사는 원고만 있으면 돼. 좋은 원고만 있으면 돼. 사무실 하나 얻어서 하면 되거든. 총판 같은 데도 좋은 책 주면 선불을 당겨 올려주거든. 그러면 출판사가 돌아갈 수 있

어. 그런데 어느 날 땡이문고가 다 털린 거야. 캐비닛이 열려 있고 원고가 하나도 없어. 출간하려고 새 출판사 캐비닛에 넣어놨던 원고가 싹 사라져버린 거야. 도적질 한 거지. 그렇게 해서 덤벼드는 자들을 분쇄시킨 거지. 이영래 같은 사람은 서대문 경찰서 정도는 대충 삶아놓고 있는 정도니까. 그렇게 해서 땡이문고가 자생도모를 하다가 희생양이 됐어. 땡이문고가 넘어지면서 영만이 형은 한국일보로 배속됐는데, 한국일보 12층에서 땡이문고 사라지던 날인가에 남산 쪽으로 고개를 내밀면서 뭔가 작가들이 해보려 도모했는데 궤멸되는 상황이 되니까 참담해서…. 형이 유리 창문으로 남산 쪽을 내려다보면서 있는데 얼굴에 눈물이 주르륵 흐르더라는 거야. 신기해. 그 양반 눈물이 참 없거든. 근데 눈물이 쫙 흘러내리더라 이거지."

임창의 캐릭터 '땡이'

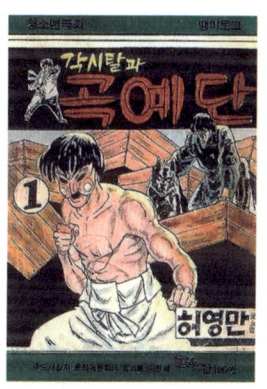

땡이문고에서 출간한 허영만의 《각시탈》

## 합동의 끝없는 전횡, 그리고 종말

《경향신문》 회고에서 허영만은 이 땡이문고 독립운동 시기를 가장 가난했던 때라 이야기한다. 심지어는 시계, 다리미까지 전당포에

갖다주며 쌀을 얻어먹을 만큼 쪼들렸다고 한다. 한데 허영만뿐 아니라 많은 작가가 독점 또는 독과점 권력 앞에서 창작자로서의 기본 권리를 침해당했다.

소년한국도서 2회 공모전 당선자인 허영만은 원래 1회 공모전 때 원고를 들고 갔지만 "탈락해도 원고를 돌려주지 않는다"라는 조건에 돌아섰다고 회고했는데, 합동의 경우는 아예 작가들과 이른바 '매절' 계약을 했다. 매절은 일정 금액을 받고 해당 작품의 전 권리를 양도하는 개념이어서, 작가는 이후에 작품에 관한 어떤 권리도 행사할 수 없다.

물론 매절 자체가 무조건 나쁜 건 아니지만 양도 계약이 되려면 매우 많은 계약금을 제시해야 하는 게 현재의 관례다. 당시 합동이 제시한 조건은 숫제 노예계약이라 할 법한 수준이었지만 어느 누구도 쉬 문제 제기를 하지 못했다. 합동 측은 금액도 많이 주지 않았지만 만들어내야 하는 작품의 분량과 내용도 멋대로 지정하는가 하면, 심지어는 필명까지도 직접 '하사'했다. 이영래가 직접 남제주라는 필명을 붙였던 이희재의 회고는 다음과 같다. 당시 이희재는 20대 초중반, 서울에 올라와 이정문 문하에서 만화를 배우다 잡지 등에 이름을 싣게 됐는데 수익 문제로 다른 선배나 선생들의 데생이나 펜터치를 도왔다고 한다.

집에 있기 껄끄러웠던 이희재는 고故 이상무와 비슷한 풍의 명랑만화를 그리던 남서울의 작업실에서 일 도우며 밥벌이를 하고 자기 벌이도 했다. 남서울은 합동 소속 출판사에 복속된 이른바 주주 작가였는데 이희재에게 도움을 부탁해오며 도와주면 이후에 자기가 도와주겠다는 조건을 걸었다. 하지만 1년이 지나도 문하생으로만 쓰길 원하는 눈치를 보이자 이희재는 화실을 나와 출판사 가운데 한 곳을 직접 찾아갔다. 주주 작가의 핵심이 빠져나가면 안 좋지 않으냐는 질문에 그 문제는 해결됐다고 응수하자 이영래를 직접 만나게 해주었는데, 이영래가 남서울에게 전화로 확인해본 후 대뜸 "너는 내가 시키는 대로 해라"라고 했단다. 이소룡이 한창 뜰 때니까 이소룡 비슷한 걸 하라는 주문을 받기도 했지만 그려오라는 걸 그냥 자기 그림으로 내니, 이번엔 이름을 지어주겠다고 했단다.

당시 이미 53~54세쯤이었던 이영래는 이희재에게 "너는 출판사에서 좌지우지 하는 주주작가야. 내가 하라 해서 하는 주주 작가야. 나의 손아귀에서 빠져 나갈 수 없는, 내가 알아서 하는 작가야 넌"이라 했다. 싫다고 거부를 하니 이름을 받을래 만화 안 할래 해서 어쩔 수 없이 받은 게 남제주라는 필명이었다고 한다. 이희재의 회고에 따르면 이북에서 월남해온 이영래 일파는 돈에 눈이 밝아 일찍이 부동산 투자 정보에도 훤했다는데, 남서울도 강남 개발 붐이 막 일어나던 시기에 지어준 이름이었다고 한다. 남제주는 말 그대로 현재의 제주도 중문단지 쪽으로 5.16 도로를 놓으며 한창 개발 논의가 오가던 곳이었다.

재밌는 건 이렇게 이영래가 하사한 이름들이 졸지에 정부에서 문제 제기를 받았다는 데 있다. 갈수록 작가 이름들이 어딘지 이상해지자 유신 정권이 "작가 이름을 나시 징해 오라"고 명령을 내린다. 1972년 10월 유신헌법이 선언되고 그해 12월 공포된 이래 외래어 이름을 쓰던 가수들이 이름을 바꿨던 것과도 맥을 같이한다.

당시 심의실은 만화가 이름도 사람 이름같이 지어오라며 반려하는가 하면 주인공 이름에도 한자를 다 적어오라는 식으로 요구했다. 이런 연유로 남서울은 남서운으로 바꾸고 운의 'ㄴ' 자 끝을 살짝 구부리는 편법을 썼다고 한다. 이영래가 지은 또 다른 필명의 소유자 서남북의 경우는 서남국으로 어정쩡하게 바꾸었다. 이희재는 남제주에서 도로 본명인 이희재로 바꾸었는데, 이영래 회장 아들이 이게 뭐냐고 묻길래 "저는 제 이름으로 할게요"라고 답하고 곧 합동출판사에서 일이 끊겼다고 한다.

이렇게 끝나지 않을 듯하던 신촌 대통령의 치세는 1970년 중후반 들어 점차 힘이 빠지기 시작했다. 손상익의 《한국만화통사》 하권이 기록하고 있는 바에 따르면, 땡이문고로 고초를 겪었던 임창이 앞에서 인용했던 〈더러운 어린이 만화장사〉란 글을 《뿌리깊은 나무》에 실었고 만화계와 만화방 영업자들도 청와대 등에 진정서와 호소문을 발송했다. 《한국만화통사》에서는 임창이 〈더러운 어린이 만화장사〉를 실은 《뿌리깊은 나무》의 호수가 1976년 8월호라 적고 있으나 정확히는 그해 10월호다. 이어서 1982년엔 《한국일보》의 소년한국도서 합동출판사가 결별했다.

이 시기 육영재단의 만화 잡지 《보물섬》이 당시 전두환 정권의 특혜성 허가를 등에 업고 창간해 어린이 독자층의 시선을 잡아끌었다. 여기에 과거 무협지를 만화 가게를 통해 주로 내던 대룡이라는 출판사가 만화 시장이 무협지보다 크다는 걸 알고는 작가에게 합동의 두 배에서 네 배를 제시하면서 합동의 지위가 크게 흔들린다. 이희재의 증언에 따르면 《독고탁》 시리즈의 이상무는 1970년대 최고 인기를 구가하던 작가였으면서도 비용은 주는 대로 받았다고 하는데, 1970년대 중반쯤 냈던 책을 재판하면 고료를 주겠다는 제안을 받고 그리했더니 1980년대 들어 벌어들인 1~2년치 수익이 1970년대 10년 동안 번 수익보다 많았다고 한다. 그렇게 작가들이 흔들리고, 1986년 대한출판협회 산하에 한국만화출판인협회가 발족하면서 '신촌 대통령' 합동의 독점 권력은 사실상 끝을 맞았다.

## 독재자의 치세는 끝났으나

이상과 같이 이영래의 경영 철학(?)은 굉장히 간단했다. 작품의 질이나 창작자의 길은 전혀 상관없이, 확실하게 돈을 벌어들일 수 있는 방법이라면 거리낌 없이 선택하는 것이다. 실제로 합동출판사에서 나오는 책들은 품질이 정말 최악이었는데, 전하는 바에 따르면 이영래는 여기에도 나름대로의 이유를 댔다. "제본도 허술하게 해서 책이 빨리 파손돼야 구간으로 소모되고 신간과 구간의 차이가 빨리 생겨 회전률을 높일 수 있다." 다시 말해 만화는 소모품에 지나지 않는다는 이야기다.

이렇게 벌어들인 돈이 어느 정도일까 하면, 이영래 회장의 자택의 넓이가 1500평에 달했다고 한다. 합동을 영세 출판사 여럿으로 나눠서 운영한 것과 마찬가지로 세금을 줄이기 위해 면적 대부분을 과수원으로 신고해 앞마당에 사과가 주렁주렁 달렸다나. 또한 20대 중반쯤 되는 여비서가 수행했다고 하니 당시 나름의 권세를 즐기고 있었던 모양이다. 물론 그 과정에서 작가들은 철저히 착취당했다. 당시 합동이 만화로 벌어들인 수익을 대략 엿볼 수 있는 기사가 1970년 11월 28일자 《경향신문》에 실리는데, 만화를 공해라 비판하는 내용이기는 하지만 참고해볼 만하다. 기사에 나오는 액수가 1970년 기준임을 염두에 두고 읽어보자. 1970년과 2014년 물가 변동 폭은 짜장면 값에 빗대 보자면 100원과 5000원으로 약 50배라 볼 수 있겠다.

현재 서울서 나오고 있는 신종만화는 하루에 20종. 1종당 2천부 이상 찍어내며 이 숫자는 아동만화작가협회에 속한 120명의 만화제작가가 매일 또는 이틀에 한 작품을 그려내야 한다는 이야기. 〔…〕 이렇게 그려진 만화는 출판사서 먼저 가져가 검토하고 명목만 심사위원회에 넘겼다가 인쇄하여 각 지방별 총판에 넘기면 여기서 전국의 대본소에 공급하는 것. 현재 아동만화 출판사는 합동출판사 한 군데뿐인데 여기서의 1년 출판량은 1천3백14만부. 한 권에 80원으로 치면 무려 11억7천만 원의 이익이 돌아가게 된다. 또한 점점 늘어나고 있는 만화 대본업소는 현재 전국에 1만2천여 개, 신간의 한 권 대본료 3원, 구간 2원으로 쳐 한 집의 1일 수입을 5백 원으로 잡으면 1년에 9억 1천여만 원이라는 돈이 대본소를 중심하여 나돌게 되며 결과적으로 만화 주변에 나도는 코 묻은 돈은 1년에 20억 원, 순이익만 6억 원이나 되며 덤핑 시장의 이익까지 합치면 그 숫자는 엄청나다.

— 〈동심을 좀먹는 만화 공해〉, 《경향신문》, 1970년 11월 28일자

돈을 벌어들이기 위해서 수단 방법을 가리지 않다는 점은 어떤 면에서는 지금까지도 시장성을 추구하는 데 어려워하는 우리 만화계에서 일면 챙겨야 할 덕목일 수는 있지만 한편으로는 그 모든 이익을 오로지 자기만을 위했다는 점, 작가와 대여점 업주를 비롯한 업계 관계자들을 강압적으로 수탈함으로써 얻어낸 이득이라는 점, 마지막으로 경쟁자를 무너뜨리기 위해 폭력적인 방식조차 거리낌 없이 이용했다는 점이 긍정적으로 평가할 일말의 여지를 완전히 앗

〈동심을 좀먹는 만화 공해〉

자료: 《경향신문》, 1970년 11월 28일자

아간다. 합동은 이렇게 사라졌지만 이들의 전횡을 가능케 했던 만화 총판 유통망은 사라지지 않았고 1980년대 말 이후 등장했던 판매형 시장에 적응하지 못하다가 1990년대 중후반 번져가기 시작한 도서대여점을 통해 낙후된 만화 유통의 맥을 다시 이어나가게 된다. 웹툰 시대로 접어들면서부터는 합동과 마찬가지로 만화를 오로지 소모품으로만 취급하려는 업주들이 빈번하게 등장해 물의를 빚고 있기도 하니, 엄밀히 말해 현재까지도 책으로서의 만화 유통이든 웹툰이든 한국 만화계 자체가 합동 시기를 완전히 벗어나진 못한 셈이다.

좀 생뚱맞을 순 있지만 신촌과 관련한 조선 시대 이야기로 마무리를 해보도록 하자. 조선 왕조 《태조실록》 5권에서 6권에 이르는 태조3년(1394, 갑술년)의 기록에 따르면 신촌은 태조 이성계가 도읍을 옮기려 할 때 새 도읍지 후보 가운데 하나로 꼽혔던 곳이다. 하지만 궁궐 짓기엔 터가 좁고 뒷산인 무악산(지금의 서대문 안산. 남서 방향으로 연세대와 이화여대를 면하고 있다)이 약하고 낮다는 이유로 관리들과 대신들의 반대가 심했다. 태조 이성계는 '명당으로는 송경(개경) 다음이 남경'이라는 의견에 따라 남경을 둘러보고 그 자리를 도읍으로 삼으니 지금의 경복궁 자리다. 무악 남쪽은 새 도읍지가 될 뻔했다는 뜻으로 새터말이라는 이름을 얻었으니 이를 한자로 적은 게 신촌新村이다.

이렇듯 새 도읍지가 될 뻔했던 자리였던 신촌이 훗날 합동을 중심으로 우리나라 전체의 만화판을 쥐락펴락하는 곳이 됐고 그 중심에 서 있던 이가 다른 말도 아닌 '신촌 대통령'이라는 이름으로 불리며 만화판 안에서 막강한 권력을 행사했다는 사실은 실로 여러 가지 생각이 들게 한다. 궁궐이 들어서기엔 터가 좁다더니 과연 왕도의 그릇은 아니고 한 분야의 토호 노릇에 족한 곳이었나 하는 우스운 생각도 들지만, 막상 그 토호 노릇에 나선 자가 폭군 정치를 펼쳤고 결과물도 참혹했으니 마냥 웃기만 하기도 어렵다. 책으로서의 만화가 합동의 전횡을 가능케 했던 후진적 유통체계를 아직까지도 못 벗어나고 있으니 더욱이. 언제쯤 우리는 신촌 대통령의 치세에서 완전히 벗어날 수 있을까. 하긴, 실제 정치에서도 과거를 벗어나지 못하는 마당에 지나친 바람일까.

 장소 옆 이야기

### 이한열과 신촌

박종철 고문 치사 사건(1987. 1. 14)과 더불어 1987년 6월항쟁의 기폭제로 작용한 이한열 직사최루탄 피격 사건(1987. 6. 9)이 신촌에 자리한 연세대 정문 앞에서 일어났다.

 전두환 정권과 집권당이던 민정당이 12.12 군사 쿠데타의 주역이던 노태우에게 정권을 물려주기 위해 개헌논의 중지와 제5공화국 헌법에 따른 정부 이양 계획을 담은 4.13 호헌조치(1987. 4. 13)를 발표하자 범국민적인 민주 투쟁 움직임이 일어나기 시작했다. 정의구현사제단이 박종철 고문치사사건이 축소·은폐됐음을 폭로했고(1987. 5. 18) 재야 세력과 통일민주당의 연대로 '민주헌법쟁취국민운동본부(국본)'이 출범(1987. 5. 27)하면서 박종철 고문 치사 사건 규탄과 호헌 철폐, 독재 타도를 위한 투쟁이 연계된다.

국본은 6월 10일 민주정의당 대통령 후보 지명 전당대회에 맞춰 〈박종철군 고문살인 조작·은폐규탄 및 호헌철폐 국민대회〉를 열기로 했다. 그 하루 전인 6월 9일, 연세대 경영학과 2학년 학생이었던 이한열은 이튿날 열릴 국민대회에 출정하기 위한 연세인 결의대회에 참석하고 연세대 정문 앞에서 시위를 벌이던 가운데 경찰이 직사한 SY-44 최루탄에 머리를 맞고 쓰러졌다. 유언은 "내일 시청에 가야 하는데…"였고, 바로 세브란스 병원으로 옮겨졌으나 끝내 회복하지 못한 채 뇌손상으로 말미암은 심폐 기능 정지로 7월 5일 숨졌다. 향년 22세. 이한열의 장례는 사후 4일 만인 7월 9일 100만 명이 지켜보는 가운데 '애국학생 고 이한열 열사 민주국민장'으로 치러져

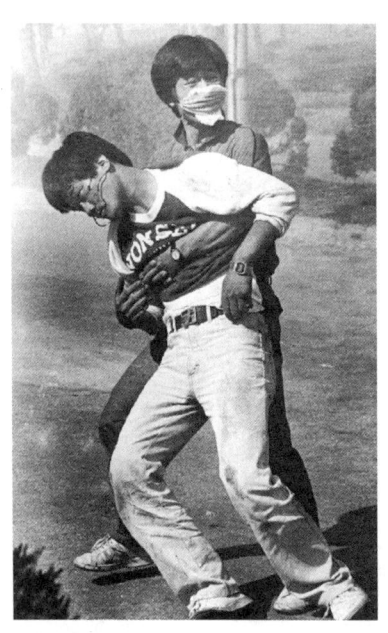

최루탄을 맞은 이한열
자료: 정태원

광주 망월동 5.18묘역에 안장됐다. 이한열이 최루탄에 맞아 피를 흘린 채 부축받고 있는 유명한 사진은 로이터 통신의 특파원이었던 정태원이 촬영했다.

이한열은 사회풍자적인 만화를 그리는 연세대 교내 동아리였던 '만화사랑'에 가입해 활동한 바 있는데, 이를 기념하기 위해 이한열기념사업회에서 '이한열만화상'을 제정해 2012년부터 카툰·만평과 이야기만화 두 부문에 걸쳐 응모작을 받았다. 수상작은 이한열의 유족이 받은 배상금과 국민 모금으로 설립된 이한열기념관(서울특별시 마포구 노고산동 54-38)에 전시됐다. 촌철살인으로 유명한 네 칸 시사만화 〈장도리〉의 작가 박순찬이 이 동아리 출신이다.

한편《공룡 둘리에 대한 슬픈 오마주》와《대한민국 원주민》등으로 사회 문제를 만화 속에서 묵직하게 다뤄 온 최규석은 1987년 6월항쟁의 과정을 만화로 생생하게 풀어낸《100도씨》를 2008년에 발표했다. 민중이 끓어오르는 온도를 상징하는《100도씨》는 6월민주항쟁계승사업회의 의뢰를 받아 그린 작품이지만, 치밀하면서도 일말의 재미를 놓지 않는 극 구성으로 평범하던 사람들이 왜 어째서 '너무나 평범하고 당연하다 이야기될 법한 가치'를 쟁취하기 위해 생활은 물

6월 항쟁을 소재로 그려낸 최규석의 작품

론 목숨까지 버려가며 싸웠는지를 '기념물'스럽지 않게 그려냈다.

## 한국 만화 데이터베이스의 시발지, 신촌

지금이야 인터넷 서점에서 클릭 몇 번이면 만화책이 어떤 출판사에서 언제 얼마만큼 나왔는지 쉬 알 수 있지만 초고속 인터넷이 가정에 막 보급되기 시작하던 1997년 직후에는 그러한 정보를 제공하는 곳이 없었다. 국내 최초로 출간된 만화책을 검색할 수 있었던 데이터베이스는 1998년 무렵부터 운영을 시작한 '마니'였는데, 그 작업을 진행했던 곳이 신촌의 터줏대감과도 같았던 만화방 '연세랑'이었다.

마니는 본래 김일수가 개인적으로 받은 요청에 따라 그날그날 출간된 만화 목록을 작성해오던 것을 웹 서비스로 확대한 것이다. 연세랑이 들여오는 만화를 기반으로 하여 당시로서는 전수조사에 준하는 신뢰도로 만화 출간 현황을 파악할 수 있었던 것이 특징이다.

마니는 해당 시기 초고속 인터넷망 초창기 만화 정보를 얻을 수 있는 유일한 창구여서, 사설 사이트이면서도 동시에 한동안 공식적인 만화 데이터베이스로서의 역할을 해왔다. 1998년부터는 일반 이용자들의 참여가 늘어나며 초고속 인터넷 가정 보급 초창기 만화 정보 커뮤니티의 역할을 해냈다.

이후 김일수는 부천만화정보센터(훗날 한국만화영상진흥원)의 실무협의위원으로도 활동하며 만화 통계 연감 작업 등에도 참여했고, 2003년에는 낙후된 만화 유통을 전산화하고 자동화하기 위한 회사인 ㈜만화정보를 정부지원과 업계 투자를 통해 설립했다. 이 시기 ㈜만화정보의 사무실도 신촌의 연세랑 점포 가운데 한 곳에 있었으며, 만화 독자 시민운동의 정수라 할 수 있었던 독자만화대상의 회의가 2003년 무렵부터 이 ㈜만화정보 사무실 한쪽에서 종종 열린 바 있다. 이 사무실의 주소는 서울 서대문구 창천동 13-33. 이 공간에 모여 있던 독자만화대상 준비모임 일원이 첫해인 2002년 이후 웹툰 쪽으로 표가 몰리는 현상이 명확해지기 시작하는 상황을 맞닥뜨리며 복잡한 심경을 감추지 못했던 게 지금도 선하다. 아닌 게 아니라 독자만화대상은 첫해 빼면 모든 대상 수상작이 웹툰이었다. 지금은 이미 변한 뒤의 세상을 인정하고 납득하지만 그때엔 그 변화가 너무나 당혹스러웠다.

안타깝게도 ㈜만화정보는 본래 목표였던 유통 전산화와 자동화는 이뤄내지 못한 채 좌절했다. 이후 연세랑은 문을 닫았고 마니에 쌓여 있던 신간 데이터베이스는 현재 한국만화영상진흥원 홈페이지로 이전돼 있다. 비록 성공 사례를 만들어내진 못했지만 김일수의 마니는 이 시기 우리나라 만화계에 데이터베이스가 무엇을 할 수 있는지를 보여준 첫 사례였으며, 만화계에서 비로소 '데이터에 기초해' 말하고 논쟁할 수 있는 게 있음을 알려준 첫 사례이기도 하다.

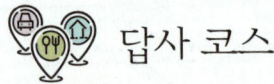 답사 코스

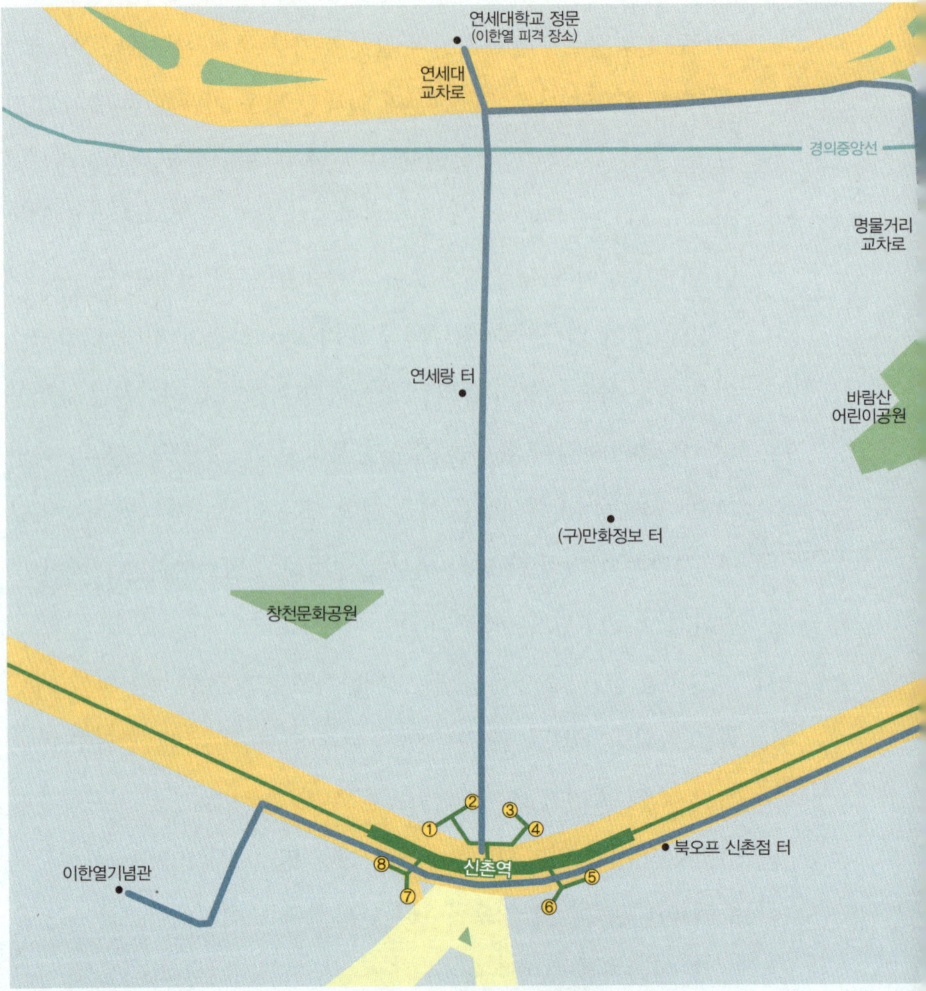

- 연세대학교 정문 (이한열 피격 장소)
- 연세대 교차로
- 경의중앙선
- 명물거리 교차로
- 연세랑 터
- 바람산 어린이공원
- (구)만화정보 터
- 창천문화공원
- 북오프 신촌점 터
- 신촌역
- 이한열기념관

이한열 기념관

이한열 기념관

연세대학교 정문

이한열 열사 추모 동판

신촌 기차역

합동출판사 소속
출판사들 터 추정 지역

옛 리브로코믹

나의 첫 자취처는 서울 서대문구 창천동의 한 고시원이었다. 몸을 구겨 넣어야 잘 수 있던 곳에 책과 뒤엉켜 2년, 그다음 얻은 원룸에서 1년을 사는 동안 주변을 걸을 기회가 종종 생겼다.

만화 일을 좀 더 원활하게 해보겠다고 만화 전문서점과 사람이 많은 홍대에 걸어서 닿을 수 있는 곳을 택했지만 서울에 갈 데가 어디 홍대만 있던가. 막 서울에 와서 정신없던 시간이 지나자 홍대 옆과 뒤에도 발길이 닿기 시작했다. 연남동과 망원동 그리고 신촌 등등. 그 가운데 신촌, 특히나 연세대와 이화여대, 서울 지하철 2호선 신촌역과 신촌 기차역은 갈 때마다 굉장히 독특한 느낌을 줬다. 지리상으로는 가까운데 각기 다른 공간이라는 인상을 느꼈기 때문이다.

한데 이번 글에서 다룬 곳이 바로 이 서로 다른 느낌을 주는 공간들 사이에 끼어 있다. 한 번에 모두 묶어 보기는 결코 쉽지 않은 공간이다. 독자 여러분 중 찾아가 볼 생각이 있는 분이 있다면 여유를 두고 천천히 걸어보기를 권한다. 내가 추천하는 코스는 신촌 기차역에서 연세대를 거쳐 신촌 지하철역으로 향하는 길이다.

## 합동출판사의 자취를 찾아

신촌 기차역 – 신촌 기차역 교차로 순회 왕복 600미터

합동 소속 출판사들은 신촌 기차역에서 신촌 기차역 교차로까지 가는 신촌역로 사이에 자리하고 있었다. 이희재 선생의 증언에 따르

신촌역로. 신촌 기차역을 등지고 서면 보이는 풍경이다. 이를 기준으로 왼편 어딘가의 골목에 진영출판사가, 이 길 끝자락 오른편에 상록출판사가 있었다.

면 '신촌 대통령'이라 불린 이영래 회장의 진영출판사는 신촌 기차역을 등지고 길 왼편 어딘가에 자리하고 있었고, 합동의 주축 가운데 하나였던 상록출판사는 신촌 기차역을 등지고 신촌 기차역 교차로 끝까지 가면 오른쪽 모퉁이에 자리하고 있는 건물에 있었다. 현재는 신촌 자이엘라라는 주상복합건물이 들어서 있어 흔적이 남아 있지 않다. 어쨌든 이 신촌역로 사이가 만화계를 쥐고 흔들며 악명을 떨쳤던 바로 그 사람들이 활개 치던 길이었다고 생각하면 재밌다. 신촌기차역에서 출발해 한 바퀴를 돌아오면 되겠다.

이 거리에서 지금은 없어진 공간 가운데에는 북스리브로가 있다. 서울 서대문구 대현동 101-7번지 지하에 자리하고 있던 북스리브로 신촌점은 만화 독자들 사이에서는 만화 전문 서점 '리브로 코믹'으로도 잘 알려졌다. 2008년 7월 15일 북스 리브로 내에 열린 리브로 코믹은 당시 국내 최대 규모 만화전문서점을 꾀하며 등장해 책과 캐릭터 상품 등이 다양하게 구비해놓고 있었으나 2010년 초 조용히 문을 닫았다. 당시 업체 대표는 만화를 접할 공간이 사라진 상태에서 만화독자들이 만화를 접할 권리를 회복해주겠다고 밝힌 바 있으나 만화는 물론 도서 자체가 많이 안 팔리는 상황을 이겨내지 못한 것으로 보인다. 해당 건물 1층에는 지금도 하나은행이 자리하고 있으므로 찾기는 어렵지 않다. 이 시기 리브로코믹이 보여주려 하던 장면은 2017년 현재 홍대 쪽에 새로 등장한 YES24의 '홍대 던전'이 이어가고 있어 흥미롭다.

출발점으로 삼은 신촌 기차역으로 돌아오면, 역을 마주하고 서

리브로 코믹의 마스코트 캐릭터와 제호

신촌 기차역. 새 역사가 바로 뒤에 붙어 있지만 원래의 구조를 거의 그대로 유지 중이다.

서 오른쪽이 이대로 가는 길이고 왼쪽이 연대로 향하는 길이다. 촛불 혁명의 시작을 알린 이대를 잠시 구경하고 와도 좋고 1920년대에 세워져 지금도 일제강점기 당시의 형태를 유지하고 있는 유산인 신촌 기차역 역사에서 잠시 사진을 찍어도 좋다. 어느 정도 정리가 됐다면 연대 방향으로 향한다.

## 이한열을 기억하는 길

연세대 정문 – 명물길 – 지하철 신촌역 – 이한열 기념관 1.3킬로미터

1987년 6월 9일, 이튿날 열릴 호헌철폐를 위한 6.10 국민대회를 앞두고 '6.10 대회 출정을 위한 연세인 결의대회'를 진행했던 연세

이한열 열사가 숨진 지 4일 만인 1987년 7월 9일, 운구 행렬을 따라 시민들이 추모 행렬을 이루고 있다. 사진 속 장소는 서울시청 앞 광장

자료: 서울사진아카이브

이한열이 대학 시절 그린 스케치

2014 이한열 만화상 포스터

대 학생들은 교문 앞으로 행진했다. 교문 바깥에 모여들어 있던 경찰들은 학생들이 나오자마자 곡사가 아닌 직사로 최루탄을 내갈겼고, 그 겨를에 맨 앞줄에 서 있던 연세대 2학년생 이한열이 머리에 최루탄을 맞고 쓰러진다. 로이터 통신의 정태원이 피격당해 피 흘리고 있는 이한열의 모습을 촬영해 전 세계에 타전했고, 그 사진은 6월항쟁의 시작이자 우리가 기억하는 1987년 6월을 가장 잘 드러내는 상징적인 장면으로 기록돼 있다. 국민적인 공분을 일으킨 이한열 피격 사건은 전두환 정권의 폭력성과 반민주성을 잘 보여준다. 이한열은 쓰러지고 한 달이 채 안 된 1987년 7월 5일 숨을 거두었다. 전국적으로 160만 명에 이르는 추모 인파가 거리로 나와 청년의 죽음을 애도했다.

이한열 열사가 쓰러진 자리가 바로 연세대학교 신촌 캠퍼스 정문 앞이다. 정확히는 왼쪽 기둥 앞으로, 그 자리에는 29주기였던 2016년 6월 9일 추모 동판이 새겨졌다. 이한열은 만화를 좋아해 1987년 창설된 교내 만화동아리 만화사랑에도 들었다고 한다. 이 뜻을 기려 25주기였던 2012년 이한열 만화상이라는 공모전이 생겼다. 이 만화상의 수상작은 이한열기념사업회 홈페이지에서 읽을 수 있다. 본문에도 언급했지만 이 만화사랑 동아리의 후배인 만화가로는 시사만화 〈장도리〉를 그리고 있는 박순찬이 있다. 2012년 언론 보도에 따르면 만화사랑 동아리에서 25년간 동아리방에 보관돼 있던 이한열 열사의 편지와 고등학교 성적표 등의 유품 서른 점을 정리 중 발견해 2012년 7월 24일 이한열기념사업회에 기증했다고 한

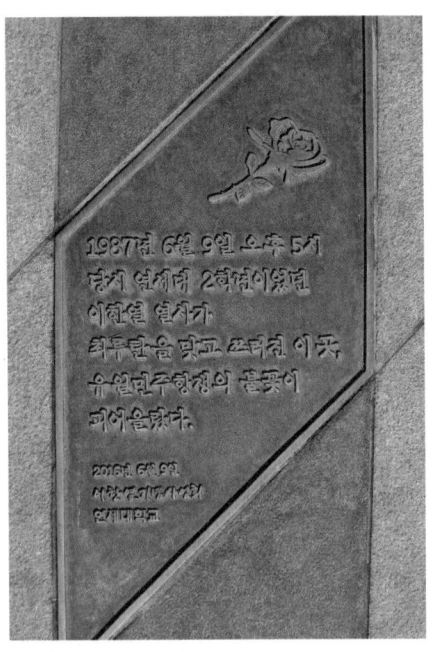

이한열 열사 추모 동판

다(《연세대 동아리, 이한열 열사 유품 기증》, 《중앙일보》, 2012년 8월 1일자).

이 동판을 본 후, 몸을 돌려 연세로를 따라 쭉 남쪽으로 내려오면 서울 지하철 2호선 신촌역이다. 오던 길에서 현대백화점 유플렉스 건물이 보이는 시점에 사선으로 꺾이는 길이 보이는데 이 길이 명물길이다. 이 길을 따라 북동쪽으로 가면 다시 신촌 기차역으로 갈 수 있다. 이 명물길 건너편에 신촌에서 매우 유명했던 김일수의 만화방 연세랑이 있었고 명물길로 접어들어 한 블록만에 꺾어 들어가면 (주)만화정보 사무실이자 독자만화대상 회의가 곧잘 열리곤 했던 건물이 있다. 둘 다 현재는 자취가 없다.

다시 돌아 나와 서울 지하철 2호선 신촌역으로 오면, 5번 출구 쪽으로 가 본다. 서울역을 시작으로 2006년 국내 진입을 시도했던 일본의 신고서점(중고책을 거의 새것처럼 처리해 싸게 파는 책방) 연쇄점인 '북오프'의 신촌점이 있던 자리가 나온다. 서울 마포구 노고산동 40-31번지 1층이다. 신촌점은 2009년 9월 19일 문을 열었으나 2014년 문을 닫았고 해당 공간은 꽤 오랫동안 주인을 찾지 못했다.

이한열 기념관

만화를 비롯해 일본 서적과 음반을 비교적 저렴하게 구입할 수 있다는 장점이 있었지만 국내 오타쿠층 수요가 그렇게까지 크지 않았던 것으로 보인다.

 마지막으로 신촌의 그랜드마트 뒤편 골목길에 들어서면 이한열 기념관이 보인다. 2004년 12월 완공돼 2005년 6월 개관식을 치렀다. 주소는 서울 마포구 노고산동 54-38. 이곳에서는 2014년 11월부터 2015년 2월 9일까지 〈이한열 만화사랑전〉이라는 전시가 열리기도 했다. 잘 드러나지 않는 뒷골목이라 찾아가기가 힘들지만 이한열기념사업회 누리집(http://leememorial.or.kr)에서 장소와 전시 관련 내용을 확인할 수 있다.

나의 만화유산 답사기 04

**둘리의 고향, 소시민의 발자취를 찾아**

# 한강에서 쌍문동까지

요즘 초등학생들의 대통령이라는 '초통령'을 꼽으라면 뽀로로와 타요겠다. 그리고 1980~1990년대의 초통령 자리를 주름잡았던 건 누가 뭐래도 둘리였다.

1983년 만화 잡지 《보물섬》에서 연재를 시작한 만화 〈아기공룡 둘리〉는 정치적으로나 문화적으로 엄혹하기 이를 데 없던 그 시기 어린 독자들의 마음을 홀라당 빼앗다시피 했던 작품이다. 1987년과 1988년 KBS에서 TV 애니메이션으로 제작돼 방영되면서 둘리는 그야말로 국민 캐릭터의 반열에 올랐다. 해당 시기에 '국민학교'를 다닌 이들이라면 가방, 공책 등을 수놓은 둘리 캐릭터가 너무나 익숙할 것이다. 1996년엔 극장판 애니메이션으로도 등장했고, 2009년엔 〈NEW 아기공룡 둘

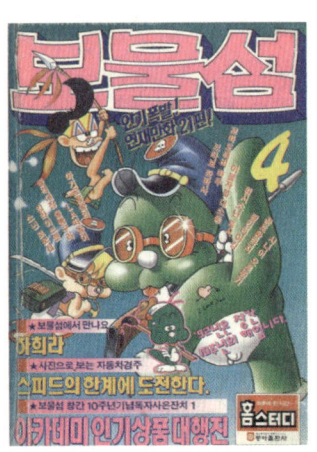

〈아기공룡 둘리〉를 표지로 내건 만화잡지 《보물섬》 1992년 4월호 표지

2009년 3월 26일, 인터뷰를 위해 둘리나라를 방문했을 때 김수정 선생의 방에 놓여 있던 둘리네 인형들. 저만치에 차기 초통령(?) 뽀로로 인형이 함께 보이는 게 재밌다.

리〉라는 제목으로 새로운 에피소드들이 TV에서 방영됐다.

공룡인 둘리뿐 아니라 외계인 도우너, 타조 또치, 조카 희동이 그리고 이 아이들을 모조리 품고 살고 있는 만년 과장 고길동과 옆집 가수 마이콜에 이르기까지 개성 강한 등장인물은 시대가 지나 권력을 어느 정도 내려놓은(?) 지금에 이르러서도 꾸준히 회자되고 조명되고 있다. 특히 이 재조명(?)의 최대 수혜자는 고길동인데, "조카놈은 둘째 치고 정체불명의 사고뭉치 생물체들까지 죄 거둬 먹인 고길동은 이 시대의 참 성인군자" "길동이 아저씨 돌아가시면 몸에서 사리가 쏟아질 것" "둘리가 아닌 고길동에게 감정이입을 한다면 나이가 든 것" 등의 찬사(?)가 줄을 잇고 있는 것이다. 생각해보면 둘리 일당(?)이 벌인 숱한 만행(?) 때문에 고길동은 집이 통째

쌍문역

로 박살나기도 하고 취미 생활로 모으던 음반이 죄 박살나고 외계로 끌려가기도 하는 등 피해가 이만저만 아니었지만 끝내 이 아이들을 내쫓지는 못했다.

작품 속에서 길동이 아저씨네로 등장하는 집은 화려하지 않은 수수한 모습이었고 집 주변은 골목이 이곳저곳 자리한 공간이었다. 둘리는 빙하 속에 갇혀 한강을 타고 흘러들어와 길동이 아저씨네 근처 하천가에 도착했다. 하천이 흐르고 골목이 보이던, 부촌은 아니었던 1980년대 서울의 어느 서민 동네. 만화 속에서 고길동 가족이 산 것으로 설정된 시공간은 시간이 지나 2015년 한 TV 드라마의 무대로 복원되어 사람들 앞에 다시금 등장했다.

〈아기공룡 둘리〉의 무대이자 〈응답하라 1988〉의 무대가 되기도 했던 곳. 이번 만화유산 답사기에서 다룰 곳은 바로 서울시 도봉구 쌍문동, 그리고 그곳으로 이어지는 하천과 강의 이야기다.

## 둘리는 어떻게 고길동의 집 앞까지 오게 됐을까?

'둘리 아빠'인 김수정 작가의 말에 따르면 작품 속 고길동의 집은 그가 처음 서울 살이를 했던 집을 모델로 하고 있다.

> 제가 만화를 그리기 위해서 처음으로 서울에 왔을 땐 가난한 만화가 지망생이었고, 서울 외곽인 쌍문동에서 지냈죠. 쌍문동 집 앞에는 하천이 흘러가고 있고, 그 사이에 다리가 하나 있었습니다. 둘리는 빙하를 타고 한강을 통해서 마을로 들어오는데, 그 과정이 쌍문동 이미지와 맞는다는 생각이 들어서 배경으로 하게 된 것이죠. 고길동의 집도 제가 쌍문동에 처음 세를 살던 집을 그린 것입니다.
> — 둘리 뮤지엄, 〈만화가 김수정 영상 인터뷰〉 중에서

이 인터뷰 내용에 등장하는 하천은 우이천이다. 도봉산 기슭에서 시작해 중랑천과 만나 수도권 지하철 1호선 석계역 부근에서 한강으로 흘러드는 우이천은 서울 도봉구~노원구, 강북구~성북구 사이의 경계를 이루는 약 8킬로미터 가량의 한강 제2지류다. 둘리는 빙하 속에 갇힌 채 한강에서 중랑천을 거쳐 우이천으로 흘러들어온 셈이다.

둘리가 타고 온 빙하는 한창 공사 중이던 한강 다리에 부딪쳐 멈춰선다. 그 소문을 듣고 몰려들어온 동대문과 남대문의 생선가게 사람들이 열심히 얼음을 깨서 가져가니 빙하의 크기가 내폭 줄어드는

것으로 묘사된다. 중랑천과 한강이 만나는 지점 근처에서 빙하가 거슬러 왔을 한강 하류 방향에 자리한 다리는 한강 15번째 다리인 동호대교로, 1980년 6월 착공해 1985년 2월 2일 개통된 자동차 도로-전철다리 복합교량이다. 만화 〈아기공룡 둘리〉가 1983년에 연재를 시작했으니 시기상으로 동호대교가 둘리를 고길동 집 근처로 오게 한 중요한 역할을 했다고 볼 수 있겠다. 다만 작품 연재가 시작된 시기에는 동호대교가 아닌 금호대교라는 이름으로 불리고 있었다. 빙하가 동호대교보다 조금 더 상류에 자리한 다리에 부딪쳐 진로가 꺾였을 가능성도 있겠으나, 동호대교보다 하나 더 위에 자

1984년 한창 공사 중인 동호대교 풍경

자료: 서울사진아카이브

리한 한강 다리인 성수대교는 1977년 착공해 1979년 완공된 한강 11번째 다리로 〈아기공룡 둘리〉가 연재를 시작하던 시점엔 이미 완성돼 있었으니 시기가 다소 맞지 않다.

어쨌든 둘리가 탄 빙하는 동호대교에 걸린 후 생선가게 아주머니들 손에 의해 해체(?)되어 크기가 대폭 줄어든 채로 중랑천으로 진입, 거슬러 올라간 것으로 파악할 수 있다. 작품 속에서 물 위로 드러난 빙하는 앙상해진 모양새를 보이지만 수면 아래 잠긴 부분에 둘리가 잠들어 있었다. 중랑천과 우이천의 수심은 실제로 가보면 알겠지만 그리 깊지가 않다. 그러니 이 부분은 만화적 표현으로 이해하면 될 것이다. 둘리가 고길동의 딸 영희에게 발견될 당시엔 비가 내리고 있었는데 중랑천과 그 지류가 당시 상습 범람 지역으로 악명이 높았던 점을 감안하면 해당 장면 기준으로 수면이 조금 더 높아졌을 가능성은 있다. 이렇게 우이천을 거슬러 올라 영희에게 발견될 무렵 둘리는 녹아 사라진 얼음 바깥에 노출돼 있었다.

고길동의 집이 작가 김수정의 옛집 위치라고 한다면, 둘리가 처음 발견된 지점은 한일병원 근처의 우이천변이다. 김수정은 진주에서 막 올라온 만화가 지망생 시절 한일병원 부근 단독주택에 세 들어 살았는데 지금의 삼성 쌍문 래미안 아파트 자리다. 쌍한교와 쌍문교 사이에 자리하고 있고, 수도권 지하철 4호선의 역을 기준으로 삼으면 쌍문역과 수유역의 중간 지점에서 서북쪽으로 치우친 지점쯤이다. 중랑천과 한강의 합수부부터는 약 17킬로미터, 우이천과 중랑천 합수부부터는 약 5.6킬로미터 떨어져 있다. 한강과 서해 비

과거 우이천 제방 전경

자료: 서울사진아카이브

현재 우이천 전경

우이천변, 2016년 4월 당시엔 작품 설정상 고길동의 집 근처일 곳에 등이 설치돼 있었다.

다와의 거리는 약 82킬로미터나 되지만, 애초 빙하는 북극 쪽에서부터 떠내려 왔을 테니 거리를 재는 것이 큰 의미는 없을 것이다.

## 둘리, 강북의 아이

〈아기공룡 둘리〉의 무대를 이야기할 때 가장 많이 언급되는 것은, 아마도 〈응답하라 1988〉의 무대가 쌍문동인 이유와도 일맥상통할 것으로 보인다. 바로 영세한 서민들의 자취가 서울에서 비교적 많이 서려 있던 마을 풍경이다.

서울 강남은 1970년대 말에 이르러서는 개발 초기인 1970년 초에 비해 인구가 4배 넘게 늘어나면서 서울을 대표하는 부촌으로 탈바꿈하기 시작했다. 이는 인구 과밀 억제를 이유로 강북 지역의 개발을 틀어막은 결과물이었다. 1972년 4월 당시 서울 시장이었던 양택식은 특정시설 제한 구역이라는 제도를 발표했는데 이는 "사치와 낭비 풍조를

〈응답하라 1988〉 포스터. "이 골목은 그대로입니다"라는 문구가 인상 깊다. 이 작품 속에서 둘리는 굉장히 중요한 키워드로 등장한다.

막고 도심 과밀을 억제한다"는 명목으로 유흥시설의 신규 허가는 물론 건물 신축과 개축, 증축을 금하는 조치였다.

반대로 강남에는 무규제와 세금 감면 혜택이 내려졌는데, 그 결과 강북의 유흥업소들이 대거 강남으로 자리를 옮겨왔다. 강남의 유흥업소는 산업화 물결 속에 거세졌던 이촌향도 현상으로 말미암아 고향을 등지고 도시로 올라온 이들이 마지막으로 찾았던 곳이 되었고, 이 시기 대중문화 속에 호스티스 캐릭터들이 널리 퍼지는 계기가 되기도 했다. 표현 규제에 시달리던 만화계에서는 당시 이러한 호스티스 콘셉트에 반공을 섞은 반공 성인만화가 등장하는 차마 웃지 못할 진풍경이 나타나기도 했다.

이렇듯 강북은 도심지에서부터 아예 인구 억제를 목표로 한다는

한 시기를 풍미한 반공 성인만화들. 왼쪽이 《김일성의 밀실》, 오른쪽이 《기생간첩 김소산》

정책에 의해 개발이 철저히 틀어막혔다. 동호대교는 바로 이러한 강남 개발 과정에서 급속하게 팽창한 강남-강북 간 교통 수요를 해소하기 위해 지어진 연결로였는데, 성수대교와 동호대교가 놓이면서 강남과 강북이 비로소 확실하게 '단절'됐다는 시각도 존재한다. 치과의사이자 사진가인 이득영은 2008년 2월 갤러리 쿤스트독에서 〈한강프로젝트 II - 25개의 한강다리〉라는 개인 전시회를 열었는데, 이 전시회의 해설 원고 격인 〈한강다리의 상판은 카메라의 셔터 소리에 미세하게 떨린다〉(기계비평가 이영준)라는 글에서 동호대교와 관련해 다음과 같이 기술하고 있다.

내가 초등학교 시절에 상상력을 사로잡은 일본만화 요괴인간의 에피소드 중에 '죽음의 문'이라는 것이 있었는데, 그 문 저쪽은 죽음의 세계다. [...] 지금의 성수대교와 동호대교가 바로 죽음의 문이다. 요 두 다리를 건너면 와인값도, 물담배 값도 두 배로 뛰니 말이다. 요 다리 남쪽에서는 페라리에서부터 벤틀리까지, 세계의 희귀한 차들을 길에서 볼 수 있는데 이 차들은 절대로 강을 건너서 북쪽으로 오지 않는다. 그 이유는 모르겠는데 강북은 노면이 하도 안 좋아서 벤틀리의 바퀴가 닿는 순간 터져 버리는 모양이다. 아니면 강북의 건물들은 하도 칙칙해서 페라리의 새빨간 색도 칙칙한 물이 들을까봐 그러는 건지. 400마력의 V12기통 엔진을 단 이 차들이 돌아다니는 범위는 논현동, 신사동, 청담동 정도이다. 답십리나 갈현동 같이 생활형 인간들이 사는 강북 동네는 절대로 안 간다. 그러니까, 한국에서 벤틀리나 페라리는 자동차가 아니라 강남적 현상인 것이다. […] 한강다리가 하는 역할은 그 차들이 지저분하고 좁고 못 사는 강북에 오지 못하도록 막는 것이다. 연결이 아니라 차단인데, 가뜩이나 막히는 교통은 아주 자연스레 차단의 명분을 주고 있다.
— 이영준, 〈한강다리의 상판은 카메라의 셔터 소리에 미세하게 떨린다〉 중에서

김수정 작가가 의도한 바도 아니고 만화에서 '이게 그 다리'라고 언급되는 바는 없으나, 둘리가 갇힌 빙하는 한강을 거슬러 올라와 굳이 한창 공사 중이던 동호대교에 부딪친 이후 진행방향 왼쪽으로

1985년 동호대교 개통 직전 풍경. 강의 남쪽에서 북쪽을 바라본 구도다.
자료: 서울사진아카이브

꺾어 들어가 중랑천으로, 그리고 다시 우이천으로 흘러들어간다. 둘리는 그렇게 해서 강남의 아이가 아닌 강북의 아이가 된 셈이다.

강북 이야기로 들어가 보자면, 도봉구를 비롯한 서울 북부 지역은 1970년대 중·후반까지만 해도 아예 "중산층 이하들이 사는 주택 부지" "한적한 변두리 단독주택지역에 지나지 않던 곳" 같은 말을 듣던 곳이었다. 이쪽은 동호대교가 완공되고 수도권 지하철 4호선이 개통된 1985년에 이르러서야 서울 북부에 개발 붐이 불기 시작했다.

이와 같은 사실을 당시 부동산 관련 기사들에서 찾을 수 있는데, 《매일경제》 1985년 8월 5일자 기사 〈쌍문, 방학, 수유동 등 북부 지역 개발 바람 거세게 불어〉에는 아예 이쪽 지역의 개발 전 모습에 관해 "시설보호지역으로 묶여 제값을 못받은 것은 물론 거래조차 없었으나"라고 말하고 있고, 〈경기 침체 속의 해동, 땅값 거래 한산… 값도 주춤〉(《경향신문》, 1976년 3월 12일자)이란 기사에서는 "강북인구 강남 분산책 때문에 이 일대는 다른 지역보다 비교적 땅값이 싼 곳. 그러나 거래는 다른 지역과 마찬가지로 한산하다"라고 말하고 있다. 1960년대 도봉, 수유, 쌍문 쪽의 부동산 시세를 기록한 〈멈춰선 천정부지…땅값 동면〉(《매일경제》, 1969년 7월 31일자)이라는 기사 내용을 보면 개발 이야기가 나오기 전후 이곳이 어떤 분위기를 안고 있었는지를 짐작할 수 있다.

북쪽에 위치해 있고 시 중심지에서 버스로 40분 이상이 걸리는 먼 지역이다. […] 도봉동의 경우 4~5년 전 남산 판자촌의 이재민들이 집단 이주하면서부터 약간 번성하긴 했으나 교통상의 불편 등 여러 가지 장애로 그 발전도가 별로 뚜렷하지 못하다. 영세민들이 대부분인 이 지역의 상가대로변은 평당 2만 원, 주택지는 보통 1만 원이며 정지되지 않은 전답·임야 등은 평당 5~6천 원이면 살 수 있다. […] 공대지가 많은 쌍문동은 수유동보다 교통이 편리하고 발전성이 많은 반면 땅값은 상가가 평당 4만 원, 택지는 2만 원 정도
— 〈멈춰선 천정부지…땅값 동면〉, 《매일경제》, 1969년 7월 31일자

부동산 투기 정도만이 지역 발전의 잣대인 것은 아니겠지만, 1970년대의 서울 북부는 그야말로 한산한 공간이었던 셈이다. 이곳의 땅값은 1970년대 말에 이르러서야 투기꾼들이 눈독을 들이며 오르기 시작했지만, 서울시 전체에서는 여전히 제일 낮은 편에 속했다. 특히 그 가운데에서도 도봉구 쌍문동은 1980년대의 고층 아파트 건설 열풍도 살짝 비껴간 듯한 풍경을 지니고 있었다. 〈응답하라 1988〉의 "이 골목은 그대로입니다"는 포스터 문구는 그런 점에서 참으로 적확한 표현이었다 하겠다.

물론 지금에 이르러서는 우이천도 옛 우이천 풍경이 아닐 만큼 정비되고 우이천 주변에 아파트도 들어섰다. 하지만 '쌍문동' 하면 떠오르는 이미지는 이촌향도의 거센 흐름 속에 일자리를 만들기 위해 '교통도 불편하고 도심 이동이 멀어도 어쨌든 서울이긴 한' 서울의 변두리 중 변두리에 모여들던 서민들의 보금자리다. 〈아기공

룡 둘리〉의 고길동이 지방의 가난한 집안에서 공부해 서울로 올라와 자수성가한 과장급 인물로 설정돼 있는 것 또한 이러한 풍경의 반영이다. 〈NEW 아기공룡 둘리〉 TV 애니메이션 25~26화에서는 〈단장의 미아리고개〉가 배경에 흐른다. 이 곡은 고길동의 어린 시절 무렵이었을 한국전쟁 중 미아리고개를 통해 많은 이들이 북으로 끌려간 사연이 담긴 노래다.

쌍문동에서 도심으로 들어오기 위해서는 이 미아리고개를 거치게 되는데, 〈우리동네 옛 이야기 [22] 도봉구 쌍문동〉(《조선일보》, 2010년 1월 26일자)이란 기사는 "쌍문동에 살던 이들에게는 미아리고개를 넘어 서울 중심으로 진출하는 게 꿈"이었다고 전하고 있다. 고길동과 같은 세대에 서울 북부, 그리고 그중에서도 쌍문동과 그 주변으로 흘러들어온 이들이 어떤 삶의 애환과 목적의식을 품고 살았는지에 관해 짐작할 수 있게 하는 대목이다.

내 아버지 역시 고길동과 마찬가지로 충청도 끄트머리의 작은 마을에서 공부에 목숨을 걸어 서울에서 직장생활을 한 경우인데, 도봉구는 아니었으나 미아리고개 북쪽에 자리해 도봉구와 마찬가지로 서울 변두리였던 성북구 장위동에 살면서 종로 쪽으로 출퇴근을 했다. 형편이 어려워 고길동처럼 대학에 들어가지는 못했으나 지방 출신으로 서울에 진출해 큰돈이 필요한 기업인들을 상대하는 은행 일을 맡았음을 자랑스레 여기곤 하셨다. 고길동의 캐릭터가 지방 출신으로 노력을 통한 자수성가를 큰 가치로 삼았고 '우리 가족'의 유지와 그 안에서의 권위를 중요하게 여겼던 우리네 이른 세대, 이제는 환갑과 고희를 맞이했을 그 세대들의 가부장적인 모습을 고스란히 담고 있었던 연유가 어째선지 더욱 실감났던 이유기도 했다.

아파트 건설 붐이 일던 그 시기에도 더 많은 집이 자리하고 있던 변두리 지역으로 모여든 영세민이자 서민 그리고 소시민들이 만들어낸 마을의 풍경, 그 모습이 〈아기공룡 둘리〉에 고스란히 녹아 있다.

## 〈아기공룡 둘리〉, 〈응답하라 1988〉의 모티브가 되다

공교롭게도 TV 드라마 〈응답하라 1988〉에는 만화 〈아기공룡 둘리〉가 시작한 지 5년, 그리고 동호대교 개통과 수도권 지하철 4호선 개통 이후 3년이 흐른 시점의 쌍문동 풍경이 등장한다. 예전 그대로의 쌍문동 풍경이 아닌지라 드라마 세트장 자체는 그보다 조금 더 위쪽인 서울 외곽 의정부시 군부대 터에 자리한 모양이지만, 당시 쌍문동이 지니고 있던 정취를 가족과 이웃이라는 주제 위에 시각적으로 잘 얹어냈다는 평가를 받고 있다. 향수에 기댄 추억 보정이 강하게 작용해 실제보다는 다소 부풀려졌다고는 하지만, 드라마는 이제는 우리네 사회 어디서도 찾기 어려운 '마을 공동체'의 자취를, 쌍문동으로 대표되는 서울 변두리에서 살아가던 소시민들의 삶 속에 투영해냈다.

재밌게도 드라마 제작진은 그 안의 풍경을 담아내는 코드로 '둘리'를 이곳저곳에 삽입했다. 〈응답하라 1988〉 속에는 주요 등장인물이 '둘리 일당'이라 불리고 슈퍼 이름도 둘리 슈퍼인데, 신원호 PD는 드라마의 무대를 쌍문동으로 잡은 까닭을 아예 "아기공룡 둘리가 탄생한 곳"이기 때문이라고 밝힌 바 있다. 〈응답하라 1988〉의 가족 이야기 역시 〈아기공룡 둘리〉에 1950년생으로 열한 남매 가운데 여덟째로 태어나 중2때 아버지를 여의고 생업전선에 뛰어들어 가족과 부둥켜안고 살아야 했던 김수정 작가의 경험이 투영돼 있는 것과 약간은 닿아 있다.

해당 시기는 그리 낭만적이지만도, 그렇게 즐겁지만도 않았다. 둘리가 연재되던 잡지인 육영재단의 《보물섬》은 박정희 사후 정권을 잡은 전두환 세력이 당시 거의 유일하게 출판을 허가해준 어린이용 만화 간행물로서 발행처가 육영재단, 발행인이 박근혜였다는 데에서 알 수 있듯 그야말로 몇 안 되는 특혜를 통해 세상에 나올 수 있었던 잡지였다. 둘리의 시대는 엄혹했고, 둘리가 공룡인 까닭도 실제로는 어처구니없는 심의 기준 때문이었다. 2010년 네이버 캐스트를 통해 진행된 시리즈 인터뷰 〈한국의 만화가〉에서 김수정 작가는 둘리 탄생 비화에 관해 이렇게 밝혔다.

"작품을 내던 1980년대 초반은 만화에 대한 인식이 안 좋았어요. 사회적으로도 만화가 자체에 대해 색안경 끼고 보는 정도가 아니라, '왜 이런 만화가 나와야 하는지' 정치인들이나 기득권자들이 모두 안 좋게 보던 시절이었죠." 김수정은 아동 본인의 모습을 만화에서 그대로 보여줄 수 없었던 그 시절에, 아이들을 대체할 수 있는 캐릭터가 필요했다고 말한다. 결국 둘리라는 공룡 캐릭터가 탄생하게 된 건 현실적인 제약을 의인화를 통해 넘어보고자 하는 과정에서 나왔다는 이야기. 또 그는 남들이 아무도 하지 않는 캐릭터를 하고 싶어 '공룡'을 끌어들였다고 둘리의 탄생 비화를 밝힌다.

― 인터뷰어 서찬휘, 〈만화가 김수정 ― 영원한 둘리 아빠〉,
네이버 캐스트

1988년은 군부독재의 연장선에 있던 시대가 1987년 6월의 민주화 항쟁을 거치며 가까스로 종식될 수 있으리라 기대를 모았던 시기다. 하지만 대선 결과 '전두환의 친구' 노태우가 당선되는 경험이 쓰라림으로 남았다. 그리고 2년 전의 아시안 게임과 1988년 서울 올림픽이라는 대규모 스포츠 행사를 통해 내부 시선을 돌리려던 의도가 고스란히 묻어나 있던 시기기도 하다. 대규모 행사를 앞두고 도심에서 영세민들이 내몰리는가 하면, 이촌향도의 심화와 "하나만 낳아 잘 기르자"라던 산하 억제 정책으로 핵가족화가 가속화하던 시기였다. 서울 도심에서야 속도가 더 빨랐겠지만, 전체로 놓고 볼 때 이러한 변화의 끝자락에 서 있던 곳이 서울 변두리 지역이었다.

〈아기공룡 둘리〉에 투영된 것이 그 과정의 실시간 풍경이었다면, 〈응답하라 1988〉에 투영된 건 제작진이 둘리에서 다분히 모티브를 따온 그 시기 풍경을 통해 말하고 싶은 무언가인지도 모른다. "이 좋았던 분위기는 이제 곧 끝날 거야"라는 일종의 선언 같은 이야기 말이다. 그래서인지 드라마 말미에 가족들은 쌍문동 골목을 떠나간다. 그 가운데 덕선이네는 이후 강남보다 더 금싸라기 땅이 되는 판교로 간다. 어딘지 의미심장하고도 미묘한 기분이 들게 하는 장면이 아닐 수 없다.

재밌게도 이 '마을 공동체 복원'은 1980년대에 개발돼 강북은 물론 국내에서도 손꼽히는 대단지 아파트가 들어서 있는 옆 동네 노원에서 주창하는 주요 표어가 돼 있다. 노원은 현재 "마을이 학교다!"라는 기치를 내걸고 마을 공동체를 복원함으로써 참 교육의 방법을 고민해보자는 운동을 벌이고 있다. 공적 차원에서 마을 공동체와 교육이 연결됨은, 곧 현행 교육의 문제점 대부분이 동강난 공동체 문화에서 비롯했음을 시사한다는 점에서 의미가 있다.

노원시가 내걸고 있는 "마을이 학교다" 안내문

## 도봉구의 둘리 사업, 기대와 아쉬움

2015년 6월 24일 서울 도봉구 쌍문동엔 '둘리뮤지엄'(서울 도봉구 쌍문동 산240-5)이 들어섰다. 둘리가 떠내려와 정착한 고길동의 집이 있던 곳이 쌍문동임에 착안해 도봉구가 구 차원에서 둘리 마케팅을 강력하게 시도한 결과물이다.

도봉구는 2006년부터 둘리뮤지엄 건립을 추진하며 '둘리의 고향'임을 강조하려는 듯 둘리가 고길동의 양자로 들어간 것으로 명시된 가족관계증명서를 주민센터에서 발급받을 수 있게 하는가 하면, 쌍문역을 둘리역으로 이름을 병기하자는 안을 내기도 했다. 쌍문역은 2017년 11월 현재 둘리 테마역으로 조성돼 있고, 쌍문동엔 둘리뮤지엄과 함께 김수정 작가가 살던 집터 근처에 조성한 380미터 가량의 둘리 벽화도 자리하고 있다.

둘리뮤지엄은 2013년 1월 착공해 2015년 4월 30일 준공되었는데, 이와 관련해 도봉구 민선 제5기 구청장으로 당선된 이동진은

둘리뮤지엄 전경

"도봉구가 서울의 외곽이라는 낙후된 이미지에서 벗어나 문화 도시로서의 이미지를 가출 수 있는 첫 출발"이라고 밝히고 있다. (《이동진 도봉구청장 "둘리 뮤지엄, 문화 도시 구축의 첫 출발 될 것"》,《뉴시스》, 2015년 7월 24일자) 둘리뮤지엄은 연면적 4,151제곱미터에 지하 1층, 지상3층 규모로 세워졌으며 뮤지엄동과 도서관동 양쪽으로 나누어 체험형 공간과 독서 공간을 마련하고 있다. 도서관동 위쪽은 위탁운영업체의 사무실로 쓰고 있어 통제돼 있다. 입구에는 둘리를 비롯한 캐릭터들 조형물이 입장객을 맞이한다. 체험 프로그램 때문인지 입장료가 성인(5000원)보다 아이가 더 비싸게(7000원) 책정돼 있다.

아기공룡 둘리 만화의 에피소드 속으로 풍덩! 아이들에게 재미있는 이야기를 들려주는 뮤지엄입니다. 오감형 전시 체험을 통하여 어린이들의 신체, 인지, 정서의 균형 발달을 도와주며 자녀에게는 부모님과 함께 하는 행복한 시간을 선물하고 3~40대 부모에게는 둘리를 즐겨 보던 어린 시절을 회상하는 따뜻한 추억을 선물합니다. 뮤지엄동 1층은 직접 보고, 만지고, 느끼며 떠나는 신나는 우주대탐험의 에피소드 공간으로 구성돼 있으며 2층은 직접 둘리 만화영화의 주인공이 되어 여행을 떠나는 상상 가득한 이야기 나라로 꾸며져 있습니다. 3층은 둘리와 만화 속 친구들과 함께 여러가지 놀이기구를 체험해 볼 수 있는 체험 코너입니다. 도서관동에서는 둘리와 친구들이 숨은 숲 속에서 자유롭게 뒹굴뒹굴하며 책을 볼 수 있는 도서관이 있습니다. 둘리 뮤지엄은 아이들이 오감을 사용하여 체험하고 느끼는 공간으로 온 가족이 여가를 함께 보낼 수 있는 유익한 문화공간입니다.

- 둘리뮤지엄 조감도 안내 중에서

도봉구가 둘리를 지역을 대표하는 캐릭터로 삼으려 들면서 경기도 부천시가 약간 발끈하는 소동이 일기도 했다. 부천시는 일찍이 1990년대 말부터 만화 도시를 표방하며 한국을 대표하는 상징성을 인정해 둘리를 2003년 명예시민으로 선정, 명예주민등록증(830422-1185600)을 발급하고 관내에 둘리 거리를 조성한 바 있는데 서울시 도봉구가 "둘리의 고향은 우리"라고 내세우니 콘셉트가 겹치고 만 셈. 도봉구는 명예가족관계등록부에 둘리의 주소지를 '쌍문동 2-2'로 지정했는데, 이는 실제 고길동의 집이 현재 아파트가 된 점과 둘리의 이름이 숫자 '2'가 겹쳐진 형태임을 반영한 것으로 보인다. 다만 실제로 이 주소를 검색해도 무언가가 나오지는 않는다. 이와 관련한 논란은 결국 김수정 작가가 나서서 해결할 수밖에 없었다. CBS의 라디오 프로그램 〈변상욱의 뉴스쇼〉 2011년 2월 20일자에서는 이와 관련한 작가의 교통정리가 등장한다. 말인즉, '본적지'와 '현 주소'라는 이야기다.

부천의 둘리 명예 주민등록증

변상욱〉 그렇게 되는군요. 그러면 둘리의 친권자이시니까 친권자로서 명확하게 선을 그어주시죠. 두 지역에서 싸우긴 싸우는데 기분 좋게 싸우는 거여서 이 시간에 한번 정리를 해도 될 것 같습니다.

김수정) 제가 볼 때에는 부천 같은 경우에는 지금도 활발하게 활동하고 있고, 만화도시, 만화산업으로써 굉장히 역할을 하고 계시고. 그 다음에 쌍문동에서 추진 중인 것은 둘리문화센터와 같은 뮤지엄 형태거든요. 그래서 아마 그동안에 둘리가 해왔던 여러 가지 일들을 모아서 하나의 문화로 만들어서 사람들이 같이 즐길 수 있는 공간을 만드는, 이런 형태인 것 같습니다. 그래서 저는 그냥 쉽게 생각합니다. 하나의 본적지와 현주소. 왜냐하면 저희들도 태어난 곳과는 별개로 이동해서 살 수 있는 것이 있지 않습니까? 본적지와 현주소가 늘 같아야 되는 것은 아닌 것 같거든요.

- 만화가 김수정 "둘리 주소논란, 둘리아빠의 결정은?",
CBS 〈변상욱의 뉴스쇼〉, 2011년 2월 10일 방송

이렇듯 도봉구가 둘리를 주인공으로 삼은 도시 문화 사업을 진행하고 있는 와중이지만, 이와 같은 사업 내용들이 유기적으로 잘 연결돼 있는가에 관해선 아쉬움이 여전히 남아 있다. 실제로 쌍문역에서 2016년 4월 하순 현재까지도 역내 지도에서 둘리뮤지엄을 바로 찾기는 쉽지 않다. 또한 역에서 둘리뮤지엄까지는 걸어서 15~20분 걸리는데 그 과정에서 차도용 이정표는 있어도 도보로 찾는 이들의 시야에 맞는 이정표가 마땅히 마련돼 있지 않다. 별도의 셔틀버스가 운행되는 것도 아니니 접근성이 딱히 좋은 편은 아

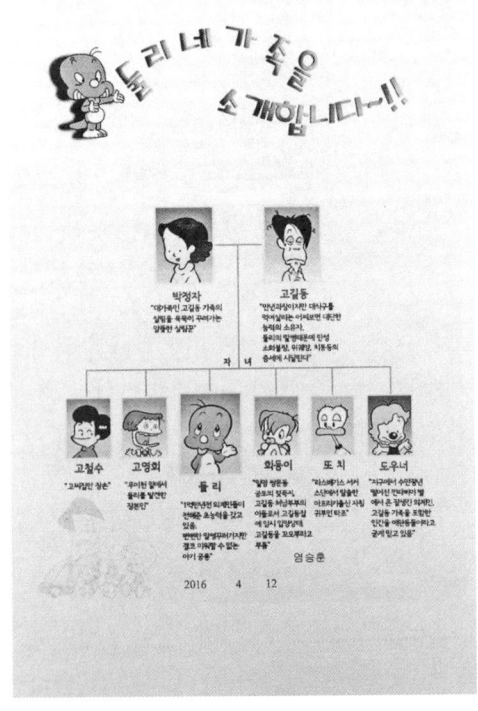

쌍문동 주민센터에서 출력할 수 있는 명예가족관계등록부

명예가족관계등록부와 함께 출력되는 가족 소개. 나이 든 입장에서는 둘리보다도 고길동 소개가 훨씬 재미있게 느껴진다.

니다.

역 내부는 둘리 테마역사로 역 전체가 개편되면 바뀔 수 있겠지만, 문제는 그다음이다. 둘리뮤지엄 자체의 프로그램이 둘리의 내용을 오롯이 잘 담아내고 있는가 하면 그 부분에서 고개를 갸웃거리게 하는 부분이 있다. 결정적으로 〈아기공룡 둘리〉를 보고 자란 세대는 이제 아이를 낳고 기를 30~40대쯤이고, 현재 어린 세대에게는 〈뽀롱뽀롱 뽀로로〉와 〈꼬마버스 타요〉가 훨씬 익숙하다. 이런 상황에서 〈아기공룡 둘리〉의 원전부터 최근에 이르는 과정을 새로 접하게끔 할 만한 배치가 그다지 보이질 않는다. 도서관동에서는 둘리 이외의 학습만화가 훨씬 더 많이 눈에 띄어 말 그대로 '아이용 도서관'이라는 구색을 보여주고 있고, 체험 전시는 작품 내용을 반영하고 있으되 역시 지금의 아이들에게 둘리가 무엇인가에 관해, 이것을 왜 재밌게 즐겨야 하는가에 대한 설득이 되진 않는다.

캐릭터를 지역에 공적으로 정착시키려 함은 곧 지역의 한계를 캐릭터를 통해 해소하고자 하는 목적이 있게 마련인데 그렇다면 그 지역과 지역 주민들, 그리고 캐릭터 사이의 유기성을 반영했어야만 한다. 전시 내용 중에는 고길동의 집을 비롯한 쌍문동 골목 및 주택 풍경을 제대로 반영한 전시가 없다. 벽면에 그림이 일부 그려져 있을 뿐이다. 때문에 둘리뮤지엄이 '왜 쌍문동에 둘리라는 소재를 들고 들어섰는가'에 관해 납득을 시키기엔 역부족이다.

둘리뮤지엄을 나선 후 둘리가 떠내려 온 우이천으로 이동해보았다. 한데 도봉구는 둘리뮤지엄과 우이천 사이에 어떠한 연결고리도 설정하고 있지 않다. 우이천으로 가려면 어느 쪽으로 가야 하느냐는 질문에 둘리뮤지엄 직원은 "나서서 아래로 내려가면 있고, 파출소에서 다시 한 번 물어보시는 게 좋다"라는 답을 했는데, 걸어서 20여 분 가량 걸리는 길인데도 도중에 우이천으로 가는 길이 안내되어 있지 않다. 더 아쉬운 점은 둘리뮤지엄에서 우이천을 왜 가보는 편이 좋은지에 관해 아무런 정보를 얻을 수 없다는 점이다.

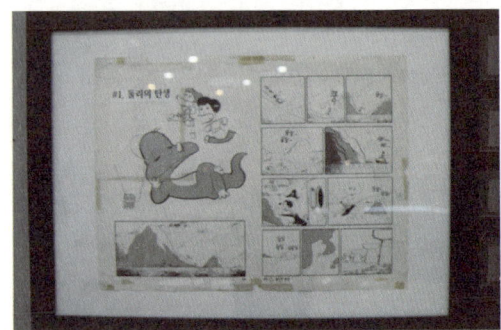

둘리 뮤지엄 내부

## 우이천의 둘리 벽화

우이천에 도착해 김수정 작가의 옛집이 있던 현 쌍문 래미안 아파트 근처로 가니 2016년 조성된 둘리 벽화가 우이천변 벽면(쌍한교-수유교 사이)에 길게 자리하고 있다. 하지만 여기에 벽화가 있다는 안내는 어디에서도 발견할 수 없었다. 또한 명예가족관계등록부를 발급하기 위해 쌍문1동 주민센터를 찾았을 때, 민원 창구에서 바로 뽑을 수 없었을 뿐 아니라 발급을 중단하는 공지가 내부에 떴다고 안내를 받는 등 통상적인 민원으로 처리할 수 없는 업무가 돼 있다는 인상을 받았다. 비록 제20대 총선일(2016. 4. 13) 전날에 찾아가 바빴다곤 하지만 가족관계등록부 출력이 일반 업무의 범주가 아닐 것이라곤 생각지 못했기에 졸지에 큰 민폐를 끼치고 말았다. 이 지면을 빌려 복잡하게 해 죄송하다는 말씀을 전하는 한편으로 둘리를 이용해 지역 분위기를 쇄신하고자 하는 의도를 행정이 반영하지 못하고 있다는 아쉬움을 전하고 싶다.

일본의 구마모토현은 스쳐지나갈 뿐인 고장으로 잊히지 않기 위해 '쿠마몬'이란 캐릭터를 도입하고 스토리텔링을 통해 관련 상품 매출 1조 원이라는 압도적 홍보 효과를 달성해냈다. 이를 생각하면, 도봉구의 둘리 사업은 연결고리가 적잖게 끊겨 있는 느낌이어서 아쉬움을 자아낸다. 도봉구 쌍문동이라는 지역, 조금 더 나아가 우이천이라는 공간성을 작품과 연결 짓기 위해서는 더 세심한 설계

우이천의 둘리 벽화 부분

둘리뮤지엄 입구의 조형물

우이천 건너에서 바라본 둘리 벽화 전경

가 필요할 것으로 생각된다. 캐릭터를 이벤트용으로만 쓰지 않기를 바란다.

##  장소 옆 이야기

### 쌍문동을 무대로 삼은 또 다른 작품

신문수 선생의 인기 명랑만화 〈로봇 찌빠〉의 배경도 쌍문동이다. 그는 쌍문동에 신혼집을 차리고 딸 셋을 낳아 키웠다고 한다. 한국만화영상진흥원 웹진 만화규장각에 실린 인터뷰에는 신문수 선생이 쌍문동에 살 때의 이야기가 담겨 있다.

Q. '도깨비 감투'나 '로봇 찌빠'를 그릴 때 이미 중년이었습니다. 아이들 마음을 콕콕 짚어내는 아이디어를 어떻게 찾았는지요.

A. 그때도 그런 질문을 많이 받았다. 아이디어를 어떻게 어디서 찾느냐고. 아이들의 평범한 행동도 보통 사람이 보는 것과 우리 만화가들이 보는 게 다르다. 만화가들이 보면 다 소재다. '로봇 찌빠'를 그릴 때 쌍문동에서 살았는데 동네 골목에서 학교 앞에서 아이들이 노는 것을 보면 아이들 마음을 알 수 있었

2009년 7월 31일 인터뷰 자리에서 찌빠 종이 인형을 들고 있는 신문수 선생

다. 무엇을 보고 낄낄 웃는지 유심히 지켜봤다. 우리 아이들도 고만고만할 때였다.

— 홍지민, 〈명랑만화의 대가 신문수 작가를 만나다〉,
한국만화영상진흥원(2017. 1. 26) 중에서

## 새 애니메이션에서는 둘리가 부딪친 한강 다리가 다르다?

〈NEW 아기공룡 둘리〉에서는 빙하가 부딪친 다리가 완공돼 있는

**한강대교와 한강철교**

사진 출처 : 대한민국역사박물관 현대사 아카이브

상태였다. 상판 아치가 있으면서 중간에 섬이 걸려 있는 다리는 노들섬이 있는 한강대교. 이 다리는 동작과 노량진을 잇는 다리다.

　강남과 강북의 구분에 중요한 의미를 담고 있지는 않으나 둘리가 갇혀 있던 얼음을 가져가는 사람들이 '생선가게 아줌마들'로 설정돼 있었음을 보노라면 일견 무릎을 치게 된다. 그 다리 근처엔 노량진 수산시장이 있다. 물론 나는 원판에 충실한 해석으로 볼 때 동호대교에 의미를 부여하는 쪽이 맞다는 입장이다.

## 도봉구, 만화가 전용 주택 조성

2017년 11월 27일 케이블TV 사업자 티브로드는 지역채널 뉴스를 통해 〈'둘리의 고향 쌍문동'...만화가 마을 조성〉이라는 내용을 보도했다.

둘리뮤지엄 주변에 조성한 이 임대 주택은 만화가 전용 주택으로는 전국 최초로 2017년 12월 현재 지상 5층 규모로 웹툰 작가 등 11세대가 모여 살고 있다고 한다. 보증금과 월 임대료가 주변 시세의 60퍼센트 수준이란 점이 가장 큰 장점이라고. 현재 건물이 2차까지 건립됐고 3, 4차도 준비 중이라고 한다.

작업실을 제공하는 차원을 넘어 저렴한 주거 환경을 조성해줌으로써 말 그대로 만화가 마을을 만들려는 시도인데 언제나 이러한 관 차원의 사업에서 염려가 되는 건 명확한 목표와 세금을 쓰는 입장에서 지속 가능한 지원이 가능할지 여부다. 도봉구의 의지가 확고하길 바랄 따름이다.

# 답사 코스

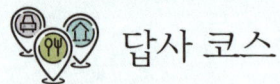

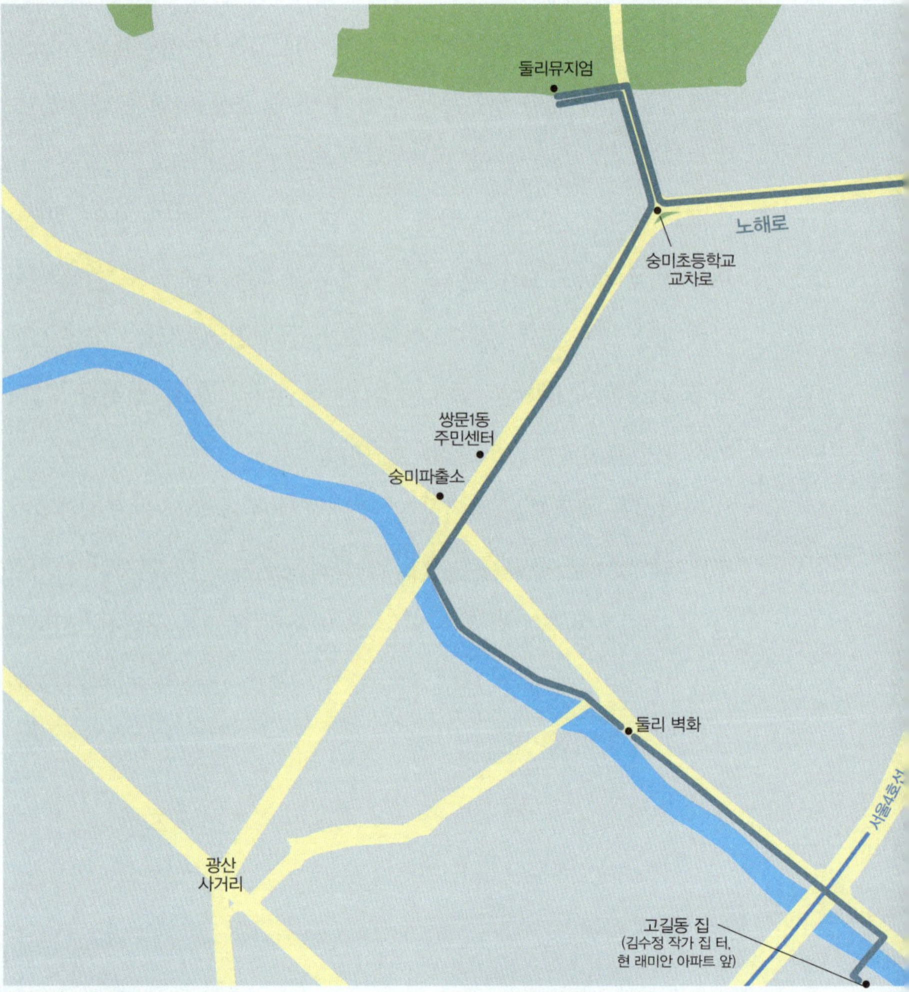

- 둘리뮤지엄
- 노해로
- 숭미초등학교 교차로
- 쌍문1동 주민센터
- 숭미파출소
- 둘리 벽화
- 광산 사거리
- 고길동 집 (김수정 작가 집 터, 현 래미안 아파트 앞)

쌍문역(둘리 테마역)

쌍문역(둘리 테마역)

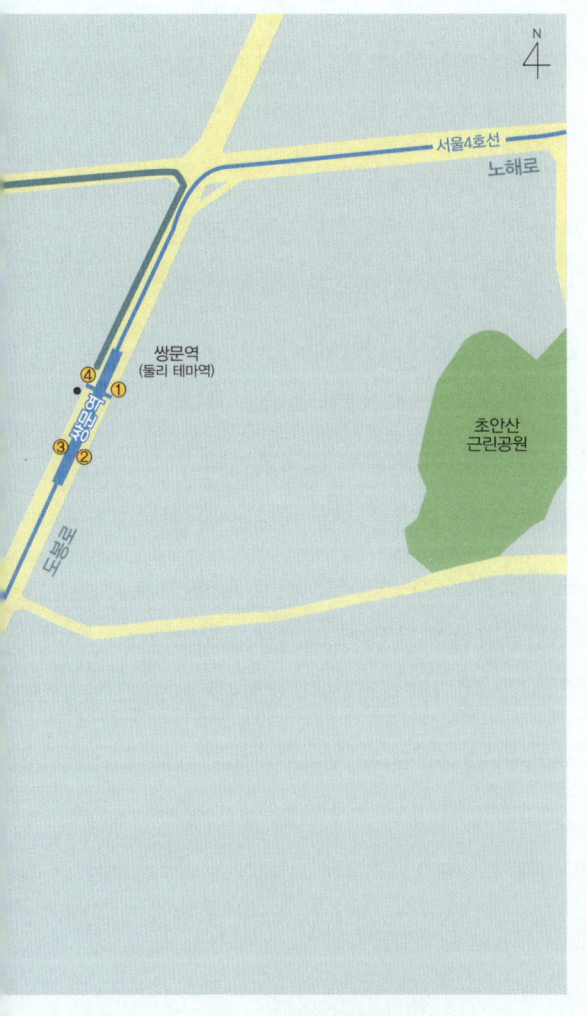

우이천

우이천 둘리 벽화

쌍문1동 주민센터

둘리뮤지엄

둘리뮤지엄 조형물

쌍문동은 크게 박물관 관람과 〈아기공룡 둘리〉 속 배경이 되는 우이천을 따라 걷는 코스로 구성할 수 있다. 조금 난감한 점이 있다면 서울 지하철 4호선 쌍문역에서 둘리뮤지엄까지 약간 떨어져 있는데 둘리뮤지엄에서 우이천까지도 제법 거리가 된다는 점이다.

역에서 둘리뮤지엄까지야 둘리 테마역으로 꾸며진 쌍문역에 안내가 돼 있지만 우이천을 왜 봐야 하는지에 관해서는 직원들도 설명을 못 했다. 사업이 맥락을 생각하지 못하고 진행됐거나 시설 운영 측이 공부를 안 했거나 또는 둘 다일 텐데, 나는 둘리뮤지엄 운영 측이 우이천까지 운영 영역을 연결 지어 생각해야 한다고 본다. 그리고 고길동의 집터라 할 수 있는 김수정 선생 댁 자리에 아파트가 들어서 있는 고로, 뮤지엄 내 전시실을 고길동 집을 제대로 복원하는 형태로 꾸몄어야 한다고도 생각한다. 여러모로 아쉬움이 많지만, 이가 없으면 잇몸이라 했다. 발품을 팔며 상상으로 채워가 보도록 하자.

### 둘리뮤지엄
**쌍문역 – 둘리뮤지엄 1.3킬로미터**

둘리 테마역사로 꾸며진 쌍문역을 구경하고 4번 출구로 나와 약 300미터 가량을 쭉 걷다 보면 정의여중입구 교차로가 나온다. 여기서 왼쪽으로 꺾어 역시 600미터 가량을 걸어 숭미초교 교차로를 만나면 오른쪽으로 꺾은 다음 160미터 정도 직진해 나오는 골목에서 다시 왼쪽으로 꺾어 쭉 가면 오른 쪽에 비로소 둘리뮤지엄이 나온다. 첫 취재 당시 가는 데까지 차량용 이정표 외에 별다른 안내가 없었으나 이후 숭미초등학교에서 둘리뮤지엄, 그리고 숭미초등학교에서 숭미파출소까지의 거리 곳곳에 그림과 조형물을 배치해 조금 더 둘리거리다워졌다.

걷기가 조금 귀찮은 사람은 택시로 기본요금 정도 나올 거리니 이를 이용하는 방법도 나쁘진 않겠다. 하지만 만화유산을 답사하는 마음이라면 둘리를 주제로 조성된 거리를 즐겨보는 편이 좋겠다. 한 가지 아쉬운 건 쌍문역에서 둘리뮤지엄까지의 길이 걷기엔 조금 멀어선지, 역과 뮤지엄 측은 버스 이동을 권장하고 있는 듯하다. 그 때문인지 막상 쌍문역과 뮤지엄까지의 길에는 별다른 게 없다.

둘리뮤지엄의 왼쪽 한 동은 관리위탁업체의 사무실동이고 오른

둘리뮤지엄 인스타그램 2017년 12월 7일자 게시물. 둘리뮤지엄 앞에 있는 대우이안극동아파트, 아파트 앞 정류장 표지판이 둘리 머리 모양으로 돼 있다.

쪽 한쪽이 이용자용으로 열려 있다. 관련 프로그램과 전시물을 관람하고 나온다.

## 쌍문1동 주민센터, 숭미파출소
둘리뮤지엄 - 쌍문1동 주민센터 600미터

둘리뮤지엄에서 숭미초교 교차로로 나온 후 남서 방향으로 노해로를 따라 약 600미터 정도를 걷다 보면 진행 방향 오른쪽에 쌍문1동 주민센터가 나온다. 간판에 둘리네 그림을 정성스레 둘렀다. 여전히 연습은 안 돼 있을 것으로 보이나, 이 책을 읽은 이들이라면 반드시 가서 둘리 명예가족관계증명서를 떼보도록 하자. 찾는 사람이 많아야 공무원들이 미리 대비를 할 수 있으리라. 내게 그랬듯 "이제 안 해요" 같은 소리가 나오지 않게끔 계속해서 자극할 필요가 있다. 무릇 캐릭터를 채용한 도시이자 만화가 마을을 조성하려는 지방자치단체라면 이 정도는 응당 해줘야 한다.

쌍문1동 주민센터에서 조금 더 내려오면 숭미파출소가 있다. 이곳의 간판은 한층 더 본격적이다. 둘리가 경찰복을 입고 경례하고 있는 모습이 인상 깊다. 파출소 건너편에서 조금 더 올라간 지점엔 '둘리 테마 거리'라는 조형물이 둘리 머리 모양으로 서 있다.

## 둘리 벽화

쌍문1동 주민센터 – 쌍문교 – 쌍한교~수유교 사이 500미터

주민센터를 나온 후 조금 더 내려오면 쌍문교다. 드디어 둘리가 빙하 타고 내려온(정확히는 거슬러 올라온) 우이천을 만났다. 중랑천의 지류답게 왕년엔 홍수 때마다 물이 넘쳐서 애를 먹였다는 곳이지만 지금은 정비가 제법 잘돼 호젓한 느낌도 든다. 봄철에 가보면 물고기들과 더불어 한가로이 사냥을 하는 큰 새를 만나볼 수도 있다. 하류 쪽으로 방향을 잡고 걷기 시작하면 이윽고 쌍문교 이후 첫 번째 다리인 쌍한교가 보인다. 그다음이 수유교다. 이 두 다리 사이에 둘리 벽화가 있다. 상당히 긴 면적에 걸쳐 자리하고 있으므로 진행 방

우이천에서 벼락 같이 만난 풍경. 이런 장면을 볼 수 있을 만큼 하천이 나름대로 잘 정비됐다.

향 왼쪽 천변에서 한 번 본 후 다리를 건너 반대편에서 전체를 조망해보는 것도 좋다. 작가인 김수정 선생과 동료 및 후배들이 모여 그렸다.

## 길동 씨네 앞
둘리 벽화 – 삼성 래미안 아파트 500미터

벽화까지 봤다면 마무리로 고길동의 집 근처까지 걸어본다. 김수정 선생이 살았던 단독주택이 길동 씨네의 모델인데, 현재 해당 집터에는 삼성 래미안 아파트가 들어서 있다. 둘리를 실은 빙하가 이즈

래미안 아파트 앞 우이천. 이즈음에서 둘리가 발견됐다.

'전지적 빙하 시점'에서 바라본 길동 씨네 앞.

음 앞에서 힘이 다해 멈춰선 게 길동 씨에게는 그야말로 운명의 장난 같은 비극의 시작이었겠다.

 내가 답사를 갔던 당시는 벚꽃이 흐드러지게 피던 2016년 4월이었다. 도봉구는 이 시기에 맞춰 길동 씨네 앞 우이천에 둘리와 친구들의 등 조형물을 설치하고 저녁에는 점등하기도 했다. 시기를 맞춰 가야 볼 수 있는 풍경이겠으나, 어쨌든 그 앞에서 우이천을 배경으로 사진 한 번 찍는 것도 재밌는 일이 되겠다.

나의 만화유산 답사기 05

### 덕내와 젊음이 자리했던 어느 이공간에 관하여
# 홍대 일대

스무 살에 벼락같이 글 쓰는 일을 시작한 이래 일주일에 2~3번은 본가가 있는 충남 천안에서 서울을 오가는 생활을 했다. 나는 버스를 싫어해서 웬만하면 기차를 탔는데, 전철이 연결되지 않은 시기라 제법 비싼 차비를 치르고 다녔다. 버스 없인 갈 수 없는 곳으로 돈 벌러 다니면서 버스 안에서 책도 읽고 글도 쓰게 된 마당이지만, 어쨌거나 그때엔 저랬다.

서울에서 나기만 했을 뿐 실상 충청도 사람인 내게 서울은 '너무 복잡하고 넓고 번잡한데 직접 가지 않으면 눈으로 확인할 수 없는 게 많았던' 곳이었다. 인터넷이 발달한 지금도 정말로 필요한 정보는 발품을 팔아야 얻을 수 있는 마당에 인터넷이 막 보급되던 시기엔 오죽했으랴. 당시 내가 서울에서 주로 다닌 곳은 일의 종류에 맞춰서 몇 군데로 한정돼 있었다. 만화 행사가 많이 열리던 중소기업 여의도 종합전시장과 주 1회 만화 라디오 방송을 진행하기 위해 찾은 역삼동의 데이콤 본사, 그리고 만화 전문 서점이 있는 홍대였다.

이 가운데 홍대는 20대 후반에 아예 짐 싸들고 독립해 처음으로 정착한 곳이어서 내게는 거의 마음속 고향과도 같았다. 그런데 그런 곳이 2016년 현재 한 치 앞도 보이지 않는 격랑에 휩쓸리고 있다.

## 홍대 권역에 관한 추억

내가 굳이 첫 서울의 정착지로 홍대를 고른 까닭은 이곳을 감싸고 있는 독특한 분위기 때문이었다. 일단 이래저래 오가며 맡을 수 있던 '덕내'가 있었고, 지방 구석에서는 판 한 장 사려면 "뭐 그런 괴상한 걸 다 찾느냐?"라며 핀잔을 감수해야 했으나 이곳은 그럴 필

한 잔의 룰루랄라. 자취하던 고시원이 이 근처여서 나는 개장 때부터 거의 죽돌이처럼 밤늦게까지 이곳에 머물러 있곤 했다.

요없는 인디밴드들의 본거지라는 선망이 겹쳐졌다. 그리고 무엇보다 2000년대까지만 해도 만화 업계인들이 '홍대 권역'이라 부를 수 있을 법한 홍대입구역 또는 그 언저리에 제법 모여 살고 있었다. 그러니 "만화 이야기를 하려면 홍대에 붙어 있어야겠다"라는 생각이 든 건 내 입장에선 어찌 보면 당연한 수순이었다. 책가방 하나와 모아놓은 100만 원 달랑 들고 서울행 기차에 몸을 실은 나는 방음도 되지 않는 비좁은 홍대 근처 고시원에서 2년을 버텼다. 그러고는 근처 원룸에서 1년, 지하철 2호선을 타고 구로디지털단지의 원룸으로 갔다가 신혼방을 합정으로 잡은 덕분에 홍대 근처의 생활을 다시 2년 연장했다.

내 딴에는 난생 처음 펑크룩을 입고 다니는 등 나름대로 홍대의

오덕의 성지로 오래전부터 알려져 있던 상파울로. 라이트노벨 《초인동맹에 어서오세요》에 등장할 만큼 창작자들에게도 널리 사랑받던 공간이었다. 나 또한 숱한 모임과 원고 마감을 이곳에서 치렀다.

분위기를 몇 해에 걸쳐서 맛보고 있었다. 이 시기 만화 편집자 출신인 이성민은 만화를 만날 수 있는 카페이자 주점인 '한 잔의 룰루랄라'를 개업해 점차 입소문이 나고 있었다. 한 잔의 룰루랄라에 앞서 '오덕의 성지'로 불리며 만화나 라이트노벨 등에도 종종 등장한 바 있는 '상파울로' 같은 명소도 있었다. 그곳은 어떤 행색(?)을 하고 들어앉아서 어떤 종류의 만화책이나 동인지를 펼쳐든다 해도 전혀 눈치 볼 것 없는 분위기를 보장해주었다.

 나는 이들 공간을 아지트 삼아 영업 마감 시간까지 원고를 쓰곤 했다. 필요한 자료는 홍대입구역 근처에 자리한 만화 전문 서점 '한양TOONK'와 '북새통문고'에서 바로바로 입수할 수 있었다. 모임이 있으면 이들 서점에서 모여 각자 책을 구입한 후 카페로 이동한 뒤 작정하고 수다를 떨었다. 만화 작화나 콘티 작업을 하는 이들이

한양TOONK

북새통 문고

나 근처 만화 서점에서 사온 책들을 늘어놓고 읽는 풍경이 너무나 자연스러운 공간이었다. 하지만 이 시기가 '만화 하면 홍대'라 할 수 있을 만한 호시절의 막바지였음을, 그땐 미처 알지 못했다.

그 사이 홍대는 조금씩 변해가기 시작했다. 지방에 있을 때 "어느 쪽에 자리를 잡는 게 좋을까요?"라는 질문을 되뇌던 내게 "홍대 좋아요! 홍대로 오세요!" 하고 강력하게 추천을 날리던 만화가들이 하나둘 홍대를 벗어나기 시작했다. 경기도 부천시에 생긴 한국만화영상진흥원이 2009년 작가 입주 공간을 마련한 이래 만화 창작자와 업체 상당수가 그곳으로 옮겨간 탓도 있지만, 딱히 부천이 아니라도 창작자들은 더 이상 홍대를 고집하지 않았다.

어느덧 '홍대 문화'라 불릴 만한 분위기는 홍대 앞보다 상수나

합정 등으로 밀려나기 시작했고, 홍대의 독특한 분위기를 자아내던 자생 공간이 하나둘 사라지기 시작했다. 그리고 몇 년 사이에 홍대 앞은 그야말로 전쟁터를 방불케 하는 싸움의 현장이 되고 말았다. 2009년 칼국수와 보쌈을 팔던 '두리반'이라는 가게가 공항철도 공사와 관련해 철거 대상이 되면서 불거진 이른바 '두리반 점거 농성'은 2011년이 되어서야 업체의 배상이라는 형태로 마무리되었지만, 이 시기를 지나며 임대료를 이유로 쫓겨나는 가게의 이야기는 비일비재해졌다. 이는 만화인들에게도 남의 일이 아니었다. 상파울로가 2011년 임대료 문제로 사실상 내쫓기다시피 문을 닫으면서 동네 분위기가 심상찮아졌구나 하는 인식이 퍼졌다.

2016년 당시 홍대 앞은 삼통치킨을 비롯해 임대료를 문제 삼아

2016년, 건물주와의 분쟁에 휩싸인 삼통치킨의 문제를 알리는 펼침막

쫓아내려는 건물주와 쫓겨나지 않으려는 세입자들의 싸움이 이어지는 공간이었다. 역 밖으로 나오면 행인들 옷차림부터가 적절히 턱내가 묻어날 것만 같던 분위기는 묘하게 식어 갔고, 홍대 특유의 문화를 형성하던 공간이 홍대가 아니라도 어디서나 볼 수 있을 법한 체인점 매장으로 속속 채워지고 있었다. 이 흐름은 이제 홍대 앞을 넘어 홍대 앞에서 밀려난 상수, 합정 근방까지 침투하고 있다. 이른바 젠트리피케이션gentrification으로 불리는 현상이다.

## '홍대 문화'의 시작과 발달

'홍대 문화'는 젊은이들의 문화, 인디 밴드, 미술 학원, 그리고 만화나 애니메이션 애호가들이 많이 찾는 곳 등등이다. 이러한 분위기가 형성된 것은 1990년 초중반 무렵으로 거슬러 올라간다.

원래 '홍대'는 대학 이름과 '미대'가 바로 연결될 만큼 미대생들이 만들어낸 분위기가 강한 곳이었다고 한다. 홍대 정문에서 남쪽으로 내려가던 1.5킬로미터 가량의 거리 일대는 '피카소 거리'라고 불렸는데, 미대 입시를 준비하는 이들을 위한 미술학원가와 미대생들이 만든 거리 벽화 등이 공간을 채우고 있었다. 1980년대까지는 신촌 대학로의 부속 공간 정도로 치부되던 곳이었으나 1984년 서울지하철 2호선이 개통되면서부터 상권이 발달하기 시작했다. 이 시기 신촌의 상권이 포화 상태에 이르러 있던 터여서 새로 지하철

역세권이 된 홍대가 부각된 셈이라고 한다.

하지만 홍대가 역세권으로서 실질적으로 화제선상에 오른 건 1997년부터라고 할 수 있다. 1994년 10월 성수대교가 붕괴하는 대형 참사가 빚어지자 서울시는 한강 다리를 전면 재점검했고, 당산철교에서 설계와 시공에서 심각한 결함이 발견되자 1996년 12월부터 철거에 들어갔다. 당산철교는 1983년 7월에 완공돼 이듬해 5월부터 지하철 운행의 통로가 되었으나 고작 개통 12년 만인 1996년에 철거될 운명을 맞이했다. 다리 상판을 지탱하는 세로보의 75퍼센트에서 1000여 개가 넘는 균열이 발생한 것으로 조사된 탓이다. 자원 낭비와 시민 불편 등의 이유를 들어 철거에 반대하는 목소리도 있었지만, 성수대교 붕괴라는 끔찍한 인재를 겪은 서울시 입장에서는 안전에 위협이 되는 요소를 그냥 놔둘 수는 없었던 모양이다. 결국 당산철교가 1999년 11월까지 철거와 재시공이 진행되면서 홍대입구는 사실상 2호선의 문화적 종점과도 같은 역할을 맡게 됐다. 이즈음 강서 쪽 인구가 이곳으로 유입되면서 상권이 활성화되기 시작했다.

한편 1980년대 신촌을 장식하던 록카페 문화가 1990년 초중반에 이르러 홍대에서 클럽 문화로 전이한다. 이 클럽들을 근거지로 활동하던 인디밴드들

1994년 10월 21일 한강다리 중 하나인 성수대교가 무너져 내렸다.

자료: 위키미디어 커먼즈

당산철교　　　　　　　　　　　　　　　자료: 위키미디어 커먼즈

이 1996년과 1997년 《Our Nation》이라는 기념비적 음반을 내놓는다. 지금까지 살아남아 2016년 '20주년'이라는 기념비적인 숫자를 찍은 '말달리자' 크라잉넛과 '청년폭도맹진가' 노브레인의 출발점이 바로 이 시기다. 홍대의 인디밴드 문화는 펑크와 얼터너티브의 조류를 기반으로 상업적, 제도권 문화와는 거리를 둔 문화를 만들어내기 시작했다. 식품위생법 위반 문제로 클럽 공연 자체가 경찰 단속에 곧잘 시달리곤 했지만, 홍대의 인디밴드들이 자아내던 자유로움과 열기는 "작은 클럽에서 청춘의 밤을 태웠지, 우린 마치 시한폭탄 같았어!" "다시 살아서 다 죽자!"라는 가사(크라잉넛-노브레인 20주년 기념곡 〈96〉 중에서)가 보여주듯 뜨겁고 강렬했다.

　이들 인디밴드와 클럽 공연장은 1990년대 후반의 청년 문화를 대표하는 아이콘으로 부각되었고 홍대는 이 아이콘의 고향이자 산지로서 각인됐다. 이와 같은 현상을 독재정권기가 끝나고 문민정부를 표방하는 정권이 출현하며 청년들의 관심사가 정치에서 문화로 옮겨갔기 때문이라 분석하는 시선도 있는데, 1990년대가 87체제를 만든 주역들이 현실 정치에 진입해 들어간 후 학생운동이 쇠퇴해가던 시기임을 보자면 의미 있는 시각이라 볼 수 있겠다.

주목할 만한 건 인디밴드들이 만든 클럽 문화가 단지 세상을 향한 반항과 저항, 일탈로만 해석될 양상이 아니라는 점이다. 이들의 의미는 '존재하기에 의미가 있다는' 문화의 다양성을 보여주었다는 점에서 찾을 수 있다. 상업적이지 않다는 말, 그리고 인디라는 말은 많지 않은 소수를 대상으로 함에도 세상 바깥으로 드러낼 수 있음에 힘을 얻을 수 있는 외침 그 자체를 존중하는 차원에서 해석되기에 가치를 인정받을 수 있다. 이 시기 정립된 '홍대 앞 문화'의 정체성은 바로 이 점에 방점을 찍는다고 해도 과언이 아니다. 단지 '괴짜 예술가들이 모여 있는 곳'이나 '시끄러운 밴드 음악이 주도하는 일탈의 장소'가 아니라 다양한 연령대와 다양한 계층의 사람들이 남에게 피해를 주지 않는 선에서라면 눈치 볼 것 없이 어떤 복장을 하고 무엇을 즐겨도 딱히 이상할 것 없다는

《Our Nation》

자유로운 분위기가 형성된 것이다. 미대 출신만이 아니라 대중예술에 종사하는 이들, 시각디자인, 영화나 패션 등 대중적인 감각에 예민한 이들이 즐겨 찾고 과감하고도 독특한 옷차림을 한 젊은이들이 아무렇지도 않게 활보해도 별다른 눈길을 받지 않을 만큼 홍대 거리의 일상은 '감각적'이 된 셈이다. 펑크룩이나 롤리타룩도 다른 곳에서라면 모를까 홍대 앞에서는 그다지 별스러운 게 아니었다.

이러한 문화적 저변은 역세권 상업지구라는 특성에서도 고스란히 빛을 발해서, 천편일률적인 체인점보다는 나름의 독특한 색채를 지닌 가게들이 들어서고 사랑받았다. 신축 건물도 인테리어도 '럭셔리함'보다 '감각적인'이란 수식이 어울릴 법한 형태를 경쟁적으로 갖추고 있었다. 홍대 앞은 이렇듯 홍대 출신의 미술가들이 조성한 예술가다운 분위기 위에 지하철 개통 이후 신촌 쪽에서 넘어온 상업화가 섞이면서도 그 공간 나름의 자유분방하고 다양성을 존중하는 관용적 분위기를 만드는 데 성공함으로써 '인디밴드 음악을 좋아하든 아니든' 서울 안에서 굉장히 독특한 공간으로 자리매김하는 데 성공한다.

## 일본풍, 그리고 오덕 문화와의 만남

지금의 홍대 앞 거리 분위기에서 빼놓을 수 없는 게 일본 문화다. 일본 문화가 실시간으로 성행하는 정도로만 보자면야 일본인 관광객을 대상으로 하는 상점이 즐비한 명동을 따라가기 어려울 수 있지만 일본인의 쇼핑 창구가 아니라 우리나라 사람이 일본 문화를 아무렇지 않게 접할 수 있는 곳으로는 홍대 앞을 빼놓기 어렵다.

이 흐름은 대략 1990년대 후반에서 2000년대 초반 전후를 기준으로 삼아야 할 듯한데, 이 흐름을 견인한 것은 음식과 만화였다. 피카소 거리 근처라 할 수 있는 극동방송 쪽 골목에 자리한 '하카다분코'가 일본 규슈 쪽 하카타풍 돈코츠 라멘(돼지 사골 육수에 면을 말아서 내놓는 라멘. 걸죽하고 진한 국물이 특징)을 국내에 처음으로 돈코츠 라멘을 들여오며 일본 라멘 유행을 이끌었다. 하카다분코가 여차하면 한 시간 넘게 줄 서서 기다려야 먹을 수 있을까 말까 할 만큼 인기를 끌자 홍대에는 굉장히 다양한 일본 음식 매장이 들어선다. 품목 또한 다양해져서, 일본 각지의 스타일이 녹아든 갖가지 라멘을 내놓는 가게가 늘어났고 덮밥인 돈부리, 일본식 카레 전문점도 속속 들어섰다. 이들 매장에 들어서면 "이랏샤이마세~!(어서옵쇼!)"를 찐득하니 우렁차게 외치는 종업원들을 만날 수 있다. 이들 가게들은 곳곳에 피규어나 가챠폰, 만화책들이 놓여 있고 배경음악으로 일본 가요를 틀어놓곤 하는데, 이게 또 왕년의 오덕들을 자극하는 요소일 수밖에 없었다.

또한 주목해야 할 곳이 바로 홍

홍대 하면 이젠 일본 음식이 떠오를 정도. 멘야산디이메 돈코츠 라멘.

홍대 일대

대 앞 만화 전문 서점 한양TOONK(한양문고)다. 이곳은 1997년부터 있었지만 부도를 겪은 이후 증권사 출신으로 원 주인과 채무 관계로 엮여 있던 김기성 대표가 부인과 함께 직접 서점 운영에 뛰어들어 현재에 이르고 있다. 부인이 맡은 지 3개월 만에 회사를 그만두고 공동 운영을 시작해 햇수로 16년, 생긴 시기부터 치면 19년째 홍대입구역 근처에 자리하고 있다. 채무로 떠안은 비용은 모두 날리고 출판 시스템이나 유통에 관해 아무것도 모르고 뛰어들었다 수업료로 집 한 채를 또 날렸다지만(《만화가 없는 만화인 이야기 #04. 김기성 한양문고 대표》, 《에이코믹스》, 2014년 7월 28일자) 세월을 버티며 굳건히 서 있던 한양TOONK의 존재로 말미암아 홍대 앞이 만화 문화를 접하는 중요한 통로일 수 있었다 해도 과언이 아니다.

한양TOONK가 생긴 뒤 7년 뒤인 2004년엔 한양TOONK 앞 골목에 북새통문고라는 책방이 한층 더 큰 규모로 들어섰다. 북새통문고까지 가세하면서 홍대는 인디밴드만이 아니라 만화인의 공간으로서의 정체성도 확고히 하게 됐다. 한데 이 시기는 한국 만화계가 1997년 청소년보호법과 이후 도서대여점 창궐로 말미암아 매체가 모조리 쓰러지고 출판사들이 늘어난 도서 대여점 수요를 맞추기 위한 일본 만화 수입, 종수 경쟁으로 빠져들던 때다. 만화 독자 상당수는 한국 만화보다 일본 만화를 더 많이 접하게 된 시기이기도 하다.

재밌는 점은, 한국의 오덕 문화에서 1997~1998년은 가히 '세컨드 임팩트'의 해였다는 점이다. 앞서 두 번째 꼭지에서 이미 언급한

당시엔 일본 애니메이션 OST 상당수가 대만 손메이사社의 복제 CD로 국내에 알음알음 유통됐다. 사진은 국내에 〈환상게임〉이란 제목으로 소개된 〈신비한 유희ふしぎ遊戲〉의 OST. 하단의 SM이 손메이사의 마크다.

바지만, 〈마법소녀 리나〉(원제 〈슬레이어즈〉)를 비롯해 SBS가 만화왕국을 표방하며 줄기차게 틀어댄 애니메이션의 세례는 PC통신의 황혼기 무렵 유행한 소모임 문화와 맞물려 어린 팬픽션(팬소설) 작가 인구를 대거 만들어냈고, 일본에서도 시대의 흐름을 바꿔냈던 〈신세기 에반게리온〉이 이 시기 국내에 불법복제 비디오로 대거 퍼지기도 했다. 때를 맞춰 김대중 정부가 들어서며 일본문화 개방이 점진적으로 진행됐고, 막 가정 보급을 시작한 초고속 인터넷 통신망을 통해 자료 수집이 용이해지면서 새로운 일본 만화, 애니메이션 마니아층이 형성되기 시작한다.

또한 K-POP이 지금 정도의 위상이 없던 시기에 일본 음악은 합법 여부를 차치하고, 아니 물론 불법은 옳지 않지만 시쳇말로 상당히 쿨하고 선진적인 취향처럼 받아들여지는 경향이 있었다. 대중음악과의 협업이 많이 진행된 바 있는 애니메이션 OST도 같은 맥락에서 음지에서 적잖게 퍼져가고 있었다. 일본 문화가 완전히 합법적으로 개방되기 전의 분위기 속에서 만화나 애니메이션을 비롯해 일본 문화를 즐기던 이들은 스스로 상영회를 주최하거나 팬픽션을 쓰고 만화 동인지를 만들어 파는 식으로 자신들의 취미를 굳건하게 유지해가고 있었다. 1990년대 후반의 한국 아마추어 만화 문화가 일본 쪽 아마추어 만화 문화와 싱크로를 이루며 세를 확장해 갔던 것도 이와 연결고리를 지니고 있다. 이런 이들에게 홍대 앞은 '일빠'(일본 추종자)니 하는 표현으로 멸시당하기 일쑤였던 스스로의 상처(?)를 보듬으며 마음 편하게 자기가 좋아하던 문화를 향유할 수 있는 공간이었다.

미술 서적을 팔던 서점에서는 일본 애니메이션 아트북이나 설정집들이 들어섰다. 일본 음악, 일본 만화, 일본 애니메이션, 일본 음식은 홍대에서 그렇게 흠이 될 일도 아닌 게 돼 있었다. '일빠'가 욕으로 횡행하던 시기에도 홍대는 일종의 해방구 같은 역할을 했던 셈이다. 홍대가 지니고 있던 문화적 자산이 오덕 문화까지를 포괄한 결과물이겠지만, 그 결과 일본의 트렌드를 내국인들을 통해 가장 그럴싸하게 소화하는 풍경을 볼 수 있는 공간이 되기도 했다. 일본식 펑크 패션 매장 등이 들어서기도 하고, 1998년 아마추어 만화 행사로 등장해 이후 전국아마추어만화동아리연합 ACA를 무너뜨리고 독주체제를 형성했던 S.E.Techno의 코믹월드도 바로 이 홍대에 사무실을 두고 있었다.

음악을 하던 이들이 기타와 키보드를 들고 클럽을 오갈 때, 오덕들은 활동의 전초기지로서 홍대의 공간을 누비며 원고를 만들고 모임을 열고 책을 구입하며 그 나름의 창조적 에너지를 발산하고 있었던 셈이다. 일본의 노래방 기기를 직접 들여놓아 일본 노래를 직접 부를 수 있게 한 곳은 신촌 쪽이 우선이었지만, 국내 노래방 업체들이 일본 노래들을 대거 서비스하면서부터는 홍대의 대형 노래방들이 오덕들의 애니메이션 '떼창' 장소로 곧잘 쓰이곤 했다. 제한시간 1분을 남겨놓고 여타 다른 곡보다 훨씬 긴 재생시간을 자랑하는 〈애니메탈 메들리〉를 트는 만행을 저질렀던 기억이 생생하다.

오덕 문화도 성별에 따라 다소 스타일이 다른데, 소위 '동인녀'라 불리던 여성 오덕들은 만화와 애니메이션 덕질을 넘어 구체관절인형(구관)으로 취미의 폭을 넓히는 경우도 있었고, 〈홍차왕자〉의 유행을 타고 신촌 등지에 막 생겼던 홍차 전문점을 통해 홍차 문화를 즐기기도 했다고 한다. 이들은 여의도(혹은 SETEC이 있던 대치동 학여울)-신촌-홍대라는 여정을 거치며 취미 문화를 영위했던 셈인데, 이러한 수요는 결국 홍대 쪽에 구체관절인형 전문점이나 카페가 들어서는 데 역할을 하게 된다. 한층 더 코어하게 들어가는 취미까지도 수용이 가능한 공간으로서 '홍대 앞'이 기능했던 셈이다. 앞서 언급했던 한 잔의 불부랄이나 싱파올로와 같은 카페 공간 또한 이러한 이들이 맘 편히 시간을 보낼 수 있는 분위기를 만들어줌으로써 오덕의 성지로 자리매김했다.

## 젠트리피케이션, 홍대 앞은 더 이상 성지가 아니다

어떤 종류의 개성도 포용하고 상업적인 분위기까지 자기 색깔로 채색해 마치 창의적 감각의 용광로와도 같은 역할을 했던 홍대 앞이었지만, 2009년을 기점으로 상당히 변해가고 있다. 뭔가 개성을 담아내지 않으면 장사가 안 된다는 양 경쟁하듯 독특하고 창의적인 면면을 넣으려 들던 가게들은 어느새 대형 체인점들로 바뀌어 가고, 자잘하고 아기자기한 가게들도 몽땅 술집과 고깃집이 돼 있다. 홍대 문화의 대문격인 홍대 사거리에 서면 여기가 이제 명동인가 홍대인가 싶은 쇼핑몰이 들어서고 있다. 우리가 알던 홍대 분위기는 더 골목으로, 더 바깥으로 밀려나 상수로 합정으로 연남동으로 밀려나고 있는데 그나마도 그쪽까지 임대료가 덩달아 상승하는 통에 아예 예술가들이 홍대를 완전히 떠나는 모습도 보인다. 기회를 틈타 창동이 이러한 예술가를 수용하기 위한 공간을 연다는 소식이 들려오는 마당이니, 이것이 대중화를 겪은 당연한 결과물이라고 해야 할까 색깔을 잃었다고 해야 할까 알 수 없어서 문득 슬퍼지고 만다.

임대료 문제는 이곳에 자리한 어떤 가게도 피해갈 수 없는 문제다. 한 잔의 룰루랄라도 한양TOONK도 북새통 문고도 여타 미술

서적상도 독립 서점도 그리고 다양한 일본 음식점도 언제 상파울로처럼 휭하니 사라질 수 있는 문제인 것이다. 한양TOONK는 이미 몇 년 전 창고로 쓰던 공간을 줄였다. 한 잔의 룰루랄라는 이미 만화 공간으로서라기보다도 공연 문화를 선도하는 곳으로 알려지기 시작한 지 오래됐다. 그리고 무엇보다 홍대를 근거지로 삼는 만화가가 많이 남아 있지 않은 상황이기도 하다. 두리반에서 삼통치킨에 이르는 철거 용역 동원 사태를 보고 있자면 공항철도 개통과 폐선부지 활용을 비롯한 '개발'에 문화적인 배려가 있긴 한가를 의심하지 않을 수 없게 한다. 물론 두리반과 삼통치킨은 만화 문화와는 상관이 없다. 하지만 이들이 쫓겨날 뻔했던 과정은 결국 만화 문화와 밀접히 접해 있는 공간에 그대로 적용될 수도 있다. 결국 공간의 문제는 그 자리에 섰던 모든 이의 문제가 된다.

내 어머니가 운영하는 충청도의 어느 가게는 몇 년 전 월세로 1000만 원을 내라는 건물주의 요구를 받고 자리를 옮길 수밖에 없었다. 그 공간은 옮긴 지 4년이 다 되도록 비어 있다가 근래 들어 가까스로 반쪽을 쪼개 약국이 들어섰다. 반은 여태 빈자리로 남아 있다. 우리 가게와 함께 열려 있던 가게들은 그 겨울에 몽땅 다 떨려 나갔다. 빈자리엔 땡처리 매장이 들어섰다가 나갔다.

한번 땡처리가 들어선 자리엔 땡처리밖에 안 들어간다는 속설이 있을 정도로 매장 입지가 주는 인상이 중요한데, 기껏 분위기를 잘 다잡아 장사를 잘 하고 있는 곳에 기회는 이때랍시고 월세를 미친 듯이 올려놓으면 그 자리에 남는 건 결국 빈자리뿐이다. 그리고 그

홍대 거리

렇게 망가진 자리의 분위기를 복원하기란 난망하다. 일개 지방 소도시의 가게도 이럴진대, 홍대 앞은 지금 공간 대부분이 개성을 잃고 제2의 명동 같은 분위기가 되어 가고 있다.

  무엇이 있어도 그 자체로 존재감을 인정받을 수 있던 분위기가 있기에 '홍대 앞'은 '홍대 앞'일 수 있었다. 그 분위기를 만드는 건 그 공간을 통해 일말의 자유로움을 만끽하던 이들, 그리고 그 자유의 맛을 아는 이들이었다. 그런 이들이 하나둘 밀려 떠나가고 있다. 게다가 주변부에서조차도 밀려나기 시작해 하나둘 뿔뿔이 흩어지고 있다. 사람이 떠나 그저 그런 곳이 되면 그 장소는 폐허가 된다. 폐허로 남은 공간이 과연 누구에게 이득을 줄까?

## 장소 옆 이야기

### 손희준 작가의 홍대 추억

《유레카》(글),《꿈 속의 주인님》등을 낸 만화가 손희준 작가는 한때 홍대 근처에 산 적이 있다. 이분의 말들이 내가 첫 자취를 홍대 쪽으로 잡게 하는 데 일조했을 정도.

  손희준 작가는 페이스북 덧글을 통해 홍대에 관해 다음과 같이 술회한 바 있다. 만화인으로서 여러 감정이 담긴 글월이어서 인용한다. 참고로 인용한 내용 가운데 한양TOONK 근처의 원서 매장은 '영진서적'으로 오랜 시간 홍대 앞에서 디자인, 애니메이션 화보 등을 취급해온 곳이다. 안타깝게도 2017년 6월 24일 폐업했다.


  만화가들뿐만 아니라 예술인에게 친숙했던 홍대부근이라면 만화서점을 빼놓을 수 없죠. 툰크와 북새통 두 매장의 선호도에 따라 우연히 마주칠 수 있는 작가군들이 조금씩 달랐고. 자신의 작품의 발매가 언제쯤인지 확인도 가능하고 얼마나 들여놓았는지 현장 조사 겸해서 가곤 했습니다. 자기 작품을 들고 계산대 앞에 서 있는 독자를 보면 사인해주고 싶은 충동도 생기고… 근거리에 있는 원서 매장(어딘지 가물)도 필수 코스 중 하나였습니다.

  코믹이나 시카프 같은 행사가 있는 날이면 몰려드는 인파가 평소 몇 배였기에 만화 시장의 활발함을 피부로 직접 느낄 수 있는 더할 나위 없는 공간이었습니다. 역시나 맛집 탐방보다 근거리에서 끼니를 때우는 작가 습성상 그 근처 식당에서 메뉴를 골랐죠. 한 잔의 룰루랄라도 빼놓을 수 없는 그 문화의 한 부분이었던 것 같습니다. 밤 문화는 또 얘기가 달라지겠네요.

— 손희준(2017. 9. 30)

## 새로운 덕질 공간, '홍대 던전'

신촌의 리브로 코믹이 만화 불황기에 만화 독자들에게 선택권을 돌려주겠다는 취지를 밝히며 등장한 적이 있다. 오래는 못 갔지만, 홍대 옆에 새로운 덕질 공간이 생겼다는 생각에 등장 자체가 반가웠던 기억이 있다.

마치 그때의 반가움을 다시 느끼게 하는 풍경이 2017년 벌어졌다. 인터넷 서점 YES24가 홍대에 중고책 서점을 열며 그 위에 '홍대 던전'이라는 이름의 오덕 문화 공간을 연 것이다. 구색 자체는 만화와 라이트노벨, 피규어 등 오덕 문화에 익숙한 이들 입장에서 그리 새로울 것은 없지만 임대료가 엄청나게 오른 홍대 앞 공간에 이만큼 큰 공간을 냈다는 건 홍대 앞 공간이 지니고 있는 나름의 상징성을 기업 차원에서 인정했다는 것으로 읽힌다. 예전에 알던 그 분위기는 이미 많이 사라졌다 생각하고 서점도 찻집도 없어지는 이

때, 대형 업체의 손이라고는 하나 나름대로 공간의 맥락을 잇는 곳이 나온 점은 긍정적이다.

주소는 서울시 마포구 서교동 356-1이며 매장은 11시부터 22시까지 영업한다. 누리집은 http://www.yesdungeon.com/ 이다.

# 답사 코스

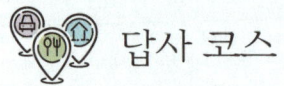

북새통문고

한양TOONK

홍대 거리

홍대 던전

한 잔의 룰루랄라

옛 상파울로

2009년 이후의 홍대를 한마디로 설명하면 '며칠만 안 와도 딴 세상'이다. 며칠은 과장이라 해도 달 단위로 망해서 나가고 새로 들어오는 가게가 많고, 명동과 다르지 않은 가게가 대거 들어와 홍대만의 분위기가 사라진 상황이다. 예전 같은 분위기는 근처의 상수동과 연남동, 합정동 쪽으로 밀려나고 있다고들 하지만 실제로는 그쪽도 임대료 상승과 건물주들의 횡포로 애정을 줄 만했던 가게들이 밀려나는 경우가 많다.

이러한 흐름 속에서 아직 남아 있는 만화와의 연결고리들은 소중한 보물이다. 특히 한양TOONK와 북새통문고는 오래오래 더 영업을 해주길 바랄 따름이다.

### 한양TOONK, 북새통문고
홍대입구역 8번 출구 – 북새통문고 50미터, 한양TOONK 80미터

서울 지하철 2호선 홍대입구역 8번 출구에서 나와 오른쪽 골목으로 들어서 조금만 더 직진하면 북새통문고로 들어가는 입구가 보인다. 그리고 북새통문고에서 맞은편 방향 골목으로 들어서면 한양TOONK가 보인다.

두 곳 모두 소비자가보다 약간 할인된 가격으로 만화를 구입할 수 있지만, 앞서 언급한 바와 같이 도서의 배치나 정렬 기준, 분위기 등이 서로 달라 찾는 이들도 나뉘는 편이다. 한양TOONK가 규

모 면에서 비교적 가족적이고 좀 더 '덕도'가 높은 이들이 찾는다면 북새통문고의 경우 규모가 크고 책 배치 기준도 어렵지 않게 돼 있어 좀 더 넓은 층에게 사랑받고 있다. 두 곳 모두 만화와 라이트노벨, 화보, 작법서 등을 고루 배치하고 있고 한양TOONK는 지하에 해외 원서 매장도 있어 좀 더 다양한 쇼핑이 가능하다. 두 곳 모두 인터넷 쇼핑몰도 운영하고 있으므로 직접 가지 않아도 만화를 구입할 수 있다.

내 경우는 모임이 있을 때 한양TOONK를 약속 장소로 정해 도착과 함께 책을 후딱 구입해 계산하고 다음 장소로 이동하는 편이다. 이곳들을 이용하다 은연중에 업계 지인이나 만화가들을 만나게 되는 경우도 많다. 주소는 한양TOONK가 서울 마포구 동교동 166-10, 북새통문고가 서울 마포구 동교동 165-3이다.

## 한 잔의 룰루랄라

홍대입구역 8번 출구 – 한양TOONK 지나 90미터 직진

상파울로가 사라진 이래 만화인들이 마음을 둘 만한 카페로 남은 거의 유일한 공간이 한 잔의 룰루랄라다. 오래되어 이제 구할 수 없을 만화책도 많고, 메뉴판과 벽 곳곳에 만화가들이 남긴 흔적도 많은데다 초기엔 만화 작업을 위해 들르는 이들을 위해 라이트박스 등도 구비해놓고 있었다. 하지만 지금은 만화인들의 공간으로만이

한 잔의 룰루랄라 간판

아니라 '홍대 문화'의 터줏대감이자 진보적 방향성을 지닌 이들의 사랑방으로 자리매김하고 있기도 하다.

또한 국내에서 쉬 먹지 못했던 수입 맥주들을 일찍이 소개한 공간이기도 하며, 월요일마다 개성 강한 밴드들의 공연장으로 변신하고 있기도 하다. 초기에 시도했다 멈췄던 식사 메뉴가 2017년 들어 부활하면서 든든하게 배를 채울 수 있는 공간이 되기도 했다. 주 메뉴는 카레로, 굉장히 독특한 향취를 느낄 수 있는 카레밥을 먹을 수 있다.

앞서 두 서점에서 책을 사서 한 잔의 룰루랄라에 와 쌓아놓고 읽는 것도 추천하는 코스. 물론 음료를 시켜놓고 비치돼 있는 책을 집어다 읽어보는 것도 좋다. 다만 나처럼 눈이 일찌감치 망가진 이들의 경우 안경 없이는 책을 읽기 힘들 정도로 조명이 어두운 편이라는 점은 감안할 것. 주소는 서울 마포구 동교동 166-5. 없어지면 정말 괴로울 명소다. 강도하 작가의 만화《발광하는 현대사》에서 중요한 배경으로 등장한 바 있다.

## 홍대 던전

홍대입구역 9번 출구 – 홍대입구역 교차로에서 왼쪽으로 꺾어 50미터, 총 200미터

구체관절인형 카페 등 관련 문화를 다루던 장소가 사라져가는 가운데 느닷없다 싶은 타이밍에 새로 등장한 덕질 공간. 오프라인 공간에 '던전'이라는 이름을 드러놓고 붙인 패기도 재밌지만 YES24라는 온라인 서점이 홍대라는 공간에 오타쿠 문화에 해당하는 종합 매장을 구축한 것도 상당히 신선하다. '던전'이란 낱말이 쓰인 작품은 여럿 있지만 이 공간에 영향을 준 걸로 보이는 작품은 아무래도 라이트노벨《던전에서 만남을 추구하면 안 되는 걸까》일 것이다.

마스코트, 코스튬플레이어, 수입 음료, 전시 공간, 피규어 등 일본발 오타쿠 문화에 익숙한 이들의 눈길을 끌 만한 구색을 정확하게 찔러 들어오고 있으며 이들의 발길을 일반 서적이 구비된 중고서점으로 연결하는 동선 배치도 훌륭한 편이다. 기왕 들어온 이상 오래가면 좋을 것 같다.

주소는 서울 마포구 서교동 356-1. 이 건물 지하에는 웹툰 플랫폼 레진코믹스가 인수했다가 만화적으로 활용하지 못한 채 여행사인 하나투어로 넘겨 실망을 안긴 공연장 V홀이 있다.

홍대 딘진 토ㅗ

나의 만화유산 답사기 06

### 복숭아 마을, 만화 도시를 자처하다
# 부천

우리나라에는 '만화 도시'를 자처하는 도시가 있다. 국내 유일 만화 전문 진흥기관인 한국만화영상진흥원을 중심으로 매년 국제 만화 대회를 열고 만화 창작자와 만화 관련 기업들의 관내 입주를 유도하고 있는 도시. 꾸준히 만화 정보와 물품을 수집하고 만화 전시를 진행하는 도시. 그리고 서울시 도봉구와 '둘리'의 출신지를 놓고 다투는 도시. 바로 경기도 부천시다.

부천이 만화와 인연을 맺은 건 1998년, 부천이 시 차원에서 '부천만화정보센터'라는 기관을 세우고 만화 도서관을 운영하면서부터다. 이후 20년 가까운 시간이 흐르며 부천은 다른 지방자치단체가 쉬 따라 하기 어려울 인적 인프라를 갖춘 곳이 되었다.

나는 2003년부터 부천만화정보센터 실무협의위원이라는 이름으로 자문역과 웹진 필진으로 참여하기도 하고 이곳이 내던 만화산업 통계연감에 참여하거나 축제 전시 기획에 참여하는 등 크고 작은 인연을 이어오고 있다. 그 이전까지는 기억도 잘 안 나는 아기 시절 잠시 살았던 동네라고 전해 들은 곳이었는데, 업계에 들어온 이후 이 같은 접점이 생길 줄 몰랐던 터라 꽤 재밌어 하곤 했다. 어머니 말씀으로는 어 하는 사이에 도깨비마냥 사라져서는 온 시내를 휘젓다가 내킬 때 돌아왔다고 하니 부천은 내 반쪽자리 역마살을 키워 준 공간인지도 모를 일이다.

 다 자라 일로 찾은 부천은, 어쩌면 당연한 일이지만 내가 아기 때 눈에 담았을 때와는 완전히 다른 곳이 돼 있었다. 어머니 말씀에 따르면 1980년 당시의 부천은 시골 동네의 정취가 남은 상태에서 허름한 연립주택을 비롯해 각양각색의 주택이 들어서 있었다. 부천의 명물이자 상징 같은 복숭아나무도 소사 한쪽에 약간 남아 있었다고 한다. 지금의 부천은 중동 쪽 신도시 개발로 아파트가 빽빽하게 들어차 있고 농지는 구경할 수 없는 곳이 돼 있는데다 한쪽에는

고급 고층 아파트가 빽빽하게 들어선 부천 시기지. 옛날과는 완전히 다른 모습이다.

그 사이에 들어선 공장지대의 흔적이 남아 있는 상황이다. 그런데 이런 도시가 어느 사이엔가 느닷없이 문화를 이야기하기 시작하더니, 중요 아이템 가운데 하나로 만화를 꺼내든 것이다.

　일이 있어 부천을 오갈 때면 늘 궁금했다. 대체 여긴 어떤 곳이었고, 어떻게 만화를 접목한 걸까. 이번엔 바로 이 이야기를 다뤄보고자 한다.

## 복숭아가 유명하던 마을

부천 일대가 역사에서 지명을 달고 등장한 건 1914년, 일제강점기가 시작된 지 4년이 지난 해였다. 원래 이곳은 현재 인천의 한 구가 돼 있는 부평군의 일부로 속했던 곳으로 1914년 부평과 인천에서 한 글자씩 떼어 붙인 '부천군'이 됐다. 사람이 모여 사는 도시로서의 구색이 드러나기 시작한 건 이보다 조금 앞선 1899년 경인선 철도 개통 때부터로, 서울과 인천을 잇는 중간 지점이라는 특색 덕분에 사람이 조금씩 늘기 시작한 것이다. 1931년 부천군의 계남면이 소사면으로 이름이 바뀌었고, 1941년엔 소사읍으로 승격됐다.

　부천을 부르는 또 다른 이름은 바로 '복사골'이다. 복숭아 꽃 피는 마을이라는 뜻으로 부천이 한때 복숭아로 유명했음을 드러내는 표현이다. 일설에 따르면 부천 복숭아는 1903년 경인선 인천역장을 지낸 타케하라라는 일본인이 퇴직 후 현재 심곡본동 자리에 복숭아나무를 시험 삼아 심은 게 시초라고 한다. 한일병탄(1910)을 전후해 한국 땅에 이주해온 일본인들이 식량 생산 증대의 일환으로 이 땅에 복숭아 묘목을 대량으로 심었다. 땅 대부분이 평지고 산이라고 해봐야 200미터를 가까스로 넘을 만큼 낮은 지대라 복숭아 재배에 알맞았기 때문이다.

과수원이 조성된 시기는 1908년부터라고 하는데, 이렇게 심은 복숭아는 1925년경부터 명성을 얻기 시작했다. 소사의 복숭아는 대구의 사과, 구포의 배와 더불어 전국 3대 과일로 통칭되기도 했고, 경기도 안에서는 수원의 딸기, 안양의 포도와 함께 경기도 3대 과일(경기3미)로 꼽혔다고도 한다. 이 가운데 소사 복숭아는 '수밀도'를 비롯해 다양한 품종이 일본과 만주까지 팔려나갔다고 한다. 이 시기는 일본이 제국주의의 광기를 한층 더 드러내던 시기로, 청일전쟁(1894)과 러일전쟁(1904)을 거쳐 제1차 세계대전에 참전하고(1919) 만주사변(1933)과 중일전쟁·난징대학살(1937) 등을 일으키며 대륙 침략의 야욕을 불태우던 때였다.

다시 말해 지금의 부천 일대는 일본이 만든 일종의 전투식량 생산기지였던 셈으로, 만주사변을 기점으로 식료품 생산기지로서 그 활용성이 더 강해졌다. 주로 소사와 성주산 일대에 조성된 과수원은 1970년대까지 32만 평에 이르는 규모로 생산량은 일제강점기 당시 연평균 30만 관 규모였다. 1관이 3.75킬로그램이니 지금으로 치면 1125톤가량이었던 셈이다. 이만한 수확량을 채우기 위해 주변 인구들이 이 지역으로 이주해오기도 했다고 한다. 광복 이후에

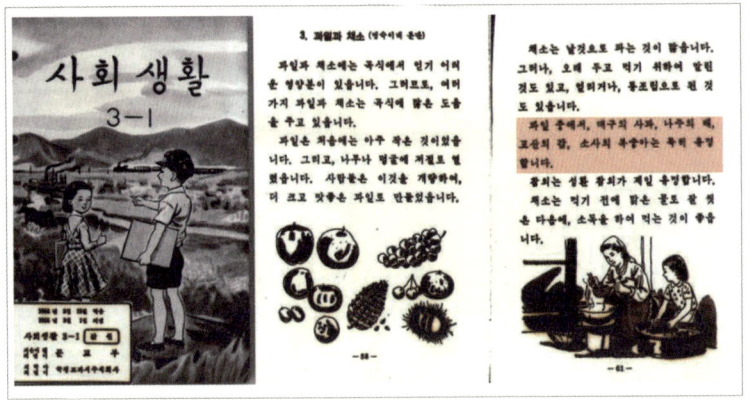

옛 《사회 생활》 교과서에서도 인증하는 소사 복숭아의 맛

도 소사 복숭아의 명성은 이어져 1953년부터 10년간 국민학교(지금의 초등학교) 《사회 생활》 교과서에 대구의 사과, 나주의 배, 고산의 감과 더불어 '특히 유명한 과일' 중 하나로 소개될 정도였다. 수탈 목적으로 재배되어 역시 수탈을 위해 건설된 경인선 철도를 타고 나라 밖으로 내보내졌던 복숭아가 그 지역의 상징이자 대표 특산물이 된 셈이다. 경인선을 타고 다니는 승객들은 복숭아꽃 피는 4월에는 열차 밖으로 꽃구경을 하느라 정신이 없었다고 한다.

꽃이 만개하는 4월 하순 성주산 주변은 그야말로 무릉도원을 방불케 했다. 이곳을 지나가는 경인선 승객들은 창밖의 장관을 내려다보느라 넋을 잃었다는 게 토박이 주민들의 추억이다.

— 〈도전인해桃田人海, 8대 도시로 급성장〉,
《경향신문》, 1987년 6월 2일자

## 부천의 도시화

이렇게 유명하던 소사 복숭아는 1970년대에 들어서며 역사의 뒤안길로 사라지기 시작했다. 산업화와 도시화가 급속하게 진행되면서 복숭아밭 대부분이 택지와 공장 터로 바뀐 탓이다.

부천이 주택촌과 공장지대로 바뀐 데에는 1968년 경인고속도로 개통과 1974년 수도권 전철 1호선 개통이 큰 역할을 했다. 1968년 12월 21일 완공된 경인고속도로는 우리나라 최초의 고속도로로 서울과 인천 사이를 잇는 29.5킬로미터 길이로 건설됐으며 서울-인천 간 이동 시간을 3분의 1인 20분가량으로 단축해 사람과 물류의

경인고속도로

자료: 대한민국역사박물관 현대사 아카이브

이동을 증폭시켰다.

또 1974년 8월 15일 수도권 전철 1호선이 개통되며 한 시간에 한 대 다니던 경인선 일반 열차가 운행을 중지하고 10여 분에 한 대씩 전철이 다니기 시작했다. 이로써 부천은 경인선이 관통하는 곳으로서 대규모 인구 유입이 가능해졌다. 게다가 서울에 인구가 집중되는 현상을 막기 위해 위성도시를 세우려는 행정구역 재편의 결과 서울 시내 대부분의 지역에 1시간 안쪽으로 닿을 수 있는 일종의 베드타운으로서 부각되기도 했다. 이러한 요인들로 말미암아 한적한 편이었던 복숭아 마을이 사람과 공장이 몰린 도시로 탈바꿈하는 데에는 오랜 시간이 걸리지 않았다.

행정구역 면으로 보자면 1963년 소사읍의 일부가 서울특별시에 편입된 데 이어 1973년 부천군이 폐지되고 소사읍이 부천시로 승격됐다. 부천군의 폐지는 영종도, 북도, 용유도, 덕적도, 대부도, 경흥도 등 여섯 개 섬이 옹진군으로 병합되고 오정면과 계양면은 김포군, 소래면은 시흥군에 편입, 동래군은 시흥군으로 편입되면서 진행됐다. 당시 개편 이유를 설명한 언론 보도에 따르면 부천은 안양과 성남과 더불어 서울 외곽에 연대적 위성도시로서 설치된 곳이다.

서울 주변의 성남 단지를 성남시로, 안양읍을 안양시로, 소사읍을 부천시로 각각 승격시켜 서울 외곽에 연대적 위성도시를 육성, 수도권의 인구 집중을 억제하고 무질서한 수도 주변의 확산을 막는 한편 인천 수원 의정부 등 기성 위성도시와 함께 수도권의 인구 분산과 산업 및 기타 시설의 이전을 꾀한다.

— 〈성남, 안양, 부천 3시市 신설〉, 《동아일보》, 1973년 3월 1일자

재밌는 사실은 이 행정구역 발표를 진행한 곳이 유신정권하의 비상국무회의였다는 점이다. 1972년 10월 17일 유신헌법을 선포하고 국회를 해산한 박정희 정권은 국회의 역할을 대행하는 기관으로 비상국무회의를 설치했는데, 이 탓인지 언론은 행정구역 재편을 평가하면서 국회를 깎아내리고 명령 하달 방식과 산업화 기조를 정당화하는 내용을 적고 있다.

행정구역 개편에 필요한 법적 절차는 지난 2월 26일의 비상국무회의를 거쳤다고 말하고 이번 개편이 농업경제를 기반으로 산과 하천 등 자연조건을 기준으로 행정구역을 획정했던 1914년 이래 가장 큰 규모라 밝혔다.

[…]

고속도로, 댐 건설, 간척사업, 공업단지 조성 등의 지역사회 개발과 경제 구조 및 사회 여건의 변동에 따른 도시 인구의 팽창과 집중 등은 주민의 생활권에 큰 변화를 가져왔으며 변화에 따른 행정권의 조정개편은 불가피했던 것이다. 행정구역의 개편은 그동안 부분적으로 약간은 단행되어 왔으나 선거구가 행정구역을 기준으로 확정되는데다 행정구역 개편이 국회의 의결을 거쳐야 하는 입법 대상이 됨에 따라 정치적인 고려가 행정구역 개편에 크게 작용, 이번과 같

은 대규모의 개편은 어려운 실정이었다. 그러나 지난 2월 23일 비상국무회의는 지방자치에 관한 임시 조치법을 개정, 시군의 경계 조정과 면의 읍 승격에 한해 법률이 아닌 대통령령으로 정할 수 있게 함으로써 행정구역 개편이 용이하게 되었다.

－〈생활권, 산업구조에 기반－일대 개편된 행정구역〉,
《동아일보》, 1973년 3월 2일자

당시 행정구역 개편이 부천시만을 대상으로 한 건 아니었으나, 이 조치로 말미암아 부천은 사실상 완전히 새로운 도시가 됐다. 《경향신문》 1987년 6월 2일자 보도에 따르면 부천에서 서울로 출퇴근하는 사람들은 1987년에 이미 32만 명가량이 됐으며 인구는 약 50만 명으로, 시로 승격한 1973년의 6만 5000명에 비하면 어마어마한 증가세를 보였다. 부천의 인구는 이후로도 가파르게 증가해 1990년대에 70~80만을 넘기고 2016년 현재 84만여 명을 기록하고 있다. 이러한 변화의 초기 무렵 이미 복숭아밭 상당수가 사라진 셈인데, 당시 풍경을 《경향신문》은 다음과 같이 적고 있다.

오류동 고개를 넘어서니 서울특별시가 끝나는 경계. 여기서부터 비로소 벼가 자라나는 논바닥이 보이고 옥수수가 익어가는 밭둑이 보인다. 그 논둑과 밭둑 사이의 산비탈 밑에 옹기종기 취락을 이룬 원색 지붕의 마을. 입체적인 선감. －색감의 현대화, 새마을화－그런 교향곡 물결 속에서 지붕의 각도는 날로 뾰족해지고 사람이나 집의

색채는 대담해져가고 있다. 소사의 명물이던 복숭아밭도 이제는 거의 다 불도저에 밀려 택지화하고 말았다. 아니 소사라고 하는 읍 자체가 지금은 부천시로 이름이 바뀌었다.

― 이용선, 〈길 (2) 경인로〉, 《경향신문》, 1974년 8월 3일자

## 부천, 만화를 잡은 이유

항구도시 인천과 서울 사이에서 물류과 승객 수송이 용이한 특성에 베드타운으로서의 입지까지 더해지며 부천은 공업지대와 주거지를 함께 갖춘 곳으로 계속해서 팽창을 거듭했다. 1973년부터 10년간 인구증가율은 서울의 3.3퍼센트를 아득히 넘는 15.8퍼센트를 기록했고 인구밀도도 수도권에서 서울 다음을 기록할 만큼 과밀 지역이 되었다. 심지어 어느 학자는 "도시팽창 비공인 세계기록"이라 분석하기도 했다는데, 이렇게 급속 팽창을 겪다 보니 도시 여건에 비해 생활환경이 받쳐주지 못하는 한계가 있었다.

1980년대의 부천은 수도 사정이 열악해 격일제 급수를 진행해야 하는 상황이었고 치솟은 인구밀도에 비해 그 인구 대부분이 비슷한 시기에 들어와 정착한 외지 출신들이다. 앞서 언급한 '서울로 매일 같이 출퇴근하는 전철 이용객 수'에서도 알 수 있는 바지만, 인구 상당수가 서울로 일을 나갔다 돌아오는 이들이다 보니 '내 고장' 내지는 '내 마을'이라는 정체성은 거의 없다 해도 과언이 아니었다.

게다가 사람이 늘고 땅값도 치솟으면서 1990년대 들어서는 이미 공업도시로서는 한계점에 다다르고 있었으며, 과수원 조성이 용이할 만큼 산이 적은 평지에 몽땅 집과 공장이 들어서 있던 터라 쾌적한 분위기와는 거리가 멀었다. 난개발과 공해는 부천이 안고 있는 골칫덩어리이자 해결해야 할 숙제였던 셈이다.

팽창한 규모만큼의 도시 기반 시설이 마련되지 않았으니 시민들이 피부로 느끼는 삶의 질이나 생활 만족도가 좋을 순 없었고, 공업도시로서도 정점을 찍었으며, 위성도시와 베드타운이라는 특성은 도시 자체의 정체성을 만드는 데에는 역부족이었다. 게다가 무엇보다 부천이라는 도시 자체가 오랜 시간에 걸쳐 사람들이 모여 만들어낸 역사성이 있는 곳이 아니라 교통적 편의와 행정구역 개편에 따라 인위적으로 조합된 공간이었으니 고장의 오랜 전통과 사람들이 만들어주는 공간 속 이야깃거리마저 태부족이었다.

한마디로 '고향'이 주는 안정감도 신도시의 선진성과 안락함도 안겨주지 못했다는 이야기다. 물론 도시화를 걷던 기점에 들어섰던 신앙촌의 일화나, 청일전쟁이 날 때 인천으로 다급히 뛰어갔다던 오만방자의 상징 위안스카이袁世凱(원세개), 그리고 그보다 앞서 위안스카이에게 잡혀 청나라로 납치됐던 흥선대원군의 일화가 서울과 인천 사이에 자리한 길목에 남아 있긴 하지만 그것은 어디까지나 서울에서 인천을 거쳐 바깥으로 튀어나간(또는 끌려나간) 이들의 웃지 못할 이야기들이지 부천의 이야기는 아니다.

이 때문일까? 부천은 이러한 한계점을 극복하기 위한 키워드로

'문화'를 들고 나왔다. 도시 이미지를 개선하기 위한 측면이 강했는데, 자체적으로 내세울 만한 것이 없는 신생 도시로서 이 이상의 선택지가 없기도 했다. 부천이 선택한 캐치프레이즈는 "21세기 문화도시"로 여타 전통, 역사, 관광 같은 이슈는 넣지 않고 오로지 문화라는 키워드에 집중했다. 부천시는 1988년 지방자치단체로서는 드물게 시립 오케스트라였던 '부천 필하모닉 오케스트라'를 운영하기 시작해 수준 높은 연주를 시민들에게 저렴하게 들려주는 역할을 했으며 1997년부터는 부천판타스틱영화제PIFAN(이후 '부천'의 표준 영문 표기 변경에 따라 BiFan으로 변경), 1999년엔 부천국제학생애니메이션페스티벌PISAF(BiFan과 마찬가지 이유로 이후 BIAF로 변경)을 연이어 시작했다.

그리고 이 사이인 1998년 12월 4일부터는 부천만화정보센터를 설립하고 부천만화축제를 개최함으로써 시 차원에서 만화를 접목하는 데 적극적으로 나서기 시작한다. 2000년엔 〈아기공룡 둘리〉를 주제로 삼은 둘리의 거리를 송내역 앞에 조성해 상점 간판이나 벽면에서 둘리 캐릭터들을 만날 수 있게끔 하기도 했고, 2003년엔 둘리에게 명예주민등록증을 발급했다. 이후 서울시 도봉구가 "작품 속에서 둘리가 떠 내려와 정착한 곳은 쌍문동이다"라고 주장해 두 도시가 신경전을 벌이기도 했는데, 앞서 이 책의 쌍문동 편에서 언급한 바와 같이 현재는 본적지와 현 주소라는 형태로 김수정 작가가 나서서 교통정리를 한 상태다. 부천만화축제는 이후 부천국제만화축제BICOF로 이름을 바꾸고 국제 행사로서의 면모를 갖춤으로

2014 부천국제만화축제 주제전 〈만화, 시대의 울림〉 전시관에서. 나는 이 전시의 공동 큐레이터로 참여했다.

2015 부천국제만화축제 특별전, 박건웅 작가의 〈짐승의 시간〉. 한국만화영상진흥원 옆에 자리한 영상단지(옛 〈야인시대〉 세트장)를 활용했다.

써 서울에서 열리는 서울국제만화애니메이션페스티벌SICAF과 더불어 국내 양대 만화 관련 축제로 자리매김하고 있으며 2010년대 이후에는 화제성과 구성, 관람객수에서 SICAF보다 좋은 평가를 받고 있는 상황이다.

## 만화만이 주인공은 아니지만, '부천=만화 도시'가 무색하지 않은 까닭

'문화도시'라는 캐치프레이즈에서 볼 수 있듯 사실 부천시가 내건 건 '만화 중점 도시'만은 아니다. 1990년대 후반 '문화'에 한층 더 집중한 건 김대중 정부의 문화 정책 기조와도 맞물리는 부분이 있다. 한데 만화가 그 가운데 유난히 비중을 차지한다고 볼 수 있는 까닭은 단지 공간을 열고 동상 몇 개를 세워놓는 데 그치지 않고 만화가 창작되는 기반, 인적 인프라 자체에 장기적 투자를 감행했기 때문이다.

 부천시는 1998년 부천만화정보센터를 설립했다. 당시 시장은 현재 더불어민주당 국회의원인 원혜영으로, 당시 인구가 늘어나는데 땅이 좁아 1차 산업으로는 앞으로 먹고살 수 없다는 판단을 내리고 만화를 전격적으로 선택했다. 원혜영 시장과 더불어 부천이 문화적 기조의 중심축으로 만화를 내세우는 데 역할을 한 인물이 오랜 기간 부천에 뿌리를 내리고 살아온 원로 카투니스트 조관제 선생이다. 조관제 선생은 센터의 초기부터 참여, 박물관 개관과 함께 부천 초대 관장을 맡았으며 이후 부천만화정보센터 이사장을 역임하기도 했다.

부천만화정보센터는 만화 도서관으로서의 기능과 공모전 주최 및 만화 축제 및 박물관 유지 기능을 기획하고 수행하는 기관으로서 등장했다. 무엇보다 1998년 무렵은 한 해 전인 1997년 청소년보호법이 발효되어 업계와 작가들이 큰 탄압을 연거푸 받던 때였기에 만화의 가치를 공인받고 자료들을 더 늦기 전에 모아둬야 한다는 내부적 요구가 분출되던 시기다. 때문에 센터가 박물관이나 '만화 규장각'으로 대표되는 데이터베이스 구축 쪽에 무게중심을 둔 건 어찌 보면 그 시기 만화계가 바라고 있던 바를 반영한 결과다. 만화의 중심이 여전히 책이었기에 부천만화정보센터 또한 박물관을 세우면서 그 성격을 '출판만화 박물관'으로 정의했다.

하지만 부천시는 단지 시민을 위한 서비스나 이벤트 주최를 위한 기관 설립에 그치지 않았다. 설립 이듬해인 1999년부터 원미구청 앞에 창작지원실을 마련해 만화 창작업 종사자들과 관련 업체들을 부천으로 끌어들이기 시작했다. 비교적 저렴한 임대료로 작업실을 내주는 차원에서는 '지원'이지만, 이 결과 서울 홍대 등지를 중심으

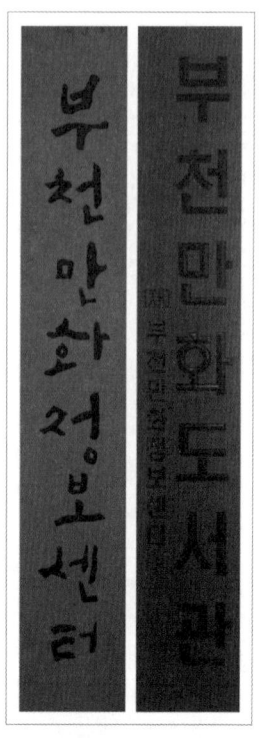

부천시립북부도서관에 있던
부천만화정보센터의 현판

로 나름대로의 친목 문화와 연계성을 만들고 있던 만화계 인력 상당 수가 부천으로 이동하는 계기가 마련됐다.

이러한 흐름은 부천만화정보센터가 부천시 원미구 도당동 132번지에 옛 공장 건물을 재활용한 부천시립북부도서관 건물과 부천종합운동장 하부 공간을 이용해 박물관과 사무 업무를 보던 시절을 지나 부천 원미구 상동 529-2번지에 두 동짜리 대형 건물을 국비, 도비, 시비를 끌어모아 건립해 2009년 9월 23일 한국만화영상진흥원으로 간판을 바꿔 달면서 수용 가능 인력을 대거 확대하기에 이른다. 2만 6000여 제곱미터 대지 위에 지상 5층 지하 2층짜리로 선 한국만화영상진흥원은 한 동을 교육과 전시, 상영이 상시 가능한 공간으로 쓰고 다른 한 동을 각종 업무와 작가 입주 공간으로 사용하고 있으며, 그 자체로 만화라는 대중문화의 진흥을 꾀하는 준 관

2005년 11월 4일 열린 한국만화영상진흥원 착공식

공서로서는 국내에서 유일하다.

만화 창작자들과 업계인들 그리고 업체들이 한곳에 대거 모이면서 멀리 가지 않아도 제작에서 출시까지 가능할 만큼 입주자끼리의 유기적인 연결과 동반상승 효과가 나기 시작했고, 입주가 아니라도 동료 작가가 많이 모인 곳을 찾아 부천 쪽으로 이주해오는 작가도 늘어났다. 한 업계 구성원들 가운데 매우 높은 비율이 한 도시에 모여서 실제 생활을 영위하는 경우는 많지 않은데, 부천이 '문화 도시' 중에서도 '만화 도시'를 자처해도 큰 무리가 없는 까닭은 바로 이 사람 수가 쥐고 있다고 해도 크게 무리는 없다. 한 업계를 대표하는 인력이 자발적으로 모여들었기 때문이다.

물론 "고인 물은 썩는다. 부천에 들어가면 다시 나오기 어렵고 지나치게 친목이 중시돼 원고 진행이 어려워진다"라며 비판적인 입장을 취하는 창작자들도 있고 건립 이후 오랜 시간이 지나면서 병폐가 발생하는 부분은 분명히 있다. 입주자들의 물갈이는 더디고 일부는 지원금을 지나치게 당연히 여기는 경향도 보인다. 하지만 진흥원과 작가지원실을 중심으로 부천시 자체가 만화 업계인들이 생활 터전으로 삼는 분위기가 정착됐다는 점은 단순히 인기작가들에게 돈을 쥐여줘서 붙들어두려 한다고 해서 만들 수 있는 게 아니거니와, 도시와 문화가 괴리되기보다 문화 자체가 도시를 기반으로 만들어지는 토대가 형성됐다는 점에서도 어느 정도 평가를 할 필요가 있다.

## '의미 있는 시도'와 '유지'를 넘어서야 할 때

부천만화정보센터, 그리고 현재 한국만화영상진흥원은 업계의 갈증과 행정의 필요 그리고 정치적 결단과 시민의 관심이 잘 맞물린 결과물이라 할 수 있다. 대민 이벤트를 저렴하게 서비스하는 것을 넘어 도시 자체의 정체성 차원에서 한 업계의 구성원들이 강하게 결부되는 데에까지 연결한 것은 강단 있는 정책적 뒷받침 없이는 불가능한 일이었다. 하지만 시간이 어느덧 설립 20년을 향해 달려가고 있다. 다시 말해, 의미 있는 시도와 유지에 들어가는 노력 이상이 요구되는 시점이 다가오고 있다.

부천은 이제 더 이상 누구도 인천과 서울 사이에 낀 깍두기(?) 정도로 여길 수는 없을 만큼 인구수 면에서도, 문화적 자산 면에서도 나름의 위치를 점하고 있는 도시다. 그 중심에 만화를 자리 잡게 하고 동반 성장하기 위해 노력했다는 점은 부정할 수 없다. 하지만 몇 가지 세세한 점에서는 아쉬움이 남는다. 서울시 도봉구와 신경전을 벌인 둘리의 경우만 봐도 그러하다. 도봉구가 쌍문동과 둘리를 연결하려 들고 있지만 전문성이 다소 결여돼 있고 캐릭터가 지역과 융화하지 못해 어중간하다는 비판을 받을 수 있는데, 부천 또한 여러 노하우와 인력을 갖추고도 관 차원의 지원이 지니는 한계점을 벗어나지 못한 부분이 역력한 것이다. 한국의 대표 만화 캐릭터인 둘리의 상징성을 빌리기 위해 송내역 앞에 둘리 거리를 조성했지만 개릭디 조형물과 긴편 이상의 것을 민들 여력은 남기지 못

둘리의 거리 풍경(2003년 모습)

했다. 원래 송내로데오거리라는 상권이 자리했던 곳에 캐릭터를 억지로 붙인 결과기도 하겠으나 결과적으로는 만화에도 거리에도 서로 도움이 되지 못했다. 결국 둘리의 권리 보유사인 둘리나라는 이미지 훼손을 염려해 2007년 부천시에 '둘리의 거리' 명칭 폐지를 요청했다.

부천 둘리의 거리가 보여주는 맹점은 역시 부천시 곳곳에서 발견된다. 부천국제만화축제가 진행되는 기간 동안엔 시내 전체를 홍보물이 뒤덮어 시민들의 참여를 유도하고 있다는 점은 서울국제만화애니메이션페스티벌이 보여주고 있는 소극성 또는 영세성에 비하면 대단한 공세로 읽을 수 있지만, 부천이 만화 도시일 수 있는 까닭은 축제가 있어서가 아니라 그 지역 주민들에게 만화계 인력들이 대거 녹아들었기 때문이라고 앞서 언급했다. 그렇다면 부천 시민들의 일상 속에도 만화가 녹아들고 있을까? 이 부분에서는 역시 여력을 내지 못하고(또는 않고) 있는 게 현실로 보인다. 결정적으로 만화의 '현재'가 도시에 반영되지 않고 있다.

인도 장식이나 전기 시설 등에 쓰인 만화 캐릭터는 '대표성'은 있을지 몰라도 시간이 꽤 지난 경우가 많

부천국제만화축제는 행사가 열리기 전부터 전 도시 차원에 홍보가 들어가 시민 행사다운 면모를 보여준다.

고, 기껏 뚫린 지하철역은 '삼산체육관'이란 이름만 단 채로 플랫폼
엔 아무런 부가 설명이 없다. 한국만화영상진흥원으로 나가는 출구
방향에 부천만화대상 수상작들이 수놓아져 있는데 이마저도 설치
된 지 그리 오래되진 않았다. 업계인이 아닌 일반 시민들에게 그 공
간과 공간을 채우고 있는 것들이 '왜' 우리 옆에 자리하고 있는가를
납득시키지 않는다면 국가 단위가 아닌 한 지역의 시설로서는 정체
성을 잃을 가능성이 크다.

같은 맥락에서 한국만화영상진흥원이라는 이름에서도 여러 가
지 난점이 노출된다. 이 공간은 국고와 경기도 그리고 부천시의 지
방비가 투입돼 건립되었고, 국내 유일의 만화 전문 진흥기관이라
는 정체성을 세운다는 명목으로 '한국'만화영상진흥원이라는 이름
을 붙였다. 만화와 애니메이션이라는 가까워 보여도 실은 굉장히
큰 차이가 있는 매체를 한데 묶은 점은 차치하더라도, 이 기관은 한
국 만화의 중심지를 자임함과 동시에 한국 만화계를 대표하는 기관
을 자임하고 있고 만화계로 유입되는 상당수의 지원 사업이 이곳을
통해 집행된다. 동아시아 국가 만화가들이 중심이 되고는 있다지만
국제만화가대회 사무국 또한 이곳에 자리하고 있고 원장이 대회 사
무국장을 역임하고 있는 상황이기도 하다.

하지만 예산의 상당 부분이 여전히 부천시에서 나오고 있고, 부
천시는 시민의 세금을 지출하는 입장이었고 앞으로도 그러할 것이
다. 한국만화영상진흥원은 부천시가 운영하는 준 공공기관이지만
부천이 아닌 한국 만화계 전체를 대상으로 예산을 편성하고 쓰려

한국만화영상진흥원 전경

삼산체육관역에서 나오면 찌빠가 반겨준다.

박물관동 상영관

박물관동 로비

한다. 그러므로 지역과의 괴리는 이런 부분에서 균열이 날 수밖에 없을 것이다. 지원기관으로서 지원을 받는 대상에겐 '갑'일 수 있을지 모르나 부천시 앞에서는 '을'일 수밖에 없는 입장이고 보면, 자처하는 바와 달리 시의 피로도 여부나 지방자치단체장의 소속 정당, 또는 그 개인의 생각에 따라 정책 자체가 뒤흔들릴 여지를 두어선 안 될 것이다. 세비도 지원금과 마찬가지로 '당연히 주어지는' 비용이 아니기 때문이다. 만화계가 추진 중인 만화진흥법 재개정이 성사되어 만화영상진흥원이 국가기관화하면 이러한 부담은 다소 줄어들 것이다.

지나치게 큰 명분이나 성과보다는, 공간 자체가 그 자리에 서 있는 장소적 맥락성을 끊임없이 반문할 수 있으면 좋겠다. 그것은 건물을 빽적지근하게 지어 올리고 새 건물이 들어선다고 해서 자동으로 만들어지는 게 아니기 때문이다. 인적 인프라가 그러하였듯이 말이다.

 **장소 옆 이야기**

### 복사골 문화센터

한국만화영상진흥원이 건립되기 전, 부천만화정보센터 시절 부천

복사골 문화센터

국제만화축제가 열렸던 곳의 이름은 '복사골 문화센터'다. 이름에서 복숭아밭이 있던 부천의 흔적을 느낄 수 있다.

이곳은 송내역 근방에 자리하고 있는 곳으로 상영관, 세미나실을 비롯한 각종 시민 문화 공간이 마련돼 있으나 대형 컨벤션 시설로서는 다소 부족한 점이 있었다. 현재 이곳엔 부천문화재단이 자리해 시민을 대상으로 한 문화 교육 등을 진행하고 있다.

## 서울 지하철 7호선

2012년 10월 27일 서울 지하철 7호선이 인천 부평구청까지 연결되

수도권 지하철 1호선 부천역에 붙었던 광고(2012년 9월 17일 촬영)

면서 삼산체육관역에서 하차하면 바로 한국만화영상진흥원으로 올 수 있게 되어 업계인의 접근은 물론 시민과 일반 관람객의 접근이 한층 편리해졌다.

부천만화정보센터 설립 이래 2012년까지 이곳의 가장 큰 난점이 교통 편의성이었기에 지하철 개통이 반가울 수밖에 없었다. 도당동과 부천종합경기장 시절엔 부천역과 송내역에서 시내버스를 타고 멀리 돌아야 접근할 수 있었기에 말 그대로 근처 지역 주민들에게만 유효한 공간이 될 수밖에 없었다고 한다면, 지하철이 개통된 지금은 역 바로 앞이라는 장점이 있다.

부천 중앙공원 근처의 미리내마을 아파트에 조성된 홍연식 작가의 〈불편하고 행복하게〉 작품

## 아파트 벽화

'만화도시' 부천다운 풍경을 보여주는 기획이 바로 아파트 벽화다. 공공 소유가 아닌 사기업의 아파트 벽면을 만화로 꾸미는 게 쉽지는 않았겠으나, 막상 2015년 1차로 시행한 송내대로변 5개 아파트 7개 동 사이에서 반응이 좋아 2016년엔 부천 중앙공원 근처의 7개 동을 추가로 조성하게 됐다고 한다.

2015년에 시행한 아파트는 꿈동산, 삼익, 한아름, 아주, 금강아파트로 〈로봇 찌빠〉(신문수), 〈패밀리맨〉(정필원), 〈머털도사〉(이두호), 〈빨간 자전거〉(김농화), 〈맹꽁이 서당〉(윤승운), 〈까치〉(이현세)

등이 그려졌다. 2016년 시행 아파트는 미리내마을과 무지개마을 두 곳 7동으로 〈불편하고 행복하게〉(홍연식)와 〈비빔툰〉(홍승우)이 그려졌다.

## 웹툰융합센터

부천시는 2017년 10월 19일 웹툰융합센터와 예술인 주택을 함께 짓는다는 보도자료를 배포했다. 융합센터는 2021년까지 완공 예정이고 예술인 주택은 850호를 공급할 예정이라는 이 구상은 시장의 발언과 달리 만화가의 거주를 지원하는 차원에서 서울 도봉구의 사례가 있어 '최초'는 아니지만 기껏 지어놓은 공간에 컨벤션 시설이 마땅치 않아 행사를 치를 때 어려움이 많았던 한국만화영상진흥원

건물의 한계를 보완할 수 있을 것으로 생각된다.

한데 이 구상에 앞서 부천시는 같은 부지에 신세계백화점을 앵커 시설로서 함께 건립하는 계획을 추진하다가 실패한 바 있다. 신세계백화점 건립은 2017년 8월 추진 2년 만에 무산됐다. 부천의 재래시장 상인들과 지리상 부천 도심보다 더 가까운 인천시 측의 반발이 굉장했으며, 매각 및 진행 절차가 적법하지

웹툰융합센터와 예술인아파트 조감도

않게 진행됐다는 시민들의 주장과 교통 체증, 소음 증가 등에 따른 우려가 이어지기도 했다. 결과적으로는 해당 공간과 역량이 일단 진행키로 한 웹툰융합센터와 예술인 주택에 집중되게 되어 만화인들에게는 비교적 유리한 상황이 되었으나 이 또한 2018년 6월 지방의회 의원과 지방자치단체장을 뽑는 제7회 지방선거의 결과에 영향을 받지 않는다 할 수 없고 같은 당 소속자들 사이에서도 잡음과 상처가 많이 난 상황이라 과연 괜찮을는지 알 수가 없다. 이 책이 나오고 난 이후의 문제일 것이나, 공공 이익에 부합하는 결과로 나아갈 수 있길 바라는 마음을 담아 부천시 보도자료를 소개한다.

부천시, 웹툰융합센터와 예술인주택 함께 짓는다

국토부·LH와 '예술인주택과 웹툰융합센터 복합건립사업' 업무협약

부천시가 상동 영상문화산업단지 안에 만화와 웹툰 등 콘텐츠 창작사업을 집적화하는 웹툰융합센터와 창작자들의 주거공간인 예술인주택을 함께 짓는다.

시는 10월 19일 국토교통부, 한국토지주택공사LH와 '예술인주택과 웹툰융합센터 복합건립사업'을 위한 업무협약을 체결했다.

이번 협약에 따라 국토교통부는 예술인주택의 제도적 기반마련 등 예술인주택에 대한 총괄관리를 하고 부천시는 웹툰융합센터의 설계지원 및 관리·운영과 예술인주택에 대한 행정지원을 맡는다. LH는 예술인주택의 관리·운영 및 복합건립사업의 건설업무를 총괄수행하게 된다.

오는 2021년 완공을 목표로 하는 웹툰융합센터에는 웹툰 창작실을 비롯해 웹툰 전문교육, 웹툰 기반의 2차 콘텐츠(영화, 애니메이션, 게임, 출판, 웹드라마 등) 제작업체 등을 집적화한다. 이를 통해 문화콘텐츠 산업의 생산성과 경쟁력을 높이고 국내 만화산업의 글로벌화 및 세계 디지털 만화시장 주도권 확보를 위한 거점을 조성할 계획이다.

특히 예술인주택을 복합 건립해 콘텐츠 창작자들이 안정적으로 창작활동을 할 수 있도록 지원한다. 웹툰융합센터의 경쟁력을 높임은 물론 문화예술 창의인재 유입을 통한 시너지 효과가 클 것으로

기대된다.

예술인주택은 약 850호를 공급할 예정이다. 시는 향후 문화예술인과 전문가 등의 의견을 수렴해 입주기준을 마련할 계획이다.

이날 협약식에서 김만수 부천시장은 "본 사업은 예술 작업 공간과 주거 공간을 함께 조성하는 국내 최초 대규모 사업으로 문화도시 부천의 위상을 높일 수 있을 것으로 기대하며, 앞으로 사업이 성공할 수 있도록 행정지원을 아끼지 않을 것을 약속한다"고 말했다.

— 부천시 보도자료(2017. 10. 19)

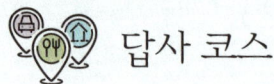 답사 코스

한국만화영상진흥원
(한국만화박물관)

삼산체육관역
중동IC   상동역   신중동역

상동
호수공원

부천시청

서울외곽순환고속도로

송내대로

순천향대학교
부천병원

복사골문화센터

둘리의 거리 터
(원 송내로데오거리)

인천지방법원
부천지원

부개역   송내IC
송내역   중동역

부천시립북부도서관

부천종합운동장

한국만화박물관

한국만화영상진흥원

복사골문화센터

옛 둘리의 거리

옛 둘리의 거리

본문에도 언급되지만 부천의 만화 공간은 시기상 크게 세 갈래로 나뉜다. 부천만화정보센터가 세 들어 태동한 도당동의 북부시립도서관 시절, 역시 세 들어 살았던 부천종합운동장 시절, 그리고 현재의 한국만화영상진흥원 시기다. 그 외에 소사역 근처의 소새만화갤러리 등 산재한 공간이 있긴 하였으나 대체로 현재는 상동 한국만화영상진흥원에 집중되는 모습이다. 다만 부천만화정보센터 시절 부천국제만화축제를 개최하던 송내 근처의 복사골문화센터나 둘리의 거리는 만화와의 접점을 지닌 공간이라 볼 수 있으며, 원미구청 앞의 창작지원실은 초기 만화 정책의 흔적으로 볼 수 있다.

하여 부천의 만화 공간을 훑어보고자 하는 이들에게 주어지는 선택지는 둘이다. 과거의 흔적을 훑을 것인가, 현재만 콕 집어 즐길 것인가. 서로 워낙 멀리 떨어져 있어 연동해 움직이기는 쉽지 않다. 부천은 이 책에서 거의 유일하게 '자가용으로 움직이는 편이 좋은 곳'으로 언급하고 싶다.

### 부천시립북부도서관
**중동역에서 23-1번, 송내역에서 70번 버스로 이동**

경기도 부천시 삼작로 301번길 5(도당동)에 자리한 곳으로 한국만화영상진흥원의 전신인 부천만화정보센터가 시작된 곳이기도 하다. 당시는 서울 지하철 7호선이 부천에 닿지 않던 시기였는지라

타 지역에서 접근하기가 매우 힘든 곳이었으나 실무협의위원으로서 꽤 자주 오가며 회의에 참석했던 곳이다. 만화도시 부천의 시작점이라고 해도 과언이 아니며, 당시 여러 업계 관계자와 뜻 있는 이들이 소장품과 도서를 기증하며 함께 키워나간 곳이기도 하다. 웹진 고구마, 만화규장각 웹진 등 당시 만화계에서 필요하다 여겨졌던 '정보'에 관한 기획들이 많이 추진되었던 곳이다.

마당엔 캐릭터 동상 등이 있어 만화 공간임을 보여주었더랬다. 당시 문 앞에 걸려 있던 '부천만화정보센터' 현판은 종합체육관 시기를 거쳐 현재 한국만화영상진흥원 401호실 벽에 걸려 옛 기억을 지닌 이들을 맞이하고 있기도 하다.

## 부천종합운동장

서울 지하철 7호선 부천종합운동장역 하차

도당동과 상동 시기 사이에 부천만화정보센터와 한국만화박물관이 입주해 있던 곳으로 둥근 원형 경기장 하부 시설 가운데 상당수를 이용했다. 당시에는 역시 지하철이 닿지 않아 버스로 이동해야 했으나 도당동보다 비교적 넓은 공간을 쓸 수 있었다.

운동장 시기는 만화계 지원 사업들에 본격적으로 시동이 걸린 시기이기도 하다. 공간 자체가 만화 전용은 아니었기 때문에 한계는 있었지만 비교적 전시가 자주 열리고 교육 프로그램도 곧잘 진행되었던 시기다.

　부천종합운동장은 원 구단의 연고지 변경으로 상처 입은 시민들이 직접 나서서 설립한 축구구단 부천FC1995의 홈구장이다. 아울러 웹툰 〈모든 걸 걸었어〉의 무대이기도 하다.

## 둘리의 거리, 복사골문화센터
송내역 2번 출구 – 둘리의 거리 250미터, 복사골문화센터 800미터

　상업 공간을 한 작품을 테마로 삼아 꾸민다는 발상 자체는 나쁘진 않았으나 지속적인 관리와 감독이 이뤄지지 않으면 그 공간이 어떻게 되는지를 잘 보여주는 사례가 부천 둘리의 거리다. 2018년 현재에도 포털 지도들에는 여전히 둘리의 거리가 표시돼 있으나 권리 보유사의 입장 표명이 있어 현재는 송내로데오거리로 통한다. 2013년 이후엔 둘리 광장의 둘리 동상도 사라졌다. 주민등록증을 발급해줬으면 계속 잘 살게 해줬어야 하지 않았을까. 같은 둘리로 사업을 꾸리고 있는 서울시 도봉구가 반면교사로 삼아야 할 부분이기도 하다.

　복사골문화센터는 부천국제만화축제가 한동안 계속해서 열린 곳으로 전시장과 상영관 등 다양한 부대시설을 갖추고는 있으나 부천국제만화축제의 규모가 커지면서 층을 오르내려야 하는 공간에서는 수용이 버거워졌다는 게 한계로 지적됐다. 이곳을 이용하던 시기 컨벤션 시설의 필요를 무던히 느꼈을 터임에도 새로 지어 올린 한국

둘리의 거리 풍경(2003년 모습)　　　송내로데오거리(2018년 현재 모습)

만화영상진흥원 건물마저 단층에서 대규모 인원을 소화할 수 없어 매년 여름 고생하고 있으니 웃어야 할지 말아야 할지 알 수 없다. 어쨌든 만화인 입장에서는 한동안 자주 들렀던 곳이라 할 수 있다. 현재 이곳에는 부천문화재단이 입주해 있다.

## 한국만화영상진흥원

서울 지하철 7호선 삼산체육관역 하차, 5번 출구

붓으로 찍은 듯한 형상을 띠고 있는 곡선형 건물 두 동이 마주보고 있는 이곳이 현재 한국만화영상진흥원의 본체다. 비즈니스동과 박물관동으로 나뉘어 전시 및 상영 등의 행사와 사무 및 작가지원실 등의 역할을 분담하고 있다. 현 시점 명실상부하게 한국 최대 만화 관련 시설이라 해도 과언이 아니지만, 컨벤션 시설로서의 활용 방법이 없어서 매년 고생 중이다. 부천국제만화축제 최대의 적은 여름철 비다. 2021년까지 새로 지어 올린다는 웹툰융합센터가 이를 대비하는 역할을 해낼 수 있어야 할 텐데 하는 생각이 든다.

한국만화영상진흥원은 만화 전용 공간답게 전시관을 다수 갖추고 프로그램도 자주 교체하며 볼거리를 제공하고 있으며 교육장과 만화 도서관도 갖추고 있다. 비즈니스동에서는 부천국제만화축제를 비롯해 각종 지원사업 등의 기획이 진행되고 있으며 작가들이 상당수 입주해 원고 마감을 진행하고 있다. 이곳을 찾으면 매우 높은 확률로 만화가를 만날 수 있다는 게 포인트. 원래 밤 시간 이용은 안 되는 게 원칙인 공간이지만 만화가들의 원고 마감 특성상 그런 일은 있을 수 없다는 게 이 공간에 얽힌 애환이라 하겠다. 홍대 등지에 형성돼 있던 만화가들의 주거지가 한국만화영상진흥원 설립 이후 부천과 인천 등지로 많이 이동한 덕도 있어서, 이 공간을 중심으로 작가들과 관련 업체의 네트워크가 굉장히 두터운 것도 인상적이다.

나의 만화유산 답사기 07

한국 근대만화의 시작지
## 《대한민보》 터

매년 11월 3일은 '만화의 날'이다. 1996년 김영삼 정권 후반 당시 여당이었던 한나라당(현 자유한국당)은 청소년보호법을 제정하기 위한 움직임을 본격화했다.

청소년보호법은 아이들이 학교폭력과 음란 비디오에 빠지는 게 만화의 영향 때문이라는 여론 몰이와 함께 등장한 법률이다. 당시 소위 일진회라 불리는 학교 폭력배 집단이 등장하고 중학생들이 〈빨간 마후라〉라는 셀프 포르노 비디오를 제작한 사건이 있었는데, 아이들이 폭력적이고 음란한 일본 만화를 봄으로써 물든 결과라는 참신한(?) 주장이 횡행했다. 언론의 융단폭격으로 힘을 받은 청소년보호법은 1996년 12월 16일 발의돼 1997년 3월 7일 제정되고, 1997년 7월 1일 시행되었다.

청소년보호법 제정으로 이전까지 이어져오던 사전 심의는 없어졌지만 기준 자체가 모호하고 적용대상도 광범위해 만화계 입장에서는 '표현의 자유 침해'와 '소매 유통 궤멸'이라는 피해가 코앞으

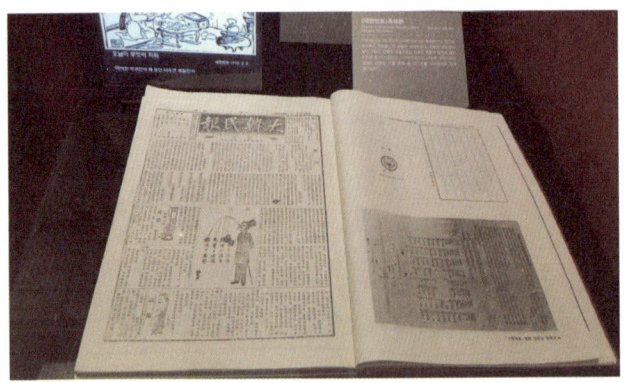

부천 한국만화박물관에 전시돼 있는 《대한민보》의 축쇄본. 창간호인 1909년 6월 2일자로 이도영 선생의 만화가 전체 지면 한가운데에 박혀 있음을 볼 수 있다.

로 다가온 셈이었다. 만화가들은 이에 1996년 11월 3일 여의도 광장에서 만화 심의 철폐를 위한 범만화인 결의대회를 열어 항의의 뜻을 표했다. 범만화인 비상대책위원회는 이 법이 발효된 지 한 달 뒤인 1997년 8월 제3회 서울국제만화애니메이션페스티벌 행사 중 앞서 여의도 결의대회일이었던 11월 3일을 '만화의 날'로 선언하기에 이른다. 이날은 2001년부터 국가가 공인한 공식 기념일이 되어 매년 기념행사를 진행하고 있다.

한데 만화의 날이 11월 3일인 점에 문제를 제기하는 이들이 있다. 표현의 자유를 위한 투쟁은 필요했지만, 투쟁일을 한국 만화를 대표하는 기념일로 삼는 게 합당하냐는 이야기다. 이들이 만화의 날이어야 한다고 주장하는 날은 바로 6월 2일. 근대 한국 만화의 시작으로 꼽히는 이도영의 〈삽화〉가 《대한민보》 창간호에 실린 날이다.

## 1909년 6월 2일이 한국 만화의 시작일인 까닭

부천만화정보센터가 부천 상동에 건물을 새로 지어 올려 한국만화영상진흥원이 된 지난 2009년, 그해 부천만화축제에서는 비즈니스동 지하1층 공간을 통째로 이용한 전시를 열었다. 전시의 주제는 한국만화 100주년 기념전, 제목은 〈만화漫畵, 만화萬話─그 끝없는 이야기〉였다. 만화가 지니고 있는 끝없이 많은 이야기를 함축한 제목이었다. 당시 나는 작가들이 작업할 원화의 원안을 작성하는 기획에 참여해 한국 만화가 100년간 거쳐왔던 중요한 이슈들을 주제로 잡아 전달하는 역할을 맡았다. 이 전시의 제호에 쓰인 그림이자, 100주년이라는 숫자의 기준이 된 작품이 바로 이도영의 〈삽화插畵〉다.

〈삽화〉는 1909년 6월 2일 《대한민보》라는 신문의 창간호 한가운데를 장식하며 세상에 등장했다. 〈삽화〉는 서양 복식을 입은 신사가 '대한민보'라는 네 글자로 사행시를 읊조리고 있는 장면을 목판화에 담아냈다. '만화'라는 표현을 채용하지 않고 신문의 방향과 당시의 시사 이슈를 함축해 글 사이에 삽입한 그림이라는 뜻으로 '삽화'를 쓴 게 눈에 띄는데, 그럼에도 이 작품을 우리가 알고 있는 만화로서 인식하는 까닭은 주제를 보여주는 방식 때문이다. 〈삽화〉의 주인공인 신사는 표정만이 아니라 4행시를 입 밖으로 내뱉고 있다. 그 말은 '글자'라는 형태로 배치됐고, 글자와 인물은 선을 이용해 연결고리를 보여준다. 말풍선이라는 방식을 쓰지는 않았으되 글자는 명백하게 신사가 내뱉은 '대사'로 명시하고 있다. 이는 근대적

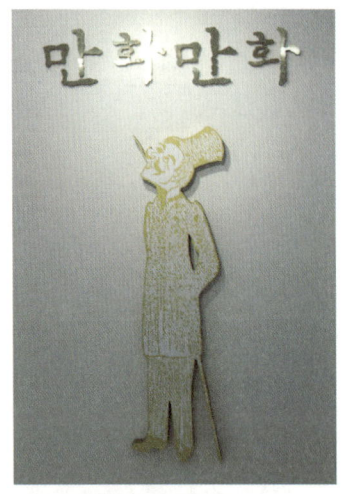

〈만화漫畫, 만화萬話―그 끝없는 이야기〉 전시. 전시가 열린 공간은 이후 식당으로 쓰이다 2017년 10월 20일부터 만화 창업을 지원하고 작가들에게 작업 공간을 제공하기 위한 '웹툰 스타트업 캠퍼스'가 됐다.

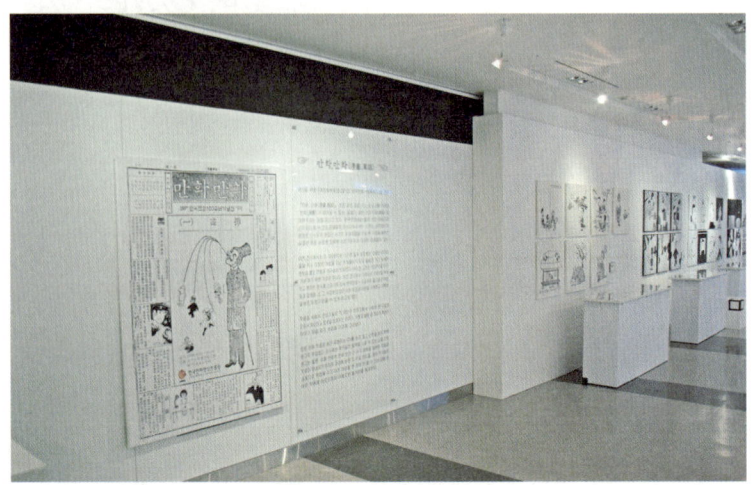

의미에서 기호화한 만화적 장치와 연출을 도입했음을 뜻한다.

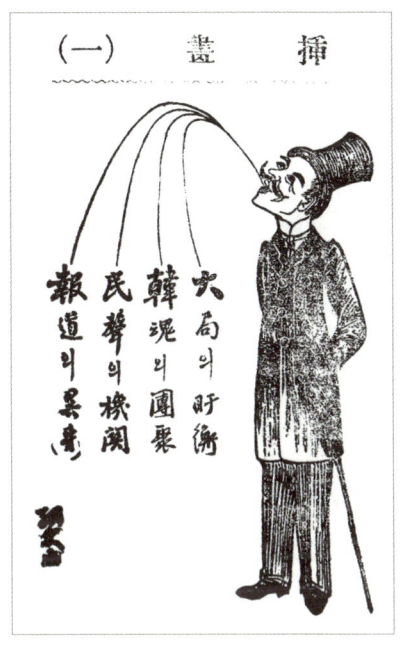

이도영의 〈삽화〉

이 때문에 이도영의 〈삽화〉는 '만화'라는 형식을 선보인 국내 첫 사례로 기록될 수 있었다. 1930년 3월 7일자 《동아일보》에 실린 〈조선역사강화〉 44회 차에서 최남선은 일제강점기를 전후해 등장한 여러 신문을 소개하고 있는데 "융희년간(융희隆熙는 조선의 마지막 왕이자 대한제국의 마지막 황제 순종의 연호. 융희년간은 곧 순종 재위 기간인 1907~1910년을 가리킴)에는 대한협회의 기관으로 대한민보가 생겨 신문만화의 시始를 짓고"라고 언급하여 해방 전에 이미 첫 신문 만화가 이도영의 것이었음을 정리하고 있다. 이런 연유로 6월 2일이 한국에서 '만화의 날'로 기념돼야 한다는 주장은 분명 어느 정도 설득력을 지니고 있다.

## 관재 이도영 貫齋 李道榮

〈삽화〉가 근대적 의미에서의 첫 한국 만화라는 사실은 이후에도 자

이도영 선생

주 언급되고 관련 전시에서도 몇 차례 다뤄졌다. 한데 이도영 선생이 '만화'로서 남긴 게 〈삽화〉만이냐면 그렇지는 않다. 1964년《동아일보》는 〈한국 신문 100인의 얼굴(2)〉이라는 기획 연재 기사를 통해 한국 신문 역사의 주요 인물을 소개하고 있는데 이도영 선생에 관해 다음과 같이 언급하고 있다.

(관재―1885~1934) 안심전 문하의 동양화가. 1909년 『대한민보』에 동양화식 시사만화(목판)을 연재하여 신문만화의 효시를 이룸.
―〈한국신문 100인의 얼굴(2)〉,《동아일보》, 1964년 4월 11일자

즉 이도영의 작업물은 〈삽화〉를 시작으로 한 '연재물'이었다는 이야기다. 실제로 이도영 선생은 《대한민보》가 1909년 창간해 경술국치(1910. 8. 29) 이틀 뒤 폐간당할 때까지 계속해서 작품을 그렸는데, 목판화로 제작된 만화들은 독립 의지와 슬픔을 고스란히 담고 있었다. 표현 방식은 〈삽화〉가 그러하였듯 기초적인 만화의 기호들을 차용하고 있었는데, 시화의 형태와 풍자 카툰의 형태를 갖추면서 때때로 만화적 기호를 통해 비유를 가미하는 형태가 주였다.

특히 한자의 발음을 이용한 말장난이 눈에 띄는데, 1909년 7월 25일자 만평은 이완용 불륜설을 "솜씨 없는 일꾼에게 도끼질을 맡

기면 제 살에 상처내는 법"이라 해석되는 "임이완용任爾頑傭 자부상피自斧傷皮"라고 적어 풍자하는가 하면, 1910년 4월 10일자 만평은 뻐꾸기 울음소리를 흉내 내는 창자의 대사를 '복국復國'으로 적어 나라를 되돌리고자 하는 마음을 고스란히 드러낸다.

1909년 9월 2일자 만평에서는 군대해산령을 내려놓고 정작 해산령에 서명한 군부대신 이병식이 군복을 입고 다닌 일에 빗대 벌거벗은 군인이 칼만 차고 경례를 붙이는 장면으로 묘사하곤 "벌거벗고 환도 찼군"이라 비꼬았고, 이토 히로부미를 사살한 안중근 의사가 사형선고를 받자 1910년 2월 15일자 《대한민보》에 넷이서 윷놀이하는 장면을 그리며 "李○(이○)를 잡고 趙丐(조개)를

《대한민보》 수록작(1909. 7. 25)

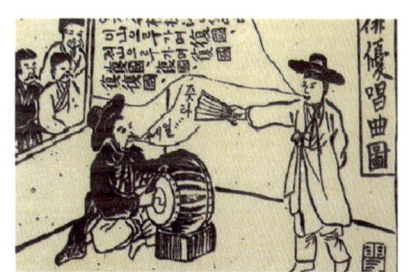

《대한민보》 수록작(1910. 4. 10)

구어라. 高乞(고걸)을 쳐서 모로 朴(박)어도 윷에는 죽는다"라고 적어 이토 히로부미의 죽음 뒤에 당시 친일파의 거두에 해당하는 인물들의 성씨을 붙여놓아 다 이토마냥 죽여야 한다는 살벌한 주장을

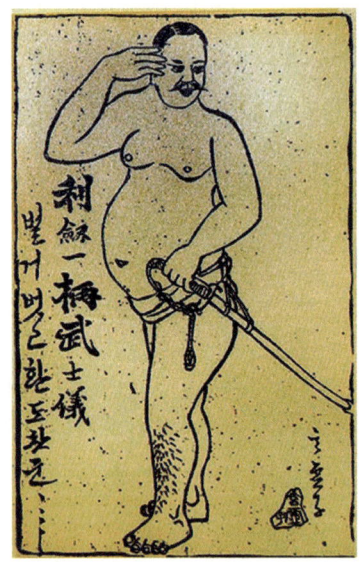

《대한민보》 수록작(1909. 8. 11)   《대한민보》 수록작(1909. 9. 2)

《대한민보》 수록작(1910. 2. 10)

《대한민보》 수록작(1910. 2. 15)

펼치기도 한다.

1910년 2월 10일자 만평에서는 같은 시기 친일 논조를 펼치던 신문을 악마로 그리고 이를 훈계하는 옥황상제의 모습을 통해 공격하기도 했다. 그렇다고 비판만 하는 건 아니어서, 1909년 8월 11일자 만평에서는 두꺼비가 뱀에게 먹혀도 결국은 뱃속에서 뱀을 갉아먹고 나온다는 내용을 담아 망국 조선과 점령국 일본의 처지가 뒤바뀔 것임을 암시하기도 했다.

이도영에 관해 조금 더 살펴보자. 《대한민보》가 나오던 1909년엔 선생의 나이가 스물여섯에 지나지 않았으나 그림 솜씨며 그림과 글을 이용해 세태를 풍자하는 솜씨나 깊이가 가히 놀랍다. 이도영은 1901년부터 심전 안중식 선생의 문하에서 그림을 배웠고 이후 소설이나 교과서 삽화 등에 참여했다.

당시 상황을 살펴보자면, 을미사변으로 명성황후가 낭인들에게 베여 죽고(1895. 10. 8) 나서 고종이 러시아 공사관으로 피신하는 아관파천(1896. 2. 11)을 단행, 대한제국을 선포(1897. 10. 12)해 러시아와 일본의 충돌 사이에서 중립을 선언(1904. 1. 23)하지만 일본이 결국 러일전쟁을 벌이기 시작하고(1904. 2. 10) 한일의정서를 체결(1904. 2. 23)할 것을 요구하며 러시아 세력을 빼고 한반도를 집어삼키려는 목적을 숨기지 않았던 때다.

을사늑약(1905. 11. 17)을 거치며 우리나라는 사실상 식민지화가 되었는데, 이 시기 지식인층은 노골적인 친일 성향을 보인 이들과 문화·경제적 실력을 높여 국권을 회복해야 한다는 자강운동파로 나뉘었다. 전자는 일진회(청소년보호법 발의의 원인이 된 학교폭력집단 일진회가 아니다) 등으로 일본에 협력하고 부역했고 후자는 학교를 세우고 신문을 발행하여 민중을 계몽하려 했다. 이도영 선생도 이 당시 이런 이들과 섞여 교류했으며, 대한자강회를 전신으로 하는 대한협회가 1909년 《대한민보》를 창간하자 이듬해 폐간에 이르기까지 계속해서 시사만화를 그렸다.

안타깝게도 '만화'로서의 작품 활동은 《대한민보》까지가 마지막이었던 것으로 보이며, 이후엔 학교 선생님과 화가로서만 살았다. 이후 행적과 관련해서는 부고 기사에 일부가 소개되고 있는데, 총독부가 주최하는 미술 전람회 심사위원을 여러 번 지냈다는 대목이 등장하는 걸로 보아 《대한민보》 이후에는 어느 정도 타협을 한 것이 아닌가 싶다. 《동아일보》 1933년 9월 23일자 기사를 살펴보자.

화백 관재 이도영 씨는 그동안 숙아宿痾(오래 묵은 병)로 약 반 년간이나 요양하던 바, 약석의 효험이 없이 21일 오후 11시에 자택인 시내 원남동 66-2호 50세를 일기로 장서하였는데 유족은 부인과 아들 2인이라고 한다.

이도영 씨는 18세부터 안심전, 조소림 문하에서 서화를 공부한 후 십 수 년 전에 동지들과 함께 서화협회를 조직하고 이래 조산의 미술계를 위하여 많은 공헌이 있었고 총독부 주최의 미술전람회의 심사원도 여러 번 지냈는데 현대의 화풍이 말할 수 없이 변천한 이때에 독특히 고래의 전형을 그대로 전하여 왔었고 특징은 화훼, 영모절지㊖毛折枝(새나 짐승을 곁들여 꽃이 핀 가지 일부를 그린 그림을 뜻함) 등이라고 한다.

– 〈화단의 거벽 이도영 씨 장서 — 30년동안 미술 진흥에 노력, 지난 밤 원나동 자택에서〉, 《동아일보》, 1933년 9월 23일자

## 그리고 《대한민보》

《대한민보》는 국한문혼용 일간지로 국권수호와 항일투쟁을 주 논조로 삼았다. 창간호부터 만평을 1면 한복판에 배치해 민중이 쉽고 재밌게 당시의 시사 이슈를 접할 수 있게끔 배치했다. 이렇게 등장한 1호 만평인 〈삽화〉는 앞서 언급한 바와 같이 '대한민보' 4행시인데 이도영의 작품이기도 하지만 《대한민보》가 나아가고자 하는 방향이기도 했던 셈이다.

대국大局의 간형肝衡
한혼韓魂의 단취團聚
민성民聲의 기관機關
보도報道의 이채異彩

이는 곧 다음과 같이 해석할 수 있겠다.

〈삽화〉의 4행시

나라 형편을 충정으로서 가늠하고
우리 민족의 혼을 한데 모으며
사람들의 목소리를 담는 조직이 되어
색다르게 알리겠다

《대한민보》는 〈삽화〉가 처음 실린 1909년 6월 2일이 창간일로, 대한협회는 1908년 4월 《대한협회회보》를 월간으로 내다 1909년 3월에 중단, 이후 일간인 《대한민보》를 창간했다. 《만세보》의 사장을 지낸 오세창을 대표로 했으며, 자체 인쇄시설이 없어 흥사단이 보유하고 있던 동문관 인쇄소에서 발행했다고 한다.

흥사단은 1907년 11월 구당 유길준(1856~1914)이 설립한 단체로, 주요 사업 가운데 하나로 교과서 편찬을 두고 있었다. 동문관은 이 편찬사업을 위해 설립한 인쇄소다. 국사편찬위원회 편사 연구사인 윤병희가 집필한 《유길준의 흥사단 운영(兪吉濬의 興士團 運營)》에 따르면, 흥사단이 1907년 11월 29일 창립총회를 열 당시엔 국민교육회의 일부를 빌려 시작했으나 궁내부(1894년 갑오개혁 당시 신설돼 왕실 일을 맡은 관청. 본래 나랏일과 왕실의 일을 구분 짓지 않던 것을 나랏일을 의정부, 왕실 일을 궁내부로 나누어 맡게 됐다)에서 수진궁을 하사받아 비교적 널찍한 공간을 확보했다고 한다.

다시 말해 《대한민보》는 흥사단의 동문관 인쇄소에서 신세를 지며 인쇄되었고, 동문관 인쇄소는 수진궁에 자리하고 있었다는 말이 된다. 오인환이 쓴《100년 전 한성을 누비다》324쪽에는 1985년 아세아문화사가 찍은《대한민보》영인본에《대한민보》의 사옥 앞에서 관계자들이 모여 찍은 사진이 실려 있다는 언급이 등장하는데 이에 따르면《대한민보》는 사옥도 동문관 인쇄소의 일부 사무 공간을 쓰고 있었던 듯하다. 하지만 발행소 자체가 수진궁 터 어디쯤에 있었는지는 정확히 알 수가 없다고 하는데, 정작 수진궁은 현재 표지석만 남아 있고 건물이 있었을 자리엔 높은 새 건물이 들어서 있는 상황이다.

어쨌든 이렇게 동문관 인쇄소에서 찍혀 나오던《대한민보》는 경술국치일 이튿날인 1910년 8월 30일부터 '대한'을 떼고《민보》라고만 나왔으며, 하루를 더 찍고 1910년 8월 31일 폐간당했다. 이도영의 만화 활동도 거기서 끝이었다.

## 수진궁 터를 한국 만화의 시발지로 기념한다는 것

《대한민보》가 찍혀 나왔던 흥사단의 동문관 인쇄소는 곧 수진궁 터다. 옛 주소로는 서울특별시 종로구 수송동 51-8번지이고 새 주소로는 서울특별시 종로구 삼봉로 71이다. 지금 그 자리에는 2015년 12월 22일부터 신라 스테이 광화문이라는 큰 건물이 들어서 있다.

이곳은 조선의 실질적 설계자이자 이후 왕자의 난 때 이방원에게 살해당한 삼봉 정도전의 사택이 있던 곳으로 재위 14개월 만에 죽은 조선 8대 왕 예종의 둘째 아들 제안대군이 살기도 했다. 이후엔 봉작을 받기 전 죽은 대군이나 왕자, 또는 혼인 전 죽은 공주나 옹주 등의 제사를 모시는 곳으로 쓰였는데 본래는 따로 지내다 정조 때부터 합동 제사를 올리게 했다고 한다.

별다른 게 남아 있지 않던 수진궁 터가 갑자기 기사에 오르내린 건 2016년 1월 25일부터다. 종로구청이 내놓은 보도자료 전문은 다음과 같다.

### 종로, 한국만화의 시작을 알리다

- 종로구, 대한민보 옛터에 「한국만화 탄생지 기념공간」 조성
- 대한민보 창간호에 이도영 화백이 '삽화'로 우리나라 최초 만화 탄생
- 최초 만화였던 '삽화'를 재현한 조형물, 한국 대표 만화 작가들의 캐릭터를 새긴 동판 30여개 설치, 6월에는 만화 거리 축제 개최 예정

종로구는 대한민보의 옛터(종로 수진궁터, 종로구 삼봉로 71)에 한국만화 탄생지 기념공간을 조성한다.

수진궁터에 위치했던 대한민보의 창간호(1909. 6. 2)에 이도영 화백이 최초로 시사만화를 게재하면서 우리나라에 '만화'가 탄생했다.

종로구는 우리나라 근대 만화의 출발이자 만화의 고향인 수진궁 터 자리에 만화탄생지 기념 조형물과 만화거리 바닥 동판을 설치하고 정기적으로 만화축제, 만화아트마켓, 캐리커처전 등을 개최해 한국만화의 가치를 증대하고 만화사업을 발전시키는데 기여하고자 한국만화 탄생지 기념공간을 조성하게 되었다.

이 사업은 지난해 3월 한국만화영상진흥원에서 한국만화 탄생지 기념공간 조성사업을 제안해 민·관 협의로 사업을 진행하고 있으며, 사업 방향과 조형물 디자인 협의 등 7차례 걸친 협의 끝에 지난해 12월 업무협약을 체결하고 본격적으로 추진하고 있다.

한국만화영상진흥원은 기념조형물과 바닥동판 설치, 만화거리 활성화 운영 프로그램을 지원하고, SK D&D(주)는 기념조형물과 바닥동판 설치비용 지원, 이지스자산운용(주)는 조형물 소유와 유지관리를 종로구는 사업비를 예치 관리하면서 한국만화 탄생지 기념공간을 조성한다.

만화탄생지 기념 조형물은 한국최초 만화를 입체적으로 재현하며, 2월 말까지 설치 할 예정이다. 대한민보 창간호에 발표된 우리나라 최초 만화는 이도영 화백의 '삽화'라는 계몽적 만화로 서양식 양복을 입은 신사가 입에서 대한민보라는 앞 글자로 시작하는 사행시를 뿜어내는 그림이다. 이 만화는 일제 침략의 야만성을 꾸짖으며 친일파들의 반민족 행위를 비판하는 풍자만화였다.

만화 '삽화'를 재현한 조형물은 보는 이로 하여금 그 시대의 암울했던 현실을 생각하며 애국심을 고취하고, 만화가들에게는 자부심이 되며, 만화 산업의 발전과 한국 만화사에도 의미 있는 이정표가 될 것으로 기대하고 있다.

한국만화 탄생지 기념 공간 바닥에 설치될 동판에는 한국만화영상진흥원에서 추천하는 우리나라를 대표하는 작가들의 만화캐릭터를 새긴다. 다양한 캐릭터로 걷고 있는 이 거리가 한국의 최초 만화 탄생지였음을 알릴 예정이다.

또한 「만화 몽마르뜨 거리」를 조성해 정기적으로 만화가들이 시민들에게 캐리커처를 그려주고, 티셔츠, 머그잔에 프린팅하는 이벤트와 만화가들의 작품 전시와 판매를 위한 아트마켓을 개최해 작가와 시민들의 문화예술 소통 기회도 제공 할 계획이다.

또한 6월 2일 만화탄생일을 기념하여 아트카툰전, 캐리커처전, 작가사인회 등을 기획해 만화거리 축제도 개최 할 예정이다.

그해 6월 2일에 수진궁터에는 한국만화 탄생 기념 조형물이 들어섰다. 이 조형물은 시사만화가 손문상이 만든 것으로 가로 2.4미터, 세로 2.95미터 크기로 "한국만화, 여기서 시작하다"라는 문구가 적힌 석재 받침 위에 사각의 스테인리스틀을 올리고 그 안에 〈삽화〉 속 신사를 입체적으로 형상화한 동상을 배치했다. 신사는 스테인리스 사각틀 상단에 걸린 말풍선을 바라보며 신기해하는 표정을 짓고 있다. 동상 제막식에는 동상을 디자인한 손문상과 더불어 박재동, 이희재, 이두호, 이충호 등의 만화가가 참여해 자리를 빛냈다.

수진궁터 자체가 흔적조차 없이 다른 건물이 돼 있는 상황에서

수진궁 터에 설치된 〈삽화〉 소형물과 하단 안내문

《대한민보》 터

263

좁은 인도에 조형물을 배치한다는 계획이 자칫 생뚱맞은 결과물을 낳는 게 아닐까 하는 우려가 있었던 데 비해 조형물이 재미난 포토존 역할을 할 수 있을 만큼 잘 나왔다. 개인적으로는 말풍선의 풍선 꼬리 부분이 신사를 향하게끔 만드는 게 어땠을까 하는 아쉬움이 있지만, 입체화한 조형물과 안내문은 나름대로 이 공간이 무엇이었는가를 안내하는 데에는 성공하고 있다.

한 가지 아쉬운 점은 이 공간 자체와의 연결점을 소개하는 데에까지는 이르고 있지 못하다는 사실이다. 서울시는 동일 공간 안에 수진궁 터의 유적을 발굴한 결과를 알리는 안내판과 수진궁 자체를 소개하는 안내판을 설치해놓고 있는데, 이것이 《대한민보》와 어떻게 연결되는지까지는 소개하고 있지 않다. 주관 기관이 달라서이기도 하겠지만, 기왕이면 안내판과 동상과 연결되는 설명을 새로 붙이면 어땠을까 싶다.

이 자리를 만화 몽마르트르로 만들겠다는 구상이야 이후 이곳에서 무언가를 진행했다는 소식이 들려오지 않는 걸 보면 종로구의 의지가 그리 강했다고 볼 수 없는 상황이지만, 가능하다면 이 공간의 과거와 현재를 연결하는 시민 문화 프로그램이 구축되면 좋겠다. 1회성 캐리커처 행사나 작가 사인회 등이 아니라 역사적 맥락과 현재의 우리 만화를 연결할 수 있는 방식이면 더욱 좋겠다. 기왕 지사 "하겠다"고 보도자료까지 냈다면 조금 더 힘을 내는 게 어떠하실지?

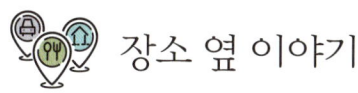 장소 옆 이야기

### 만화의 날을 6월 2일로 바꿔야 한다는 주장에 관하여

만화의 날을 6월 2일로 바꾸어야 한다는 주장은 본문에서도 언급한 바지만 충분히 설득력을 지니고 있다. 11월 3일이 근본 없는 날이라면서 민족정신을 잃은 매국노 짓이라느니 하고 몰아붙이는 말이 뒤따르지 않았다면 말이지만.

만화의 날이 11월 3일인 건 시대의 산물이다. 여전히 언제 몰아닥칠지 모를 관제 탄압에 대비해야 하는 상황이지만, 적어도 1년에 한 차례 이날을 공적으로 기념하며 만화가 이 땅에서 어느 위치에 있었고 왜 계속 그런 취급을 받아선 안 되는지에 관해 되새길 수 있었다. 시대가 바뀌어가면서 비단 탄압을 기억하는 데 그치지 않고 미래를 모색하는 날로 바꾸어가기 위한 움직임은 있을 수 있겠지만, 적어도 '지금까지' 만화의 날이 11월 3일인 게 이유도 근본도 없는 건 아니었다고 말하고 싶다. 불의한 자들의 책동에 대해 이땅의 만화가들이 그저 가만히 있지는 않았음을 증명하는 날이었기 때문이다.

어느 날이 만화의 날로 합당한지에 관한 생산적인 토론은 지금 이 시점 분명 필요한 일이다. 다만 주장하는 방식의 문제가 있을 따름이다.

## 한국과 일본은 만화의 날이 같다?

11월 3일은 일본에서도 만화의 날로, 일본만화가협회가 일본 현대 만화의 틀을 닦은 '만화의 신' 데즈카 오사무手塚治虫의 생일에서 따와 정했다. 데즈카 오사무는 1928년 태어나 다양한 명작을 남긴 전설적인 인물로 대표작은 〈철완 아톰〉과 〈정글대제〉 〈리본의 기사〉 등이 있다.

일본에는 이외에도 비공식적으로 만화의 날로 언급되는 날이 둘 더 있다. 하나는 2월 9일로, 일본의 만화/애니메이션 상품 매장인 만다라케まんだらけ가 정한 날이다. 정체는 바로 데즈카 오사무의 기일. 데즈카 오사무는 1989년 죽었는데 참고로 유언은 워커홀릭답게도 "부탁이니까 일하게 해줘頼むから仕事させてくれ"였단다.

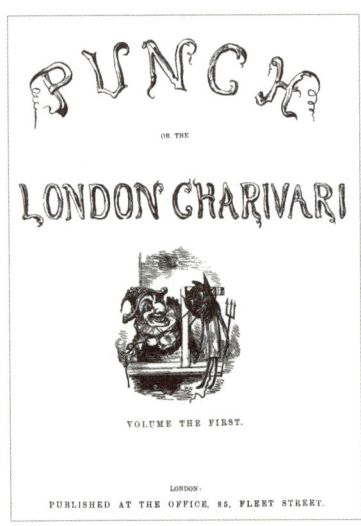

《펀치|the Punch》

《재팬 펀치|the Japan Punch》

다른 하나는 7월 17일로, 영국에서 1841년 《펀치the Punch》지가 발간된 날이다. 이 잡지는 풍자만화의 한 틀을 정립하면서 이후 만화 역사에서도 중요한 역할을 하는데, 일본에서는 막부 시기에 기자로서 일본에 들어온 화가 찰스 워그먼Charles Wirgman이 1862년 7월 《재팬 펀치the Japan Punch》를 창간하면서 일본 최초의 만화잡지로 기록됐다.

## 수진궁 귀신, 그리고 제안대군

혼인도 못하고 죽은 원혼들이 모여 있다 하여 수진궁 귀신 하면 인왕산 호랑이도 피해갔다는 도시전설(?)이 돌기도 했는데, 정작 제안대군은 모친상을 당한 이후 여색을 멀리하긴 했으나 처가 있었기 때문에 으레 '수진궁 귀신=제안대군 몽달귀신 설'을 언급하는 건 엄연히 말해 틀린 이야기라 하겠다.

만화 《임금님의 사건수첩》의 주인공이기도 한 예종은 나름대로 총명하고 능력과 추진력도 있었지만 어이없을 만큼 일찍 죽었는데, 이때가 아들인 제안대군이 네 살 때여서 왕위 계승 1순위 후보자였으면서도 밀려나 희대의 간신 한명회의 사위 잘산군, 즉 성종에게 자리를 내줘야 했다. 성종이 어질고 잘 참는 군주상에 갇혀 결국 희대의 폭군으로 기록되는 연산군으로 연결되는 징검다리가 됐음을 보자면, 비록 역사에 가정은 없다지만 제안대군이 어느 정도 성장하길 기다리면서 왕위를 맡겼으면 어땠을까 하는 생각도 좀 든다.

《대한민보》 터

# 답사 코스

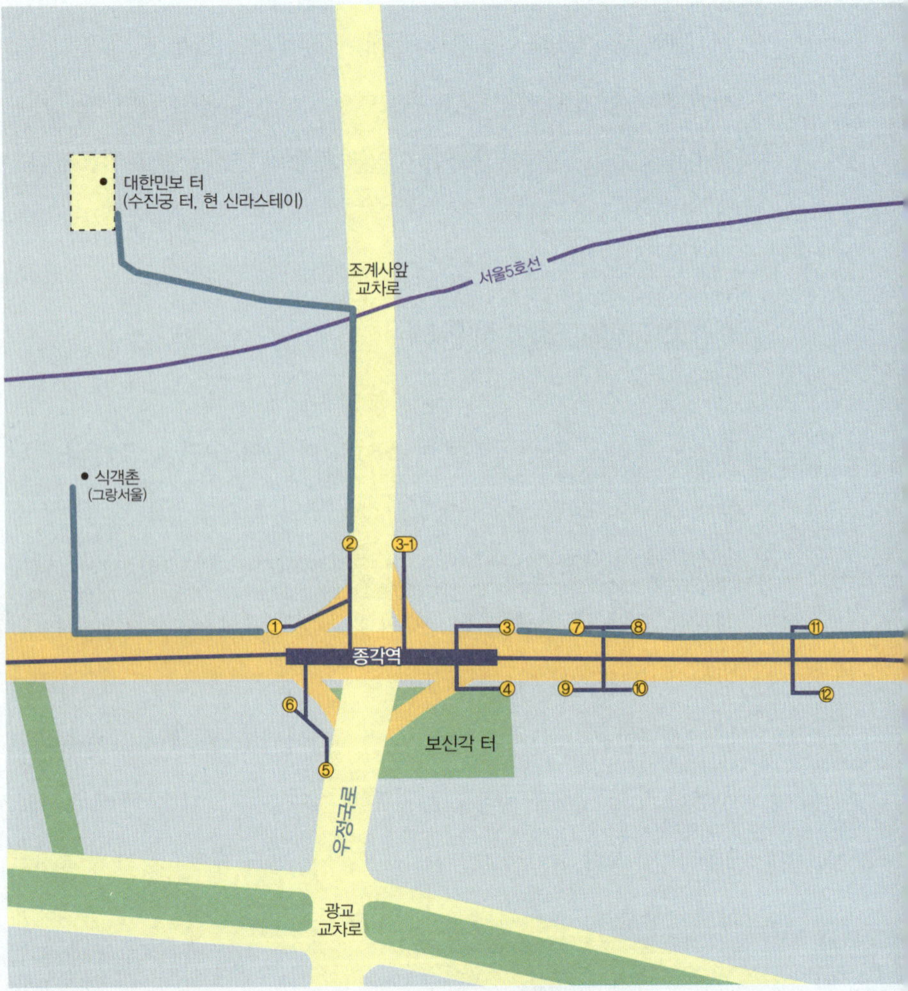

《대한민보》 터
(수진궁 터)

신라스테이 주소

탑골공원

식객촌

〈삽화〉 조형물

피맛길

《대한민보》 터 답사는 조금 싱겁다. 조형물 하나만 덩그러니 놓여 있기 때문이다. 다만 근처에 큰 서점이 세 곳 있으니 둘러보고 나오며 책을 구입하러 갈 만하겠고, 옛 피맛골 근처 자리에 허영만 선생의 〈식객〉을 테마로 삼은 식객촌이 있다는 점 정도가 만화와 연결점을 둘 수 있는 대목이다.

### 《대한민보》 터
서울 지하철 1호선 2번 출구 – 조계사 앞 교차로에서 좌회전 – 신라스테이 앞 300미터

서울 지하철 1호선 종각역 2번 출구로 나온 후 약 120미터를 걸어 조계사 앞 교차로에서 좌회전해 신라스테이 앞까지 180미터 정도를 더 가면 〈삽화〉 조형물이 서 있다. 수진궁 유적 안내와 함께 안내판을 읽은 후 사진을 찍어봄 직하다. 주소는 본문에 나오듯 서울시 종로구 삼봉로71.

### 식객촌
서울 지하철 1호선 종각역 1번 출구 – 그랑서울 100미터

《대한민보》 터에서 종각역 쪽으로 돌아 나와 서울 지하철 1호선 종각역 1번 출구 쪽으로 가면 그랑서울이 보인다. 여기에 허영만 선

생의 〈식객〉에 나오는 맛집을 모아놓은 식객촌이 있다. 지인들이 모여 밤새 '달리던' 피맛골의 정취는 유사개발독재의 방귀 소리에 사라졌지만, 그즈음에 만화를 소재로 삼은 독특한 공간이 등장했다는 점이 재밌다. 만화에 나오는 맛집 가운데 차림이 겹치지 않는 아홉 곳을 모아놓았고, 이후 구로G밸리, 일산 빅마켓, 인천공항, 여의도, 부영태평로에도 점포를 냈다고 한다. 그 가운데 종각이 시발점인 셈.

## 탑골공원

서울 지하철 1호선 종각역 – 탑골공원 310미터

탑골공원은 그냥 생각하면 만화와는 도무지 연이 없어 보일 듯한 공간이지만 의외로 만화 역사에서 중요한 한 페이지를 장식하는 장소다. 《천국의 신화》가 음란물이라며 벌금 300만 원을 선고받은 데 항의하기 위해 2000년 7월 23일 만화인들이 '만화표현의 자유수호를 위한 결의대회'를 연 곳이 여기다. 1997년 청소년보호법 발효 이후 된서리를 얻어맞아 너덜너덜해진 뒤였지만 이현세 작가에 대한 유죄 판결은 '너희는 죄인이다'라는 법적 확정이었다는 점에서 업계인과 독자들이 더 이상 참지 못한 셈이다. 이 당시 판결을 내린 서울지법 김종필 판사의 말은 "한국만화계를 대표하기 때문에 사회적 책임을 묻지 않을 수 없다"였다. 이현세 작가는 이후로도 계

만화표현의 자유수호를 위한 결의대회 장면들과
《천국의 신화》

속 싸워 끝내 무죄를 받아냈지만, 그 시점에 만화의 판도는 완전히 바뀌어 있었고 작가는 창작열을 잃고 말았다.

2000년 당시 《조인스닷컴》 객원기자였던 나는 집회 풍경을 담아 기사로 송고했다. 성명서 낭독과 피켓시위, 침묵시위로 이어졌던 이날 행사는 조용해서 더 처연하고 슬픈 분위기였던 기억이 난다. 성명서를 대독한 후 강경옥이 상기된 목소리로 던진 한마디가 지금도 기억에 남는다. "우리나라 국민은 판단을 못 할 만큼 바보가 아닙니다."

탑골공원이 대체로 나이든 어르신들의 사랑방 같은 역할을 하고 있지만, 만화계의 가장 치열했던 시기를 장식한 공간이기도 하다는 점을 생각하면 느낌이 꽤 달라 보이기도 한다.

나의 만화유산 답사기 08

#### 책과 청춘의 한 페이지들이 모여 흐르던 곳
# 청계천과 대학천

서울 지하철 1호선 동대문역과 종로5가역 사이를 걷다 보면 '대학천 상가'라는 이름을 붙인 건물이 보인다. 동으로는 동대문종합시장을, 남으로는 평화시장과 청계천을 접하고 있는 대학천 상가와 그 주변은 한때 우리나라에서 나오는 상당수 책을 유통하던 책 도매상의 밀집지로 유명했다. 이곳은 1990년대까지도 국내에 유일하다시피 한 도서 도매 전문 시장이었고, 만화 또한 책의 한 종류로서 이곳을 통해 대거 유통되어 왔다. 한편 평화시장 쪽 청계천변에 넓게 형성된 헌책방 거리는 그야말로 국내 최대의 헌책방 밀집지로서 한 시기 없는 살림에 지식을 채우고 싶어 하던 모든 이의 보물창고였다.

근래 아내와 원석 주얼리 제작 사업을 함께하며 재료 구입을 위해 동대문종합시장을 곧잘 드나들곤 하는데 거기서 몇 걸음 정도만 더 걸으면 만화와 깊은 연관이 있는 공간이 펼쳐지니 대체 이건 또 무슨 인연인가 싶어지곤 한다.

대학천 상가 전경

## 대학천의 유래

종로 옆을 흐르는 하천명은 청계천이다. 한데 이 상가는 대학천이란 이름으로 불린다. 지명에 담긴 '대학천'이라는 독특한 이름은 본래 명칭이라기보다는 별칭이다. 본래는 성균관 근처의 흥덕사 무렵에서 흘러내려와 청계천과 만나는 흥덕동천興德洞川이다. 대학천이란 이름은 1926년 경성제국대학 법문학부와 의학부가 흥덕동천을 사이에 두고 각기 현재의 마로니에공원과 서울대학교병원 위치에 자리 잡으면서 붙은 별명이다. 대학천의 명칭에 관해서는 서울대 문리대 앞을 흘렀기 때문에 그리 불렸다는 이야기가 많으나, 청계천

박물관(서울 성동구 마장동 527-4)은 경성제국대학교 시기부터로 연원을 기록하고 있다. 앞이든 뒤든, 경성제국대학의 건물들을 흡수한 서울대학교가 1975년 관악산 쪽으로 옮겨갔음에도 대학천이란 이름은 지명으로 남아 지금까지 이르고 있다.

지금은 오히려 흥덕동천이라는 이름을 지도에서 찾기가 더 어려운 상황이다. 원래의 흥덕동천은 상류부터 전부 복개되어 땅 아래에 묻혀 있고 일부가 대학로에 실개천 형태로 복원돼 있다. 이 새 흥덕동천은 원류와는 다른 위치에 있고 흐르는 물 또한 원래의 흥덕동천을 흐르는 물이 아니라 서울 지하철 4호선 혜화역 쪽에서 발

1972년 3월 22일 양택식 서울시장은 서울대 문리대, 법대 학생들과 함께 새마을 캠페인의 일환으로 서울대 앞 개천을 치우는 작업을 진행했다. 서울대 사람들은 이 개천을 세느강으로 불렀다.
자료: 서울시진아카이브

생하는 지하수라서 흉내 내기 복원이라는 이야기를 듣는다. 1981년 혜화역 공사와 함께 대학로가 복개되기 전 그 앞을 흐르던 홍덕동천을 서울대학교 문리대 학생들이 세느강으로 불렀다는 이야기가 전설처럼 전해져 온다.

대학천 도서 도매 거리는 바로 이 홍덕동천이 청계천과 만나는 지점에 형성된 공간이다. 이곳에 책 판매상들이 몰려들게 된 건 한국전쟁(1950~1953) 직후다. 광복(1945. 8. 15) 직후 민중의 억눌렸던 지식욕이 폭발하며 "신문이 쏟아지고 잡지가 밀린다. 삐라가 깔리고 포스터가 덮인다. 쓰는 대로 글이 되고 박히는 대로 책이 된다. 활판과 석판이 몸부림친다. 사진판, 등사판까지 허덕거린다. 이리하여 없는 종이가 물 같이 없다"(《삼수록 (12) 출판홍수》,《동아일보》, 1946년 3월 23일자 중에서)라고 할 만큼 출판 붐이 일어났으나, 전쟁이 터지며 책을 찍을 곳도 팔 곳도 마땅치 않게 됐다.

### 서점이 청계천-대학천에 모여든 연유

물론 사람들의 지식 욕구와 유희 욕구는 어떤 상황에서도 실로 왕성해서 전쟁 중에조차 피난지에서 아연판에 그려 찍어낸 싸구려 만화(통칭 '떼기 만화')를 팔았다지만, 전쟁으로 폐허가 된 상황에서 새로운 책을 왕성하게 만들어내고 유통하기는 쉽지 않았다.《매일경제》는 1975년 8월 〈풍물 30년 변천 속의 자화상을 본다〉라는 연속 기획 기사를 통해 광복 이후 분야별 풍경 변화를 살폈는데, 그해 8월 11일자에서 아홉 번째 꼭지로 서점가를 다루면서 전후 우리네 서적 유통의 변화를 상세히 기록하고 있다.

이 기사에 따르면 전쟁이 끝난 후 충무로(법정동명. 즉 지금 명동역 주변의 진고개를 일컬음) 근처와 동대문 근처에서는 노점식 이동 서점을 열고 옛 책, 일반 가정집에 있던 헌책과 일제강점기 일본인들이 경영하던 서점에서 인수되었다 흘러나온 일본 책들, 그리고 개인 소장품과 도서관의 소장 도서들을 취급하는 이들이 대거 늘어났다. 동대문 쪽 청계천가에 자리를 잡았던 이들은 청계5가(광장시장, 방산시장)―청계6가(오간수교, 평화시장)―청계7가(동평화시장/청평화시장)―청계8가(황학교)에서 대학천 주변에 이르는 공간으로, 충무로 쪽에 있던 이들은 비싼 임대료에 밀려 명동의 달러 시장 골목으로 옮겨갔다고 한다.

이 가운데 청계천이 광통교에서 오간수교 지역까지 복개(1958. 5. 25~1961. 12. 5)되고 오간수교 옆에 평화시장이 들어서면서(1962) 헌책을 주로 취급하던 이들은 점차 청계천변 쪽 평화시장에 자리를 잡고 대학천 쪽 서점들은 덕성빌딩과 그 주변에서 신간 도서 도매를 하는 식으로 역할을 나누게 됐다. 《경향신문》 1982년 10월 8일자에 〈헌책의 집산지―청계천 책방거리〉라는 제목으로 실린 기사에 따르면 이 공간에 헌책방이 들어서기 시작한 건 1982년 당시에서 15년 전부터라고 하는데 1967년은 복개된 청계로(훗날 '청계천로'가 되었다가 청계천 복원과 함께 사라짐)를 따라 시장 구역이 팽창해 신평화시장, 동평화시장, 청평화시장 등이 연달아 생겨난 시기다.

## 청계천변에서 살 수 있었던 것들

평화시장을 따라 형성된 헌책방들에서는 아동문고, 교양서적, 중·고교 교과서 및 참고서, 대학교재, 전문서적, 고서적 등을 절반에 가까운 가격으로 구입할 수 있었고 출판사에서 악성 재고가 된 신품도 곧잘 흘러나왔다고 한다. 내 장인, 장모님도 이곳에서 어렸던 아내에게 백과사전을 비롯해 많은 책을 사 주셨다고 하는데 백과사

평화시장에 있는 헌책방들. 기세는 꺾였어도 여전히 없는 책이 없다.

전을 질 단위로 구입해도 굉장히 저렴했다고 한다. 큰 책방이 없는 곳에서 꼬맹이 시절을 보낸 입장에서 처가 가족들에게 전해 듣는 청계천 책방 이야기는 부질없는 질투를 느끼게 하기도 했더랬다.

1970년대에 신문들은 아예 형편 쪼들리면 헌책방으로 가보라며 청계천 헌책방 거리를 소개하는 기사를 내놓기도 했다. 제목부터 〈책 구입 싸고 실속 있게〉인 《경향신문》 1974년 6월 20일자 기사를 보면, 이 시기 청계천변의 헌책방이 80여 군데, 대학천 상가까지 합치면 130여 개소(즉 대학천 쪽에 50여 개)에 달한다 소개하며 그 종류의 다양함을 "웬만한 도서관을 뺨칠 정도"라고 소개하고 있다. 앞서 인용한 1975년의 《매일경제》 연속 기사 〈풍물 30년 변천 속의 자화상을 본다〉에서는 서점의 수를 청계5~8가에 150여 개, 대학천 쪽에 100여 개라고 소개하고 있으니 어림잡은 것을 감안해도 짧은 기간에 제법 수가 늘어가고 있었음을 짐작케 한다.

한편 이 1970년대의 책 수요 가운데에는 '진열용'이라는 목적도 있었다는데, 《한겨레》 1992년 8월 2일자 〈전문 서점을 찾아 ⑰ 서울 청계천 6가 책 도매 상가〉에 언급된 전국서적상연합회 동대문지구조합장 이기하의 증언에 따르면 1970년대엔 주택 건축 활성화와 함께 서가에 꽂아둘 양장본 장서가 많이 나가면서 청계천 헌책방들이 절정기를 이루었다고도 한다. 돌이켜보건대 내 아버지는 예부터 종종 "벼락부자가 된 졸부들이 큰 집을 지어놓고는 아는 척하려고 서점에 가서는 정작 읽지도 않을 책을 '여기부터 저기까지 다 주시오' 해서 진열해놓곤 했다"리며 비아냥거리시곤 했다. 요즘으로 치

한 시절 진열용 서적으로 인기를 끈 백과사전계의 임금님 《브리태니커》 전질. 무기로 써도 좋을 정도의 두께는 보는 것만으로 가슴을 풍요롭게 한다.

평화시장 쪽에도 만화를 팔긴 한다. 잘 찾아보면 엄청난 물건이 굴러다니는 모습을 구경할 수도 있다. 1980년대 말 창간된 순정만화지 《르네상스》 등등.

면 인테리어 개념으로 생각하면 될 것이니 굳이 졸부라 욕할 필요가 있었을까 싶지만, 어쨌든 그 시기의 책 수요에 경제 성장기의 일면이 연결된다는 점은 꽤 재밌는 일이다.

헌책방이 비교적 평화시장 쪽으로 많이 형성된 데 비해 대학천 쪽은 대체로 신간 도매를 중심으로 했다. 그리고 이 가운데 만화는 주로 교재, 참고서와 함께 대학천 쪽에서 취급되었다.

## '대학천' 표 덤핑 도서와 만화 불량 시비

재밌는 사실은 1960년대 후반부터 대학천 상가 안에서 출판사들이 운영되었다는 점이다. 대학천 상가는 한때 '책 도매 시장'과 함께 '덤핑 책 시장'이라고도 불렸는데, 여기서 말하는 덤핑 도서란 단순히 헌책을 떨이로 팔아서 붙은 이름이 아니라 정상 유통되는 일반 서적보다 싼 가격으로 팔 종류의 책을 아예 대학천 안에서 만들었다는 의미다.

1969년 8월 2일자 《매일경제》의 〈시장순방 (9) 대학천 상가〉에는 대학천 책시장의 덤핑 도서에 관해 "일반도서 정가의 30~40% 선에서 판매되는 것이 보통"이라면서 "이곳 상가 서점에서 직접 출판된다"는 점을 기록하고 있다. 이 기사에 따르면 덤핑 도서는 첫째 불량도서, 둘째 초판도 다 안 나가거나 재판에 실패한 발행물의 지형紙型(대량 인쇄를 위해 제작하는 금속 연판을 제작하고자 뜨는 종이 본)을 대학천 출판업자들이 원 출판사에게서 헐값에 사서 재출판한 것을 뜻한다. 종잇값밖에 안 될 만큼 싼 가격을 무기로 박리다매로 팔아치우는데 이 책들은 주로 노점상과 가판, 열차 행상 등을 주로 이용했다고 한다. 1969년에 70여 개로 소개된 서점 가운데 출판을 주로 맡은 서점은 스무 곳 정도였다고 한다.

하지만 싸게 살 수 있다 해서 덤핑이 정상 취급을 받을 수는 없던데다 해당 시기는 엄연히 박정희 독재기였다. 덤핑 도서를 가리키는 건 일반도서의 덤핑판 밀고도 또 다른 하나가 있었으니 바로 불량 도서였다. 불량 도서라 함은 그 시기에 불량 도서로 구분될 만한 책들을 말한다. 음란도화 종류를 생각하기 쉽지만 만화도 그 가운데 중요한 위치(?)를 차지했다. 이 시기의 불량 시비와 관련해서는 앞서 신촌과 합동출판사를 소개하며 내용을 소개한 바 있으니 해당 부분을 다시 한 번 읽어보셔도 좋겠다.

이 시기에 나온 언론기사 가운데 주목해볼 만한 건 1972년 2월 2일 《동아일보》에 실린 〈'죽음'까지 몰고 온 '불량 만화' 실태와 문제점〉이란 기사다. 이 기사는 "만화에서는 사람이 죽었다가도 다시 살아난다"면서 목 매 자살한 12살 정병섭 군 자살 사건(1972. 1. 31)를 빌미로 만화를 '자칫 어린이들에게 악영향을 끼칠 수 있는 공해'라고 몰아붙인다. 다만 대학천 내 만화 출판의 상황을 기록하고 있다는 점에서만큼은 참고할 부분이 있다.

〔…〕 현재 우리나라의 아동만화 작가는 약 이백 명. 이들이 삼, 사 개 출판사를 통해 내놓는 만화는 하루 평균 삼십 종, 일 종당 이천 부 정도를 인쇄해서 80% 가량이 팔린다 하니 한 달에 일백만 부 이상의 만화책이 전국 일만여 만화 가게(서울은 일천삼백여 곳)로 흘러들고 있다.

그러나 월간 소년지, 일간 소년지와 종로5가의 대학천 시장 안 소위 지하 출판까지 합치면 숫자는 훨씬 늘어나며 최근 붐을 이루는 텔레비젼 만화까지 겹쳐 동심은 만화공해에 멍들기 쉽다.

〔…〕

대학천 시장 안의 십여 곳으로 추산되는 지하 출판사의 경우 값싼 원고료에 제작비도 덜 먹히고 책 내용도 어린이들의 호기심과 집착을 강요하는 스릴러를 시리즈로 내고 있기 때문에 만화 가게에서는 크게 환영받고 있으며 어린이들도 더 찾는다는 것이다. 내용물은 물론 전혀 규제가 없다.

만화 가게에서는 이 같은 책들을 동대문 시장에서 직접 구입하거나 보따리장수들로부터 정기적으로 배급받아 어린이들의 코 묻은 십 원에 네 권, 여섯 권에 보여주고 있다.

― 〈'죽음'까지 몰고 온 '불량 만화' 실태와 문제점〉,
《동아일보》, 1972년 2월 2일자 중에서

기사의 주된 방향은 일간 어린이 신문이나 월간 어린이 잡지 그리고 대학천 지하 출판사에서 흘러나오는 덤핑 만화가 사전심의를 받지 않은 채 유통되어 문제가 크다는 내용이다. 하지만 정식 유통되는 만화라고 불량 취급 안 받는 것도 아니었고, 당시로서는 만화 판매가 '코 묻은 돈으로 수익을 올리는' 일로서 매우 부적절하게 인식됐으며, 정권 차원에서도 사람들의 눈을 정치에서 돌리는 데에 이런 부정적 인식을 십분 활용해왔다. 지하 출판사의 덤핑 만화책은 대학천 쪽에서 나온 덤핑이어서 불량한 게 아니라, 안 그래도 불량한 걸 심의도 안 받고 유통되고 있어서 더 문제라는 이야기였던 셈이다.

하지만 만화가 불량이라는 주장에 문제가 있다 한들, 덤핑 시장 또한 일종의 편법이자 암거래에 가까운 형태라 할 수 있다. 다만 1970~1980년대에 이르는 도서 유통의 한 부분에 자리하고 있던 점 정도로 생각하면 되겠다. 덤핑 도서의 존재는 다른 한편으로는 대학천에 얼마나 만화를 포함한 도서 수요가 많이 몰렸는지를 짐작케 하는 대목이기도 하다.

## 한계 끝에 호황도 끝나다

1970년대에 신간 도서 도매 거리로서 부각되어 일본 간다神田 지역의 유명한 서점 거리 진보쵸神保町에 비견되기도 했다던 대학천이지

대학천 상가 골목 안쪽. 비좁다.

만, 1980년대에 들어서면서는 점차 몰려드는 수요와 물량에 비해 공간이 좁다는 물리적 한계에 부닥치게 된다. 지금도 대학천 상가의 골목에 가보면 바로 알 수 있는 바지만 차를 몰고 가기엔 어려울 만큼 비좁다.

애초에 일반인들보다는 서점들을 대상으로 하는 도매상으로 시작된 곳들이었지만, 늘어나는 수요에 맞춰 물량을 실어나르기에 차량을 이용하기 어렵다는 점은 필연적으로 인력으로 해결해야 한다는 문제를 낳는다. 좁은 골목에서 지게꾼을 이용해야 하니 점차 사람 구하기가 힘들어지는 상황에서 유통량이 증가하니 한계가 올 수밖에 없었다. 이렇게 복작거리니 화재 위험성도 컸다고 한다.

1990년대 즈음까지 국내 도서 유통 물량의 40퍼센트가 오갔다던 대학천이고 서점마다 특정 장르만을 취급하는 식의 특성화를 꾀하기도 했지만, 1980~1990년대 들어 책은 점차 교보문고나 서울문고, 영풍문고와 같이 새로 등장하기 시작한 대형서점을 중심으로 독자들을 맞이하기 시작하니 소형 서점을 대상으로 한 중간 유

대학천 쪽에는 지게꾼이 물류의 상당량을 감당하고 있다.

통에는 변화가 생길 수밖에 없었다. 점차 유통의 현대화, 투명화 등이 숙제로 다가왔다.

결국 1990년 8월 송인서적을 시작으로 1991년에 이르기까지 대학천의 터줏대감으로 자리했던 한양서적, 학원서림, 진명서적 등 4대 도매상이 대학천을 떠나 각기 다른 지역으로 빠져나갔고 1990년대 말쯤 되면 그 외 서점도 많이 빠져나갔다. 수요에 맞추기 위한 방편이거나 수요를 맞출 수 없었던 결과겠으나, 4대 도매상 중 하나로 꼽히던 송인서적이 1998년에 큰 위기를 겪고 살아난 데 이어 최근인 2017년 초반 어음을 막지 못해 끝내 부도를 낸 것을 보면, 출판 유통의 관행과 후진성이 지금까지도 딱히 개선되었다고 할 순 없었던 모양이다.

어쨌든 1990년대 후반을 넘어가면서는 전국의 소매서점은 씨가 말랐고 자연히 이들에 책을 공급하는 도매의 필요성도 약해졌다. 파주출판단지가 등장한 여파도 있어서, 점차 골목 양쪽을 책으로 가득 채웠던 대학천 상가엔 스무 곳 정도가 한산해진 골목을 지키며 옛 모습의 일부를 유지하고 있을 따름이다. 빈 공간에는 가죽을 비롯해 동대문 종합시장의 의류 부자재 가게들이 들어서 있다. 대학천 말고 청계천 쪽의 헌책방들도 상황은 크게 다르지 않아서 많은 곳이 사라졌다.

## 그리고 대학천 거리의 만화 서점들은 지금

만화 또한 대학천 상가 쪽에선 2017년 현재 제일서점 정도만 남아 한창 성장기 때 찾던 추억을 안고 방문하는 사람, 대여점 창업을 꾀하는 사람 등을 상대하고 있다. 그리고 대학천 상가를 약간 빗겨나 청계천 쪽으로 향하는 골목에는 천마서점이 있다. 1972년 무렵부터 운영해온 제일서점은 현재 딸이 운영하는 꽃집을 병행하고 있고, 만화 보유 권수로 유명하다던 천마서점은 2017년 9월 글자 자체가 보이지 않게 될 만큼 낡은 간판 위에 새 간판을 달아 여전히 영업 중임을 보이고 있으나 새 수요는 거의 없고 만화방과 대여점을 돌던 만화와 무협지를 질 단위로 묶어 저렴하게 판매한다.

두 곳의 점주는 그나마 최근 만화방이 만화카페라는 형태로 젊은 층을 공략하는 사례가 늘어나면서 창업을 위해 찾아오는 경우가 가끔 있다고 말한다. 만화방에 이어 도서대여점이 전국에 많이 퍼졌던 2000년대 초반만 해도 대학천 상가에 만화 전문 도매상 10여 곳 가량이 남아 '할인가로 구입할 수 있다'는 장점을 내세워 독자들의 발길을 잡았다. 하지만 만화를 비롯해 책 자체를 대형서점이 아니면 인터넷에서 구입하는 일이 보편화된 지금에 이르러선 그조차 매력이 되지 못하고 있다. 점주들은 만화방과 도서대여점 때까지만 해도 대학천을 찾는 사람이 많았다면서, 지금은 사람들이 죄 스마트폰을 보지 책 자체를 읽지 않는 것 같다고 말하기도 했다. 하지만 할 수 있는 데까지는 매장을 유지할 것이라고도 전한다.

사실상 둘만 남은 만화 전문 서점 가운데 하나, 천마서점

천마서점 내부. 좁은 공간 안에 빼곡하게 눌러앉은 헌책들이 세월의 무게를 느끼게 한다.

제일서점. '만화도매, 개장 45년, 대학천에 마지막 남은 집'이라는 문구가 인상 깊다.

다른 전문 서점들에 비해서 만화는 대여점이라는 변종이 등장하면서 2000년대 초반까지 호흡을 이어간 편이었다. 당시 대학천의 만화 도매 상가 풍경을 담은 언론 보도를 소개하자면 다음과 같다.

'호텔 아프리카' '오디션' '미스터 초밥왕' '시마과장' 전질을 집안에 들여놓고 싶은 만화팬들은 어디서 만화를 구하면 좋을까.

동대문 만화 전문 도매 상가로 가라. 만화책 총판이 서울 전역에 4~5곳 정도 있지만, 대형 매장이 한 곳에 모여 있기로는 동대문이 유일하다. 동대문 종합시장 바로 옆 큰 길 안쪽으로 들어가면, 제일서점, 우리서점, 까치서점 등 도매상 10여개가 옹기종기 모여 있다. 만화책은 정가의 20%, 팬터지·무협소설·잡지는 20~30% 할인된다.

이곳의 가장 큰 고객은 역시 만화 대여점이나 비디오 가게지만, 최근 중/고교생, 대학생, 직장인도 부쩍 늘었다. 28년 전부터 이곳에서 만화 도매업을 해 오고 있는 제일서점 김동열(54) 씨는 "토요일에는 중·고등학생만 200~300여 명 정도 몰려온다"고 전한다. 여학생들이 즐겨 찾는 만화는 천계영·강경옥·박희정·신일숙 작품. 중·고교생들은 '열혈강호' '소년탐정 김전일' '용비불패'를, 직장인들은 '낚시광' '맛의 달인' '정치9단' '사랑해'를 즐겨 읽는다고 상인들은 말한다.

— 최원석, 〈동대문엔 만화가 산처럼 쌓였네: 동대문 만화 도매 상가〉, 《조선일보》, 2000년 12월 1일자 중에서

## 시대 흐름의 풍파 뒤에 남아

1990년대 이후 출판 만화 시장의 불황과 그 원인을 흔히 도서대여점의 창궐로 언급하곤 한다. 대본소 중심 체제를 벗어나 잡지 연재-단행본 출간 중심 체제로 들어선 1980년대 후반~1990년대 후반을 제외하면 우리나라 만화 유통이 '대여'라는 형태를 벗어난 시기는 거의 없었다 해도 과언은 아니다. 또한 1990년대 이후의 만화 불황은 대여만이 아니라 청소년보호법과 IMF 외환위기 사태, 초고속 인터넷 발달에 따른 환경 변화 등이 동시다발로 들이닥친 결과물이기도 하니, 도서대여점에 모든 혐의를 덮어씌워선 안 될 일이다. 하지만 그때는 물론 심지어 지금까지도 시장 변화 속에서 만화책이 예의 총판이라는 유통망에서 크게 벗어나 있지는 못한 점 또한 분명하다.

나는 2000년대 초반에 이러한 유통 한계에 기인한 다양한 병폐를 '대여 체제'라는 명칭으로 묶어 비판한 바 있다. 만화방만이 전부이던 시기에야 그에 맞추는 게 당연하다면 당연할 수 있겠으나, 이제 와 판매를 위해 제작한 책이 몽땅 도서대여점에서만 소화되면 시장 자체가 전국 도서대여점 수에만 맞춰질 것이므로 그 수가 줄어드는 순간 무너질 것이다. 그러니 유통 개선과 판매용 도서 중심 시장으로의 전환, 수익 배분을 위한 대여-판매의 상생, 유통 투명화 등이 필요하다는 주장이 일어난 것이 바로 이 시기다.

이런 주장은 아직 만화가 책으로 팔릴 수 있다는 희망이 실낱같이 남아 있던 시기의 희망사항이었다. 하지만 2003년 다음, 2006년 네이버가 상업 웹툰 연재 공간을 열면서 만화의 패러다임이 순식간에 웹툰으로 넘어가고, 출판 형태의 만화는 권당 300원짜리 대여조차도 용납하지 않는 불법 스캔판에 피해를 보는 사이에 웹툰의 출판화와 일본을 중심으로 한 외국 만화 수입 흐름이 유지됐다. 물론 이후에 책으로서의 만화는 장정 고급화와 소재 다양화 등으로 전에 없던 가능성을 타진하게 되지만, 대중적인 상업 문화로서 만화의 주 흐름은 명백히 웹툰으로 넘어간 상태다.

그리고 이미 다들 눈으로 보아온 바, 골목마다 우후죽순 들어섰던 도서대여점은 비디오대여점과 더불어 그 수가 극단적으로 줄어 이제는 시장의 한 주자로 기능하기가 어려운 상황이 됐다. 대안과 고민은 순식간에 의미를 잃었고 눈앞의 상황은 초고속 인터넷의 속도만큼이나 빠르게 변화했다. 한 발자국 떨어져 보자면 전에 없던 새로운 무대가 추가된 것이지 웹툰이 무슨 점령군처럼 짓밟고 들어온 것도 아니고, 출판 소매 시장 자체가 버티지 못한 마당에 출판 만화가 버텨낼 방법이 없었다고 할 수 있다. 하지만 그건 어디까지나 떨어져 보았을 때의 이야기일 뿐이고 한창 바뀌던 당시에 느끼던 당혹감은 이루 말할 수 없었다.

현재는 만화방이 극히 일부 만화 카페라는 형태로 세련미를 더하며 젊은층을 끌어 모으고 있지만 이 역시 대세가 되기는 어렵다. 게다가 사실은 그 전에 만화 자체가 이미 웹툰을 포함해(!) 1990년대 이후 엔터테인먼트에서 최종 주두권을 쥐는 매체의 자리에서 내려와 있기도 하다. 아닌 게 아니라 우리는 지금 만화든, 또는 웹툰이라 따로 부르든 그 외에도 볼 게 너무나 많은 시대 한가운데에 서 있다. 그러니 사실은 사람들이 책을 안 본다고 타박하기에도 민망하고 만화가 책으로 밀리언셀러를 기록하던 시대로 돌아가는 건 이제 영영 불가능한 상황이 돼 있다. 그리고 만화방과 도서대여점 등 대여라는 형태로 운영되는 공간이 만여 개소를 넘나들 만큼 전국적 활황세를 구가할 가능성도, 만화책 유통이 갑자기 영화만큼 판매/노출 수치가 투명하게 드러나게끔 개편될 가능성도 더는 없다.

옆 나라 일본에서조차 애니메이션으로 먼저 접한 작품의 원작 만화를 보면 어떻게 읽어야 할지 몰라서 허둥댄다는 이야기가 들려오는 마당이다. 이쯤 되면 어디가 됐든 출판 만화의 시대 자체가 현재 선에서 좋아봐야 답보를 거듭하게 되리라는 생각이 들고 만다. 그럼에도 오랜 기간 만화방과 도서대여점 시기의 만화 유통에서 상당한 역할을 맡았고 많은 이들의 뇌리에 청춘의 한 장소로 기억되는 대학천 공간의 현재 모습을 보면서 착잡해지는 까닭은 왜일까.

너무나 부질없는 생각이겠지만 만약 만화방과 도서대여점이 단지 점포 수로 유지되는 시장 규모에 안주하지 않고 체질을 바꾸며 유통 현대화와 체계화를 이뤄낼 수 있었다면, 그래서 판매 시장과 상생할 수 있게 됐다면 어땠을까. 어쩌면 만화를 접하는 환경이 지금과는 조금 다르지 않았을까. 대학천의 만화 서점들도, 전체 분위기상 쇠락을 피할 순 없었겠지만 달랑 두 곳만 남지 않을 수는 있지 않았을까. 역시 부질없지만, 막상 이 거리 앞에 서니 그 과정에 돌출되었던 분기점들이 뇌리에 둥둥 떠오르는 건 어쩔 수 없다.

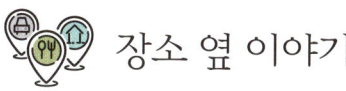 장소 옆 이야기

### 아내가 대학천 상가에서 겪은 일

천연 원석 주얼리 메이커숍의 대표인 아내는, 어린 시절엔 아마추어로서 만화를 그리던 만화 동인이자 만화가 지망생이었다. 용돈을 아껴 동대문 쪽으로 곧잘 만화를 구입하러 오곤 했다는데 그땐 그쪽이 '대학천'이라 불리는 줄 몰랐다고 한다.

 어느 날 이쪽의 한 서점에 들러 책을 고르고 있는데 서점에 한 중년 여성이 들어오더란다. 알고 보니 도서대여점 업주였는데, 서점 주인과 이런저런 대화를 나누는 중에 고 송채성 작가의 작품 《미스터 레인보우》가 화두에 올랐다. '낮에는 유치원 선생, 밤에는 게이 바 가수로 활동하는 남성 동성애자'라는, 그 시기로선 상당히 파격적인 소재를 굉장히 따스한 시선으로 그려낸 작품이다. 또한 이런 소재 작품을 남성 작가가 순정만화 잡지에 연재한 사실만으로 화제를 모으기도 했다. 하지만 송채성 작가가 2004년 3월 13일 서른한 살 젊은 나이에 급성 폐렴으로 세상을 떠나면서 그만 미완으로 남았다.

《미스터 레인보우》. 페미니즘과 동성애가 수면 위에 올라오고 있는 이 시점에 다시금 생각나곤 하는 작품이다.

한데 대여점 업주는 책을 보더니만 그 작가 얼마 전에 죽었잖냐고, 재수없잖으냐고 손사래를 치더란다. 말하는 투도 무례했지만, 아내 입장에서 가장 기분 나빴던 건 명색이 만화로 돈을 번다는 사람이 정작 만화를 돈벌이 수단 그 자체로만 여기고 작가와 작품을 향해 존중이라곤 털끝만큼도 보이지 않는 점이었다고 한다.

막상 이 이야기를 전해 듣자니 도서대여점을 둘러싸고 출판만화 시장의 붕괴 원인에 관해 갑론을박이 벌어지던 풍경이 고스란히 떠오르지 않을 수 없었더랬다.

앞서 언급하였듯 우리네 출판만화가 타격을 입은 건 도서대여점만의 문제는 아니다. 하지만 정상적인 형태로 볼 수도 없었다. 문제의 핵심은 유통 자체의 후진성을 극복하지 않은 채 과거 형태의 변종이 시장 전체를 장악하면서 판매 중심으로 재편돼가던 만화 시장 대부분이 여기에 붙들렸기 때문인데, 문제를 지적하는 이 가운데 많은 수가 당장 눈앞의 대여점을 적으로 상정함으로써 '작가의 피해'라는 상황을 이해하고 설명하려 들었다. 이 주장에 대여점 이용자들은 300원이라는 돈을 냈으니 문제가 없다고 주장했고 도서대여점 측은 국가적 위기 속에 쌈짓돈을 털어 연 점포를 공격한다며 영세상인 죽이기라고 분노했다. 그리고 일부 비평가는 시스템의 문제를 지적하는 한편 대여라는 방식 자체는 소비자의 합리적인 선택일 뿐이고 주장만큼 업체는 어렵지 않다며 만화 업체에게로 책임을 돌렸다. 서로가 절묘하게 핵심을 비껴간 주장을 반복한 셈이다.

아수라장 같던 논란은 만화계의 풍경 자체가 순식간에 바뀐 시점에서 아무짝에도 쓸모없는 말잔치로 끝나 실상 어떤 기록도 남지 않다시피 했다. 입 열던 사람들도 사라져갔다. 논란의 중심에 섰던 도서대여점들 또한 수요가 불법 스캔판과 웹으로 옮겨가면서 사멸해간 지 오래다. 하지만 공격적인 말이 오가던 당시 상황 속에서도 유난히 밟혔던 건 이들 대부분에게 만화와 업계에 관한 이해는 물론 최소한의 애정조차 없다는 사실이었다.

이미 대부분이 사라진 마당에 더 말해 무엇할까만, 사람들이 도서대여점에 분노했던 까닭은 '전부는 아닐지언정' 상당수 업주가 내 아내가 겪은 일과 비슷한 사례를 만들어왔던 탓이 컸다. 대여업에 들어온 이들 상당수가 만화를 전혀 존중하지 않았다는 이야기다. 물론 분노한 이들도 대체로 '작가' 측 피해에 무게를 두고 그 원인의 근본에까지 생각지 않은 경우가 많았지만, 최소한 이들은 만화가 잘되어야 한다는 목표를 두고 있었다.

만화 시장의 불황은 분명 도서대여점만의 문제는 아니었다. 하지만 자신들이 어떤 시대적 흐름 위에 서 있고 어떤 문제의 소지가 있는지를 파악하면서 독자들 앞에서 상생 모델을 만들어낼 수 있었다면 한국 만화계는 어쩌면 선순환하기 좋은 창구를 허무할 만큼 순식간에 대규모로 잃진 않을 수 있었을시도 모른다. 웹툰이라는 큰 물결을 거스르기는 어려웠더라도 말이다. 물론, 이제 와선 참 쓸 모없는 이야기다.

## 현대시티아울렛 동대문점

대학천 상가과 평화시장 근처에 자리한 현대시티아울렛 동대문점은 예전에 거평프레야라 불렸다. 이 건물 13층에서는 한때 ACA(전국아마추어만화동아리연합)과 코믹월드의 아마추어 만화 회지(동인지) 판매전이 열리기도 했다.

ACA의 경우 특히 당시 막 '만화분장'이라는 이름으로 도입하기 시작한 '코스프레'를 이 건물에서 무대 행사로 선보이기도 했다. 이 공간이 만화와 연을 맺은 건 잠시뿐이긴 하지만 당시 아마추어 만화인들이 급팽창하기 시작하던 과도기를 장식했다는 점에서 의미가 있다.

현대시티아울렛 동대문점. 옛 거평프레야

## 세운상가

대학천과 평화시장에서 시청 방면으로 방향을 잡고 청계천을 걷다 보면 세운상가와 청계상가 사이에 닿는다. 이름이 나뉘어져 있지만 사실 '세운상가군'으로 불리는 거대한 상가 집합체다. '세계의 기운을 다 모으겠다'는 굉장히 거대한 포부를 담은 이 상가는 일제가 태평양전쟁 말기 폭격으로 말미암은 화재의 확산을 막기 위해 조성한 공터(소개공지대) 자리에 선 건축물이다.

본래 이 자리는 종로에서 퇴계로에 이르는 너비 50미터, 길이 1킬로미터, 넓이 1만 5551평가량의 긴 공간이다. 지도를 보면 확연히 드러나는 바지만 종묘 앞에서부터 시작해 도심을 일직선으로 관

종로 방향 세운상가 정면

통해 남산 바로 아래, 현 대한극장 앞까지 찔러 들어간다. 앞서 글에서 언급했듯 남산은 풍수지리상 조선의 새 도읍이었던 한양에서 궁궐의 맞은편에 선 안산案山이자 주작으로서의 역할을 부여받은 국가적으로 신성한 산이다. 또한 종묘는 역대 임금의 위패를 모신 사당으로서 유교 국가 조선에서 역시 매우 중요한 역할을 하는 곳이었다. 소개공지대가 전국에 걸쳐 여러 곳 조성되었다지만, 이렇게나 명백하게 상징적인 곳 둘을 잇는 선을 공간이라는 말뚝을 이용해 찔러넣은 형국이라니 욕보이는 방식 한번 가히 악랄했다 하겠다.

일본이 전쟁에서 패배해 물러가고, 한국전쟁이 난 이후에 이곳엔 이재민과 남쪽으로 건너온 이주민들이 모여 판자촌을 형성했다. 이윽고 이곳은 한때 대표적 집창촌으로 불린 '종삼'으로 불리는 거대 슬럼가의 남쪽을 형성했다. 세운상가는 바로 이 지역에 발붙이

《동아일보》 1967년 7월 24일자 3면에 실린 세운상가 아파트 광고

고 있던 이들을 몰아내고 지은 공간이다. 박정희의 육사 후배였던 김현옥은 서울 시장으로 부임한 1966년 4월에 종삼에 대한 실태를 보고받는다. 그리고 3개월 만인 7월 초부터 이 지역에 늘어서 있던 무허가 건물들을 철거하라 지시하고 다시 2개월 만인 9월엔 일련의 상가군 가운데 아세아상가의 기공식을 연다. 고작 5개월 만에 벌어진 일이다.

이듬해인 1967년 10월 종묘 건너편의 현대상가 아파트가 첫 번째로 준공되었고 11월엔 아세아상가, 그 이듬해인 1968년부터 1971년에 이르기까지 청계상가, 대림상가, 삼풍상가(현 삼풍넥서스)와 풍전호텔(현 호텔PJ), 신성상가 그리고 진양상가가 들어섰다. 손정목의 《서울 도시계획 이야기》에 따르면 세운상가의 규모는 8개 건물군에 대지는 모두 1만 6278.4제곱미터(약 4933평), 건물 연면적은 20만 5536.24제곱미터(약 6만 2284평) 그리고 건물군 안에는 2000개가 넘는 점포와 사무실, 호텔객실 177개, 주택 851개가 있었다.

세운상가가 들어서기 시작한 시점에, 서울시는 무허가 판잣집에 이어 악명 높던 종삼의 사창가까지 1968년 10월 초 '나비 작전'으로 완전히 철거했다. 나비 작전이란 이름은 성매매 남성들을 '꽃(성매매 여성)에 날아드는 나비'로 지칭한 표현이다. 월간《공간》의 최민정 객원기자가 쓴〈세운상가 2부: 한 시대를 지배한 서울의 공룡-건축〉에 따르면 당시 서울시가 진행한 주민 설득은 자진철거 시 향후 건립될 상가아파트 우선 입주 보장, 자진철거 거부 시 강제로 변두리, 현 상계동 지역에 보내겠다는 내용이었다고 한다. 상계동은 1986년 신시가지 개발로 또다시 빈민촌을 밀어내고 거대 아파트 단지 조성에 나서면서 많은 반발을 샀던 곳이기도 하니 일면 얄궂은 노릇이다. 상계동에서의 빈민 밀어내기는 1983년의 목동지구 신시가지 개발과 더불어 격렬한 투쟁 사례를 낳았는데 이 시기의 상황을 담은 만화들이 2000년대 한국에서 본격화한 르포르타주 만화의 조상뻘이라 할 수 있다.

이명박에 앞서 '불도저'란 별명을 먼저 얻었던 김현옥은 그 별명답게 어마어마한 속도로 일을 추진해냈는데 세운상가 건물군이 들어서게 된 과정과 속도는 그야말로 '빨리빨리'를 부르짖던 독재하 경제 발전기의 기조 그 자체였다. 하지만 세운상가는 여러 건설사가 동시에 참여하는 방식으로 건설이 진행되면서 시공사의 이익 논리를 우선으로 하게 된다. 그 결과 실로 말도 안 되는 일정 속에서, 1층에 자동차 전용 공간을 두고 3층 높이에 건물들을 잇는 보행자 전용로를 두어 종로와 퇴계로를 일직선으로 걸을 수 있게끔 한다든가 주거와 상가 기능을 구분하기 위해 중간에 인공 대지를 넣는다거나 하는 등 획기적 설계를 만들어낸 건축가 김수근의 의도를 제대로 반영하지 못한 채, 덩치 큰 콘크리트 매머드 여덟 마리가 줄지어 선 형국이 되고 말았다.

그래도 초반에는 유명인들이 제법 들어와 살기도 했고, 언론에서도 명물로 소개하는 등 제법 인기를 끌었으며 당시 국내 전자 산업의 중심지 역할을 하기도 했다. 한 시기 국산 개인 컴퓨터 브랜드의 대표 주자였던 삼보컴퓨터와 국산 워드프로세서의 대표 주자

세운상가 내·외부

인 아래아한글을 만든 한글과컴퓨터의 탄생지기도 하다. 〈아기공룡 둘리〉 김수정 선생의 1983년 작품인 〈쩔그렁쩔그렁 요요〉의 배경이 된 곳도 이 세운상가다. 〈쩔그렁쩔그렁 요요〉 작품 속에서 종로 S상가로 지칭되는 세운상가는 요상한 곳에서 요상하게 태어났다 해서 이름이 '요요'인 주인공 로봇 소녀가 태어난 곳으로, "돈만 주면 미사일이나 탱크도 만들 수 있다"고 할 만큼 실력 좋은 기술자들이 모여 있다던 세운상가의 한 시절 모습을 보여준다.

하지만 1970년 김현옥은 자기가 건립을 진행한 와우 아파트가 무너지며(1970. 4. 08) 물러난다. 김현옥에 이어 양택식이 시장을 맡으며 서울시는 인구과밀 억제를 내세워 강북 개발 억제책, 강남 우대책을 펼치기 시작한다. 이에 따라 강북에 기반을 두고 있던 많은 공간이 강남으로 이전한다. 1987년 7월에는 용산의 청과물시장을

세운상가의 한 시절을 상징하는 형상물로 세워놓은 로봇 모형. 이름은 '세봇'으로, 장인의 기술력과 예술가들의 상상력, 3D 프린팅 기술을 융합했다고 소개하고 있다.

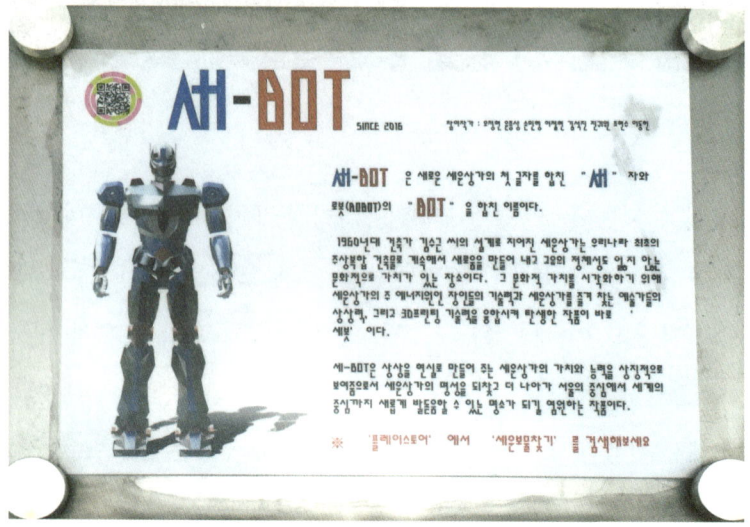

김수정 선생의 《쩔그렁 쩔그렁 요요》. 세운상가에서 태어난 소녀형 로봇 요요가 주인공이다.

송파에 세운 가락시장에 옮기면서 남은 용산의 공간에 세운상가에 있던 전자제품 매장들이 옮겨가기 시작하니 바로 용산전자상가다. 이렇듯 강북은 전반적으로 개발의 흐름이 멈춰서기 시작했고 활기를 잃어갔다.

그 가운데 세운상가는 특히 용산전자상가가 등장하면서부터 전자산업의 메카라는 정체성 면에서 변별력을 상실했고 최초의 주상복합이자 독특한 현대적 건물이라는 상징성도 점차 세련된 백화점 건물과 다양한 복합 거주공간에 밀려나기 시작했다. 결국 오세훈 시장이 녹지화 계획을 발표하고 이명박 시장 대에 이르러 청계천 복원과 함께 시작부터 구상대로 온전히 나오지 못했던 건물 사이의 육교를 철거하면서 건물들이 지니고 있던 나름의 맥락마저 끊어놓았다. 가든파이브가 들어서면서 그쪽으로 이전한 이들도 많다고 한다. 그쪽도 한산하기 이를 데 없다는 점이 문제지만 말이다.

박원순 시장 대에 녹지화 계획을 엎고 도시재생이란 개념으로 접근하면서 세운상가의 토막 난 연결점을 잇고 제조업과 신기술을 엮은 '메이커 시티'라는 이름을 부여하려 들고 있지만 상가 자체의 활력을 되살릴 수 있을지는 미지수다. 그나마 세운상가가 재단장을 해 외관은 깔끔하고 세련되게 정비됐다. 공간들도 전시를 비롯해 다양한 활용을 꾀하고 있는 상황이다. 하지만 안쪽은 거의 예전 그대로이며 일반 고객의 발걸음은 많지 않다. 용산전자상가도 마찬가지지만 소매 고객 상당수는 이제 인터넷 쇼핑몰에서 주문해 받아 보는 데 익숙해져 있는 탓에 직접 나오지 않기 때문이다. 다만 일부

품목이 대량, 대형 구매에 어울리는 것들이라는 점, 그리고 정비를 통해 종로와 퇴계로를 잇는 직선 도보로가 구성되고 있다는 점이 눈에 띈다.

세운상가는 전자 기기의 메카였지만 한편으로는 젊은이들에게 물밑 유희 문화의 보급처이기도 했다. 세운상가의 기술자들이 복제해낸 전자오락들은 물론 값비싼 LP판의 복제판이자 국가지정 금지곡 따위 가볍게 비웃던 '빽판'이 대거 유통된 곳도 여기였다. 이 시기에 젊은 시절을 보낸 이들은 시간이 지난 후 육교 위나 으슥한 곳에서 슬쩍슬쩍 구입했던 포르노 비디오테이프나 통칭 빨간책으로 불리던 똥종이 음란 도서의 추억을 늘어놓기도 한다. 아예 세운상가를 통해 접한 포르노 경험담을 질펀하게 늘어놓은 언론기사가 있을 정도니 이 시기에 얼마나 많은 청춘이 이곳을 통했을까 짐작이 가고도 남는다. 대학천 쪽에서 흘러나왔을 것으로 보이는 작가 불명의 만화들과 헐벗은 언니들이 잔뜩 나온 사진집도 이곳에서 곧잘 거래되곤 했다고 한다.

검색창에 키워드 몇 개만 넣으면 쏟아지는 요즘 포르노물에 비하면 별것 아닌 수위였다 해도, 그때엔 금지곡이 살아 있고 대통령 욕하면 잡혀 가던 엄혹한 시기였으니 호르몬 대폭발 중인 한창 때 청소년들에겐 그 정도만 해도 엄청나게 느껴졌으리라. 금기는 강하게 설정할수록 이를 어겼을 때 쾌감이 커지는 법이라, 대놓고 하면 어길 것이 없어 결국 별 게 아니게 된다는 점을 예나 지금이나 높은 분들은 잘 모르는 것 같다.

어쨌든 옛 호황은 지금엔 찾아볼 수 없긴 한데 세운상가에서 종로 쪽으로 조금 나와서 걷다 보면 일부 음반점 앞의 가판에서 포르노 영상을 담은 불법 DVD 따위를 굉장히 저렴한 가격으로 팔고 있다. 요즘에 와서 누가 이런 걸 살까 싶긴 하지만 어쨌든 수요가 있다는 것이리라. 세운상가에서도 왕년에 어떤 종류의 장사가 성행했는지를 짐작케 하는 흔적이 곳곳에 숨기지 못한 채로 남아 있다. 여성 흥분제 같은 걸 대놓고 팔던 간판이 보이는 게 참 미묘한 기분을 자아낸다.

근데 왜 세운상가에서 오락과 음악, 만화와 포르노가 그만큼이나 돌아다녔을까? 이후 용산도 마찬가지 흐름을 겪었지만, 특히 세운상가에서 용산전자상가로 이어지는 시기는 경제 성장기와 맥을 함께한다. 어려운 시기를 지나 주머니에 여윳돈이 생기던 이들이 중산층을 이루고, 이들은 LP판을 모으던 〈아기공룡 둘리〉의 고길동 아저씨가 그러하듯 나름의 문화생활을 영위한다. 그리고 이 문화생활 가운데에 전자기술의 발달이 있다.

1980년대 들어 우리나라는 TV 보급이 본격화하고, VHS도 보급되어 가정용 영상 문화가 보편화되

여성 흥분제 따위를 판매하던 흔적이 고스란히 남아 있는 간판.

며, CD나 카세트테이프 등의 음향 기기의 보급도 높아지고, 게임기가 보급되며 전자오락이 젊은이들 유희의 한 유행을 이루었다. 이 흐름은 포르노의 보급도 높이지만, 한편 필연적으로 영상 세대와 게임 세대의 등장을 불러오게 된다. 기껏 들여놓은 TV와 비디오 기기로 포르노만 볼 리가 없으니까 더욱 그러하다. 일본의 아키하바라가 그렇고 이후 용산전자상가가 그러했듯 마니아, 오타쿠 문화의 태동과 발전에 전자 기기의 발달은 필수적이다.

대학천이 만화방에 만화를 공급하는 중요한 역할을 했다면, 세운상가는 같은 시기 그 근처에서 젊은이들에게 문화를 즐기는 방법을 전에 없이 다양화하면서 문화적 감수성을 자극한 공간으로 볼 수 있다. 즐기기 위한 기기와 요즘 말로 '콘텐츠'의 주 공급처였던 세운상가에서 발현된 새 흐름은 이후 용산전자상가, 그리고 명동과

상가와 아파트 사이를 구분해주는 아트리움. 지금 봐도 굉장히 독특한 구성이다.

세운상가 옆은 여전히 시간이 멈춘 듯한 모습을 보여준다.

회현의 LD 매장들과 함께 한국형 오타쿠 1세대를 만들어내는 데 일조하게 된다.

## 세운상가와 충무로 인쇄골목과 만화가

세운상가는 첫 주상복합 건물답게 일부가 '아파트'로도 쓰였는데 초반에 유명인들이 이용했다면 이후엔 거주공간보다는 주로 사무실로 쓰였다. 현재도 입주해 있는 업체가 일부 있다. 걸어서 도심 곳곳으로 이동하기 좋은 장점 덕분에 거주 공간으로서도 인기가 있었다고 하는데, 재밌는 건 이러한 장점을 활용한 게 비단 직장인들만은 아니었다는 점이다. 만화가들도 바로 이 공간과 연이 있다.

만화평론가인 청강문화산업대학교 박인하 교수에 따르면 세운상가 건물군의 남쪽 끝인 진양상가에 원로급 만화가들의 작업실이 입주했었다고 한다. 대표적으로 아이디어 왕이자 다작왕으로 알려졌던 〈의사 까불이〉의 김경언 선생 화실, 명랑만화의 대표 주자인 〈로봇 찌빠〉의 신문수 선생 화실, 그리고 조선 전문 만화가인 〈머털도사〉의 이두호 선생과 〈말괄량이 길들이기〉 등 맛깔스러운 성인극화를 그린 한희작 선생의 공동 화실이 진양상가에 자리했었다고 한다.

박인하 교수는 만화가 화실이 진양상가에 자리했던 이유를 "아무래도 충무로 인쇄골목에 원고를 나르기 편했기 때문으로 추측한다"라고 말하고 있는데 그도 그럴 것이 진양상가에서 나오면 바로 옆이 충무로 인쇄골목이다. 지금도 충무로에서 을지로에 이르는 곳까지 온갖 인쇄 물량을 소화하고 있는 이 공간에서는 만화 또한 숱한 물량이 찍혀 나왔다. 지금도 충무로에서 을지로 사이의 뒷골목, 다시 말해 진양상가에서 삼풍상가에 이르는 골목 사이에 인쇄소가 빼곡하게 들어차 있는 골목을 걷다 보면 만화 인쇄, 동인지 인쇄라는 표시를 종종 발견할 수 있다.

인쇄 골목으로 향하는 삼륜차. 종이를 한가득 싣고 달려가고 있다.

이곳에서는 지금도 아마추어

골목 사이에 각종 형태의 인쇄 업체가 빼곡하게 들어차 있다.

로서 만화를 그리는 젊은이들이 자기가 직접 그린 만화나 그림을 이용한 인쇄물과 팬시용품들을 인쇄하기 위해 발품을 파는 곳으로도 널리 알려져 있다. 인터넷 접수로 인쇄물을 만들 수 있는 시대가 되기는 했지만 여전히 발품을 팔아 자기 창작물을 찍기 위해 동분서주하는 젊은이도 많다. 아무리 웹툰 시대이고 디지털 시대여도 독자에게 전달되는 만화 또는 관련 상품을 직접 만들어 나누고 싶어 하는 이들이 있는 한 인쇄골목으로 향하는 발걸음이 없어질 것 같지는 않다.

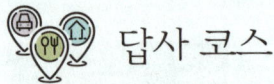 답사 코스

대학천상가

제일서점

충무로 인쇄골목

세운상가 내부

천마서점

청계천 헌책방 거리

이번 회에서는 대학천과 청계천을 본 후 세운상가, 그리고 인쇄골목까지를 살폈다. 이 코스는 서울 지하철 1호선 동대문역에서 출발해 서울 지하철 3호선 충무로역 근처까지 서쪽과 서남쪽으로 훑는 약 3킬로미터짜리 도보 코스다. 세운상가를 끼고 있음에도 한 시대 전의 풍경 때문인지 디지털 시대에 전혀 어울리지 않아 보이는 감성에 충만해지는 기분을 느낄 수 있다. 중간 중간 시장을 끼고 있기 때문에 출출하지 않게 식사하며 움직일 수 있다는 장점이 있다.

## 청계천 헌책방 거리 + 대학천 상가

서울 지하철 1·4호선 동대문역 6번 출구 또는 9번 출구에서 대학천 상가 – 약 200미터
대학천 상가에서 전태일다리 건너 평화시장 청계천 헌책방 거리 – 약 100미터

대학천 상가와 평화시장을 연결하는 전태일다리 위의 전태일 열사.

서울 지하철 1·4호선 동대문역 6번 출구로 나오면 가깝지만 1호선에서 나오는 사람은 9번 출구를 이용해 흥인지문을 거쳐 횡단보도를 건너오면 된다. 종로를 따라 서쪽으로 이동하다 보면 이윽고 대학천 상가가 보인다. 오토바이가 빼곡하고 건너편에 평화시장 건물이 보이는 골목으로 진입하면 이곳이 한때 우리나라 도서 도매를 책임졌

평화시장 아래의 헌책방들. 지름신을 자극하는 책이 곧잘 눈에 띄어 굉장히 위험하다.

던 대학천이다. 이젠 책방은 얼마 남아 있지 않고 동대문 시장의 보조 역할을 하는 피혁 및 부자재 취급점들이 자리를 차지하고 있다. 만화를 보고 싶은 사람은 천마서점과 제일서점을 보면 된다.

대학천 상가에서 전태일다리를 건너 평화시장 쪽으로 진입하면 청계천 헌책방거리다. 이쪽은 가끔 말도 안 되게 엄청난 희귀본이 길거리에 널리는 풍경을 만날 수도 있지만, 만화도 곧잘 희귀한 게 전질 단위로 나와 있기도 하니 훑어볼 만하다. 평화시장 뒤편에 옛 거평프레야 건물인 현대시티아울렛이 있다. 중소기업 여의도 종합전시장에 앞서 아마추어인들의 터전으로 잠시나마 쓰였던 공간이다.

가랑비에 옷 젖는다고 싼값이라고 지름신에게 유혹당하다간 파산을 면치 못한다. 게다가 거의 당연하다는 듯 현금 박치기일 수밖에 없다. 적당히 구입한 후 발걸음을 옮겨본다.

## 세운상가

대학천 – 종로 거쳐 서쪽으로 세운상가까지 1킬로미터

대학천에서 종로를 따라 1킬로미터 정도 걸으면 세운상가가 나온다. 건너편엔 종묘도 있는데 만화와는 별 상관이 없지만 조선 왕조에서 매우 중요한 공간이다. 한때 이곳 앞에 국회의사당이 들어설

1968년 2월 5일 촬영된 세운상가 전경

자료: 서울사진아카이브

'뻔'했고, 한때엔 최고 규모를 자랑하는 사창가였던 이곳은 다시 한때 최고의 전자상가였고, 지금은 옛 영광을 찾기보다 그 자체로 기묘하게 재생되어 가고 있다. 전시 공간을 비롯해 다양하게 들어선 새 공간과 마치 시간이 멈춘 듯한 전자상가의 풍경이 교차한다.

그래도 한때 이곳을 거치지 않은 오락기가 없었고 못 고치는 전자 기기가 없다고 할 정도였다고 전한다. 독재 시기 건축물이 대체로 그러하듯 이상과 현실과 명령과 부조화가 교차하는 기묘한 풍경을 자랑하는데 과연 도시 재생 프로젝트가 이를 어느 정도까지 소화해낼 수 있을지 모르겠다. 재생 계획상으로는 원래 설계를 반영해 세운상가군을 따라 남산 직전까지 걸어서 갈 수 있게 만들겠다고 하나 아직은 전체가 뚫리진 않았다.

## 충무로 인쇄골목

세운상가 – 대림상가 끝 – 삼풍상가 마주보고 오른쪽 첫 번째 골목으로 진입 – 충무로역 약 600미터

세운전자상가를 지나 다시 조성한 육교인 세운교를 건너면 세운 청계상가, 그리고 그다음이 대림상가다. 대림상가까지 다 지나오면 건너편에 삼풍상가가 나온다. 삼풍상가를 마주보고 오른쪽 첫 번째 골목으로 진입한다. 여기까지 400미터, 그리고 여기서부터 충무로역까지 가는 거리가 500미터 정도다. 인쇄골목은 이 골목 사이사이

인쇄골목에는 이렇게 만화 출력이 가능한 곳들이 있다.

에 들어찬 인쇄소를 구경하면 된다. 온갖 종류의 인쇄가 가능한 곳이어서 보고 있노라면 뭔가 만들어서 찍어보고 싶은 충동에 시달리게 된다. 만화 인쇄를 취급하는 곳들도 중간 중간 만날 수 있다. 미친 듯이 종이를 싣고 달리는 세발 오토바이들을 보고 있자면 상당히 이국적인 느낌도 든다.

흔히 '충무로' 하면 영화를 떠올릴 만큼 영화 제작과 밀접한 연관이 있는 공간인데, 인쇄골목이 을지로에서 충무로역에 이르는 공간에 형성된 것도 영화 전단지 물량을 소화하기 위한 인쇄소들이 들어선 것이 시작이라고 한다.

여기까지 다 보고 나면 어느덧 충무로역이다. 이제 다시 남산 밑을 훑으러 갈 차례다.

나의 만화유산 답사기 09

명동 삼국지와 한국형 오타쿠 여명기의 흔적
# 명동 중국 대사관과 회현지하상가

앞서 대학천 상가와 세운상가 일대, 충무로 인쇄골목을 살폈다. 남산을 기준점으로 오른쪽에 해당하는 공간을 청계천과 종로 방향에서 훑어온 셈이다.

이번엔 반대로 왼쪽, 명동에서 회현에 이르는 공간을 살펴본다. 이곳은 역사적으로 외국 문화가 흘러들어오는 진입로 역할을 해온 곳이자 우리가 20세기의 어지러운 세계사 한복판에 서 있음을 새삼 실감케 해주는 곳들이기도 하다. 한 공간 안에서 미·중·일 세 나라가 100여 년 이상 절묘하게 뒤섞여 있는 모습이 이채롭기도 하지만, 조금만 더 들여다보면 만화와 애니메이션을 좋아하던 사람들도 이 역사에 얽힌 미묘한 연결점 위에 고스란히 서 있음을 알게 된다. 복잡다단한 명동 삼국지 속으로 들어가 본다.

## 진고개, 본정

"미련 없이 내뿜는 담배 연기 속에 / 아련히 떠오르는 그 여인의 얼굴은 / 별마다 새겨보는 별마다 새겨보는 / 아 진고개 신사"

〈하숙생〉으로 익히 알려진 가수 최희준의 노래 〈진고개 신사〉 1절 가사다. 이 노래에 담긴 '진고개'는 지금의 법정동명 충무로1가에서 3가에 이르는 명동 일대 일부의 옛 이름이다.

진고개라는 이름은 비만 오면 남산서 내려오는 토사가 진흙탕을 만드는 바람에 붙었다는 이야기가 정설로 알려져 있다. 우리말의 발음 변화 사례를 들어 이곳의 '진고개'가 '긴(기다란) 고개'를 뜻하는 말이라는 주장도 일부 있으나, 갑신정변(1884) 이후 진고개 일대에 모여든 일본인들이 원활한 통행을 위해 1895년 무렵부터 해당 지역의 도로 공사에 들어갔다는 점을 보면 진고개가 진흙탕 길로 악명이 높았던 것은 사실이었던 모양이다. 어쨌든 1910년 경술국치로 말미암아 조선이 일본의 식민지로 완전히 전락한 이후 한성부漢城府의 진고개는 그야말로 일본인 중심의 상업 지구로서 일본의 긴자銀座 거리에 버금간다는 일제하 경성京城(케이조)의 번화가 본정 本町(혼마치)으로 바뀌었다.

본정은 '중심 거리'를 뜻하는 표현으로 일본에서도 곧잘 보이는 지명이다. 하지만 이 땅의 도읍 한복판에 굳이 그 이름을 붙인 점은 임진왜란 당시 자기 선조들이 남산 쪽에 세운 왜성대 즈음에 다시

본정(혼마치) 풍경
자료: 《눈으로 보는 어느 날엔가의 조선(目でみる昔日の朝鮮)》, 국서간행회(国書刊行会)

들어앉아 조선 땅을 먹어치우는 데 성공한 승리자라는 자의식을 강하게 드러낸 결과라 하겠다. 본정 바로 위의 지역 이름은 한술 더 떠 아예 당시 일본 천황의 이름을 딴 명치정明治町(메이지마치)이 됐다.

조선 시대 주로 청계천을 경계로 기득권 세력이 살던 곳과 가난한 선비나 백성이 섞여 살던 곳을 구분하던 북촌 남촌은 일제강점기 들어서는 조선인 거주지와 일본인 거주지를 나누는 표현이 됐다. 북촌의 정신적, 상업적 핏줄인 종로가 조선의 쇠락과 함께 힘을 잃어가는데 비해 남촌은 본정과 명치정을 중심으로 연일 화려함을 더해갔다. 이곳으로 모여드는 다채로운 근대 문물과 근대 자본주의적 소비문화는 당시 유행에 예민한 조선의 젊은이들을 낳았다.

조선은행 앞에서부터 경성우편국을 옆에 끼고 이 진고개를 들여다보고 갈 때에는 좌우로 즐비하게 늘어선 상점은 어느 곳을 물론 하고 활기가 있고 풍성풍성하며 진열창에는 모두 값진 물건과 찬란한 물품이 사람의 눈을 현혹하며 발길을 끌지 않는 것이 업다. […] 백화가 란만한 듯한 장식이며 서늘한 맛이 떠도는 갖은 장치가 천만촉의 휘황 전등불과 아울러 불야성을 이룬 것을 볼 때에는 실로 별천지에 들어선 느낌을 주는 것이다.

– 정수일, 〈진고개〉, 《별건곤》, 1929년 9월호 중에서
(노형석, 〈모던보이, 남대문로를 거닐다〉,
《한겨레21》 제677호, 2007년 9월 13일자에서 재인용)

## 모던보이와 모던걸

지저부친 머리에 뾰족한 구두에 엄청나게 짧은 치마에 화장이상의 화장을 하고 경중경중 으쓱으쓱하며 댄스식 걸음걸이로 걸어가는…

– 방춘해, 〈가을거리의 남녀풍경〉, 《별건곤》, 1930년 11월호 중에서(김용희, 〈[공간+너머] 2부 南村, 근대의 엘레지 ④ 딴스홀〉,
《국민일보》, 2009년 2월 9일자에서 재인용)

모던보이, 모던걸로 불린 일제강점기판 힙스터들은 막 접한 새로운 문물을 어떻게든 자기 안에 욱여넣어 보려 애쓴 이들이었다.

기미독립선언(1919. 3. 1) 이후 자발적으로 독립하지 못한 채 옳고 그름을 떠나 체제 자체만으로는 점차 안정적으로 정착되어 가던 식민지 조선, 그 시기를 살던 젊은이 입장에서 본정과 명치정 그리고 주변을 어슬렁거리던 모습은 우스꽝스러운 한편으로 허영과 사치에 지나지 않는다는 비판을 받곤 했다.

고난이 예정돼 있던 독립투사들의 삶에 비하면 모던보이와 모던걸들의 삶은 너무나 안일하고 생각 없

영화 〈모던보이〉 (2008) 포스터

는 사치 일변도로 읽히기도 한다. 게다가 아무리 근대의 옷을 입고 생각이 바뀌었다곤 하나 결국은 식민지 원주민이었으니, 시간이 끝나면 신데렐라가 구두를 챙기지 못하고 돌아서듯 미련을 남겨두고 남촌 바깥 조선인들 속으로 돌아가야 했다. 이들이 동경하는 근대 문물 또한 일본이라는 창을 거친 것이었으므로 제아무리 식자이자 신문물로 감각을 갈고닦은들 어찌할 바 없는 무력감에 시달릴 수밖에 없었다. 모던보이 그 자체였던 작가 이상은 소설 〈날개〉 곳곳에 이러한 심정을 절절하게 담아놓기도 했다.

하지만 다른 쪽으로 보자면, 1920년대는 일제가 문화통치로 방침을 전환하면서 제한적이나마 대중 잡지들이 출간되기 시작한 때

다. 윤심덕이 취입 직후 김우진과 동반 자살하면서 센세이션을 일으킨 〈사의 찬미〉(1926)가 유행가의 반열에 오르며 오늘날 매스미디어로서의 대중문화와 크게 다르지 않은 흥행 공식의 선례를 보여 준 때이기도 하다. 또한 일본 음반 사업자들이 유성기(축음기) 판매를 위해 조선인들의 음반 취입에 나서기 시작했던 때(1927)였으며 경성 라디오가 설립돼(1926. 11) JODK 콜사인으로 라디오 방송을 본격적으로 시작한 때이기도 했다(1927. 2).

철없고 때 모르는 사치쟁이로나 인식되곤 했던 모던보이와 모던걸들은 한편으로는 바로 이러한 대중매체의 발달 한가운데에서 급팽창한 문화적 감수성의 세례를 담뿍 받으며 탄생한 이들이기도 했다. 이 젊은이들은 시대 배경과 비극적인 한계 속에서 문화적 충격과 시대 변화를 어색하게나마 자기 몸으로 체화했으며, 간접적으로 전달받은 것으로나마 태동한 근대적 대중문화와 자본주의적 엔터테인먼트 산업의 시작점에 서 있던 당시 소비문화의 총아였다.

## 명동 입구, 중국과 얽히기도 했던 자리

이렇듯 모던보이와 모던걸들이 온종일 본정, 즉 혼마치를 어슬렁대서(ぶらぶら. '부라부라'로 읽는다) '혼부라'라는 별명까지 얻었던 명동 거리는 이 땅을 집어삼킨 일본인들의 중심지였다. 하지만 그 입구 즈음엔 일본이 아닌 나라와의 연결점이 거대하게 자리하고 있다.

중국 대사관

바로 지금의 중국 대사관 자리다.

  중국 대사관은 큰 걸 좋아하는 중국의 대사관답게 우리나라에 들어와 있는 어떤 국가의 대사관보다도 큰 규모를 자랑한다. 하지만 이 공간이 처음부터 중국의 대사관은 아니었다. 중국 이전에 이곳을 대사관으로 쓰고 있던 나라는 바로 중화민국. 우리가 흔히 대만(타이완)이라 부르고 예전엔 자유중국으로도 불렸던 나라다. 중국, 정확히는 중화인민공화국은 공산당이 지배하는 사회주의국가로서 우리나라와 수교를 맺은 시기가 늦었고 전에는 중국 공산당, 줄여서 '중공'이라 불렸다. 하지만 명동에 먼저 손을 댄 외세는 일본은 물론 중공도 중화민국도 아니고 그보다 조금 더 앞서 중국 대륙을 차지하고 있던 청나라다. 물론 청나라와 조선의 관계야 인조

때 병자호란에 패하면서 군신의 의를 맺은 치욕적인 사이이기는 했으나, 명동 쪽에 콕 집어 인연을 맺은 건 그보다 200년 정도 뒤인 고종 대다.

잠시 조선 말엽으로 돌아가 보자. 고종 19년(1882) 임오년에 구식 군졸들은 신식 군대인 별기군에 비해 형편없는 대우를 받은 데에 크게 분노했다. 자신들은 급료 격인 봉급미를 13개월이나 받지 못했으나 별기군은 제때 받아갔고, 오랜 만에 1개월 치를 준다 하여 갔더니 어이없게도 모래와 겨가 반이나 섞인 쌀을 지급한 것이다. 이에 나라 곳간을 텅 비운 장본인으로 지목한 왕비(명성황후)와 민씨 일가 그리고 당시 반대 목소리가 높던 개항(고종 13년인 1876년 일본과 맺은 강화도조약)의 상대이자 별기군의 교관으로 들어오기도 했던 일본인들을 공격하니 이를 임오군란(1882. 6. 9)이라고 한다.

홍선대원군

민씨들의 전횡에 억눌려 살던 백성들도 가세했으며, 고종이 친정을 시작(1874)하며 권력을 내려놓게 된 홍선대원군이 며느리인 왕비를 쳐내기 위해 구식 군졸들에게 힘을 실으면서 급기야 군졸들이 정궁이었던 창덕궁 안에 진입해 들어가게 된다.

왕비가 비밀리에 피신해 행방이 묘연해진 가운데 고종은 별 수 없이 홍선대원군에게 전권을 쥐여주어 복귀시킨다. 8년 만에 등판한 홍선대원군은 기다렸다는 듯 군졸들을 진정시켜 상황을 수습하지만, 희생자를 빌미로 삼은 일본과 이에 가만있을 순 없었던 청나라가 연이어 출병한 데 이어 청나라가 주판알을 튕긴 다음 흥선대원군을 임오군란을 주동한 책임을 묻는다는 명목으로 납치해(1882. 7. 14) 이튿날 배에 태워 톈진으로 끌고 가고 만다. 복귀한 지 고작 한 달여 만이다. 이후 청나라식 개화냐 일본식 개화냐로 갑론을박하던 조선은 일본의 무력에 기댄 급진 개혁을 꾀한 개화파의 갑신정변이 3일 천하로 끝나면서 청의 내정간섭을 받게 된다.

갑신정변 이후 톈진조약(1885), 동학혁명(1894), 청일전쟁(1894)으로 연결되는 일련의 사건 속에서 조선을 둘러싼 힘겨루기의 주도권은 청에서 일본으로 넘어갔고 청나라는 패전과 함께 제국주의 열강의 각축장 신세로 전락해간다. 하나 그건 조금 뒤의 이야기고, 어쨌든 이 시기 즈음에 등장하는 중요 인물이 바로 위안스카이다. 임오군란 때 출병한 청군의 일원으로 조선에 들어온 그는 흥선대원군을 납치해 압송하는 역할을 맡기도 했고, 일본 주둔 병력에 기대 청의 속국 신세를 벗어나려던 갑신정변 당시 일본군과 공방전을 벌이기도 했다.

청은 조선이 러시아와 가까워지려는 낌새가 보이자 1885년 8월 흥선대원군을 귀국시켜 까불지 말라는 무언의 메시지를 던지는데, 이때 흥선대원군을 호송한 이도 위안스카이였다. 그해 11월부터는 상관인 리훙장李鴻章의 명으로 아예 서울에 눌러앉아 청일전쟁 직전까지 주차조선총리교섭통상사의駐箚朝鮮總理交涉通商事宜란 완장을 달고

오만방자의 아이콘 위안스카이

내정간섭을 시작하니, 이 내정간섭기에 위안스카이가 산 곳이 바로 지금의 중국 대사관 자리다. 원래는 흥선대원군의 심복이자 천주교 박해 때 사람을 숱하게 학살해 '낙동염라', 즉 낙동의 염라대왕이란 별명이 붙었던 무위대장 이경하의 집이었다. 이경하는 임오군란의 책임을 지고 유배를 갔는데 그 사이에 집이 청나라 사람에게 넘어간 셈이다.

엄밀히 말하면 위안스카이는 이 자리에 들어온 청나라 사람으로는 두 번째다. 첫 번째는 1882년 조선과 청나라가 청나라 상인들을 보호한다는 목적으로 조청상민수륙무역장정이라는 조약을 맺으면서 책임자로 보낸 천수탕陳樹棠이 먼저다. 하지만 2년 뒤인 1884년 갑신정변이 일어나면서 천수탕이 경질되고 위안스카이가 뒤를 이어 10년을 있었으니 사실상 위안스카이의 자리였다 해도 과언은 아닐 터다. 위안스카이는 천수탕이 지은 상무공서도 부수고 한층 더 큰 집을 지었다는데, 건물을 지키는 청나라 병사들의 횡포가 워낙 심해 낮에도 사람이 안 다닐 정도였다고 전한다. 하도 오만방자해서 타국 대사들이 총독이라 불렀다 할 정도였던데다 훗날 자기 나라인 청나라까지 무너뜨리고 한때 손잡았던 혁명가 쑨원孫文의 뒤통수까지 쳐 가면서 직접 황제가 될 욕심을 부릴 만큼 주제를 몰랐던 사람다운 일화다.

여하간 이 시기부터 명동 입구는 청나라의 대사관 자리 역할을 했던 셈이다. 일제강점기 이 일대가 본정과 명치정이 된 시기에도 해당 자리는 '중화 영사관' 또는 중국을 일컫는 다른 명칭 지나支那를 쓴 '지나 영사관'이라는 명칭으로 남아 있었고, 청조가 멸망하고 중국이 신해혁명(1911)을 겪은 후 국민당(1912 창립)과 중국공산당(1921 창립)으로 갈린 와중에 국민당 쪽의 행사가 열리는 등 여전히 기능을 하고 있었다. 다음 내용은 1931년 4월 18일자 《동아일보》에 실린 중국 국민당 관련 기사로 태평통 이정목은 지금의 태평로2가, 명치정은 앞서 언급했듯 메이지마치를 뜻한다.

> 시내 태평통 이정목 중국국민당 주조선직속지부에서는 십칠일 오후 두시 지부성립 십팔주년 긔념식을 거행한다는데 장소는 명치정 중화령사관이라고 한다.
> ―〈중국국민당지부 개설기념축하〉, 《동아일보》, 1931년 4월 18일자

한편 시모노세키 조약(1895) 이후 한국과 마찬가지로 식민지 신세였던 타이완은 일제가 패망하면서 중국 국민당의 차지가 된다. 하지만 국민당은 중국공산당과의 제2차 국공내전(1946~1949)에서 최종 패배하면서 대륙의 지배권을 잃고, 중국공산당이 중화인민공화국을 수립(1949. 10. 1)하면서 타이완 섬으로 쫓겨 앞서 1912년 정한 중화민국의 이름으로 국가 체제를 세운다(1949. 12. 10). 이념으

로 구분해 '중공'과 '자유중국'이라 부르기도 했던 두 나라의 시작은 이러했다. 그리고 우리나라 대한민국은 시작부터 반공을 국시로 삼다시피 했던 나라이자 중화인민공화국이 한국전쟁 당시 북한을 지원한 악연도 있어 중화민국과만 관계를 유지했다.

이에 따라 자연스럽게 명동 입구의 중화 영사관은 중화민국이 차지하게 됐다. 하지만 1992년 8월 24일 우리나라가 중화인민공화국과의 적대관계를 청산하고 수교를 맺으면서 중화민국과의 관계가 끊어졌다. 중화인민공화국과 중화민국은 공식적으로 서로를 합법 정부로 인정하지 않기 때문이다. 중화민국이 명동의 자국 대사관 열쇠를 1992년 9월 23일 한국 외무부에 넘기고 철수하면서 해당 자리는 중화인민공화국의 차지가 되었다. 같은 날 중화민국의 수도 타이페이台北에 있던 우리 대사관도 철수했다. 명동의 중화민국 대사관 직원들이 자국으로 철수할 때 당시 언론이 쓴 점잖은 표현으로 '감정 표현을 숨기지 않은' 바람에 중화인민공화국 대사관 직원들이 바로 입주하기 어려웠다는 웃지 못할 일화가 있다.

그래서 명동 입구의 '중국 대사관'은 1992년 이후부터는 중화인민공화국의 대사관이다. 중국 대사관은 재건축을 위해 효자동으로 잠시 이전했다가 2013년 돌아왔는데 업무동 10층에 숙소동이 24층으로 그 형태나 규모 면에서 주변과 너무나 어울리지 않을 만큼 생뚱맞게 거대한 게 특징이다. 선임이 고쳐놓고 간 집을 부수고 더 크게 지어놓고 주변을 호령했다는 위안스카이 생각이 안 날 수가 없다. 현재 중국 대사관 앞에는 청 말부터 화교 상인들이 몰려든 곳답

한성화교소학

게 중국 음식과 중국 물품을 파는 가게가 곳곳에 눈에 띄고 그 옆에는 우리나라에서 정식인가를 받은 첫 외국인 학교이기도 한 중화민국계 화교 교육 기관 '한성화교소학'이 자리하고 있다.

## 조선은행 앞 광장과 미쓰코시 백화점

앞서 소개한 《별건곤》 1929년 9월호의 내용을 다시 한 번 보자면, "조선은행 앞에서부터 경성우편국을 옆에 끼고 이 진고개를 들여다보고 갈 때에는"이라는 문장이 등장한다. 진고개, 그러니까 본정 쪽의 상점가를 구경하는 길에는 조선은행 앞, 즉 건너편에서 경성우편국을 끼고 들어간다는 이야기다. 조선은행과 경성우편국은 현재의 한국은행과 서울중앙우체국이다. 둘 다 한국전쟁기에 피해를 입었는데, 조선은행 건물은 내부가 죄 불탔다가 이후 복구해 한국은행 본점이 됐다가 지금은 화폐박물관으로 쓰이고 있고 경성우편국이었던 건물은 부서져 이후 새로 지어 서울중앙우체국이 됐다. 서울중앙우체국은 이후에 한 번 더 새로 지었는데, M 자 형태로 가운데가 갈라진 외관을 띠어 만화와 애니메이션을 좋아하던 이들에겐 〈마징가Z〉에 빗대 마징가 빌딩이라고도 불린다.

한국은행 화폐박물관과 서울중앙우체국이 사선으로 마주보고 있는 사거리는 소공로와 남대문로가 교차하는 한국은행 앞 교차로다. 일제강점기에는 '센긴마에히로바鮮銀前広場' 즉 조선은행 앞 광장으로 불렸다. 진고개 일대에 일본인 거류민이 많아지면서 1897년 일본 영사관이 진고개와 남대문로가 만나는 자리 근처로 이전해왔고, 1910년 나라가 일본에 먹힌 시점에 한성이 경기도 경성부로 격하되면서 영사관은 경성부청이 됐다.

경성부청이 1926년 지금의 서울시청 쪽으로 옮겨가면서 그 자리에 미쓰코시 백화점三越百貨店이 들어선다. 미쓰코시 백화점은 지금의 충무로1가 사보이 호텔 자리에 1906년 들어왔던 미쓰코시 오복점三越吳服店(삼월오복점)의 신관으로 1930년 10월 24일 아침 9시 개장했다. 의류를 중심으로 팔던 포목점으로 들어와 1929년 일본 쪽 백화점 본사의 경성지점이 된 이곳은 신관을 건축하면서 경성점으로 독립했는데, 그 규모는 1933년 일본 백화점 총람에 실린 내용에 따

미쓰코시 백화점

개장일인 1930년 10월 24일 《동아일보》에 실린 미쓰코시 백화점 개장 광고

《동아일보》 1925년 4월 7일자에 실린 삼월오복점 광고

미쓰코시 백화점이 있던 자리에 들어선 신세계백화점

르면 대지 2409제곱미터(730평), 건평 1435제곱미터(435평), 연건평 7590제곱미터(2300평) 면적에 종업원은 360명, 지하 1층부터 지상 4층에 이르는 건물로 당시 일본을 제외하면 한반도와 만주를 통틀어 가장 큰 백화점이었다.

미쓰코시 백화점의 등장과 함께 조선은행 앞 광장은 조선은행과 경성우편국, 미쓰코시 백화점이라는 대형 서양식 고전 양식 건축물로 둘러싸인 서양발 일본 경유 근대 문화의 상징지이자 본정-명치정의 입구 그리고 일본인 상권과 금융의 중심지가 됐다. 모던보이와 모던걸들은 이 광장의 분수대를 지나 본정으로 향하곤 했으며, 당시로서는 굉장한 화제였던 미쓰코시 백화점 옥상 정원에 올라 '한때 조선 최고위 얼리어댑터 겸 힙스터' 고종에게 진상하던 귀한 서양 음료 코-히(커피)를 즐기곤 했다.

다만 커피나 차를 마실 수 있는 곳이 당연히 미쓰코시 백화점만은 아니어서, 조선은행 앞 광장 주변 즉 남대문통南大門通(남대문로)과 본정 근방에서 1910년대부터 다옥, 다방 같은 용어로 등장해 1930년대엔 절정기를 맞이했다. 1911년 6월 7일《매일신보》에 실린 남대문통 삼정목(남대문로3가) 부인다옥의 광고에는 차와 과자는 물론 아이스크림에 사이다, 심지어 전복과 소라까지 판다고 나와 있으니 당시의 찻집 분위기란 참 재밌었다 하겠다. 이후 이런 카페 유의 공간은 사교와 음악, 사교 딴스(댄스) 등을 즐기는 모던보이와 모던걸들이 많이 모이는 복합문화공간이 됐는데 막상 그 가운데 춤만은 당국이 전용 공간을 허락해주지 않았다. 그래서 나온 요구가 그 유명한 〈서울에 딴스홀을 허(許)하라〉(1937)였다. 이 탄원문은 레코드 회사 문예부장과 다방 마담, 조선권번 예기, 배우 등 그 시기 신여성 여덟 명이 연명으로 진행했다는 점에서 내용으로도 배경으로도 굉장히 의미 있는 요구였다 하겠다.

한편 미쓰코시 백화점은 옥상만이 아니라 엘리베이터 같은 문명의 이기라든지 미술관이나 수족관 같은 근대적 볼거리가 있어 구경할 거리가 많았다고 한다. 1993년 6월 26일 《동아일보》에 실린 〈정도 600년 서울 재발견 (23) 백화점 — 박흥식의 '화신' 62년 전 첫 선〉이란 기사에서는 남촌 일본 상권의 대표주자 미쓰코시 백화점과 북촌 조선인 민족자본의 대표 주자 화신백화점의 대결 구도를 소개하면서 미쓰코시의 특징을 다음과 같이 묘사한다.

'정찰제' '자유관람' '반품 허용' '박리다매' 등을 특징으로 하는 이 백화점은 과거의 잡화상과는 전혀 다른 가게였다. 특히 일본 백화점 중에는 근대적 조직 형태를 갖추는가 하면 미술관도 마련, 매년 한두 차례의 전시회를 열어 지식인의 사랑방 구실까지 했다. '선진 문화'와 '상혼'의 이 같은 결합은 식민지 지식인들을 끌어들이는 소도구이기도 했다.
— 박창희, 〈정도 600년 서울 재발견 (23) 백화점 — 박흥식의 '화신' 62년 전 첫 선〉, 《동아일보》, 1993년 6월 26일자

본정과 그 주변은 공간적인 특성으로 말미암아 〈날개〉나 〈소

영화 〈암살〉

설가 구보 씨의 일일〉 등 경성을 무대로 삼은 우리 근대 소설들에서 중요한 무대이자 요소로 등장한다. 특히나 본정의 입구 역할을 한 조선은행 앞 광장의 한 축인 미쓰코시 백화점은 식민 지배가 경술국치 이후 20년 차에 접어들며 조선인들의 세대도 완전히 갈린 1930년대의 경성 풍경을 대표하는 일종의 상징물이다.

친일파 암살 작전을 수행하는 독립운동가를 주인공으로 한 영화 〈암살〉에서 주인공 안옥윤이 작전 수행 차 안경을 맞추기 위해 들르는 곳도 바로 미쓰코시 백화점이다. 그 시기 어리거나 청년기를 보냈던 이들에게 미쓰코시 백화점이 비춰 낸 서구의 근대 문물과 소비문화의 화려함, 세련된 외양은 조선인으로서의 정체성이나 독립 정신 같은 것과는 별개로 한편으로는 동경의 대상이었을 터다.

물론 그렇기에 그 안에서 환각과도 같은 좌절의 냄새를 맡은 이상과 같은 지식인도 있었겠지만 말이다.

## 전쟁광 일본 군부의 득세와 폭주, 문화 암흑기

일본은 1920년대 후반부터 세계를 뒤흔든 경제대공황(1929) 전후의 여파로 발생하는 경제 문제를 나라 바깥에 싸움을 걸어 해결하기 시작한다. 일본 군부는 만주 지역을 식민지로 삼아 자원과 군수물자 공급처로 삼아야 한다는 생각을 한 끝에 만주사변(1931. 9. 18)을 일으킨 다음 이듬해인 1932년 1월 만주 전역을 점령, 그해 3월엔 청나라 마지막 황제였던 푸이를 데려다 꼭두각시 나라인 만주국을 세운다. 영화 〈마지막 황제〉의 배경이 된 그 시기다.

이즈음 일본은 국내 경제가 힘들어지면서 군부를 중심으로 하는 전체주의로 완전히 기울기 시작했고, 이는 본격적인 중국 대륙 침략을 위해 벌이기 시작한 중일전쟁(1937)으로 연결된다. 이에 서구 열강이 시비를 건다. 청 말기 이미 글로벌 호구가 된 중국 땅에서 짭짤한 재미를 봐온 서구 열강 입장에서는 자기 이문에 흠을 내는 일본의 행보가 불쾌했기 때문이다. 미국이 석유 수출을 중단하자 일본은 석유 확보를 위해 인도차이나 쪽의 유전에 눈을 돌리지만 그 길목에 미국 식민지 필리핀이 있었다. 이에 미국과 필리핀의 중간 기착지인 하와이의 진주만을 때려 필리핀을 지원할 수 없게

진주만 공습

자료: 위키피디아

하자는 작전을 세우고 실행에 옮기니 이게 바로 진주만 공습(1941. 12. 7), 즉 태평양전쟁의 시작이다. 이렇게 일본이 만주사변으로 시작한 전쟁은 중일전쟁을 거치며 제2차 세계대전의 거친 흐름 속으로 들어가게 된다.

이 욕심과 오만이 만든 지리멸렬한 전쟁들의 결말은 알다시피 원자탄 두 방과 무조건 항복, 천황의 인간 선언 그리고 우리나라의 광복이었다. 한데 이 결과에 다다르기까지의 근 10년간은 식민지 조선에 처절한 병참기지화와 민족 말살 통치가 진행된 시기였다. 중국 침략을 전후해 일본은 군수물자와 인력을 더 많이 동원할 필요가 생겼고, 이에 따라 1930년대 중후반을 넘기며 학도병제나 국가총동원법, 공출제 등을 시행하는 한편 일본과 조선이 하나라는 내선일체론과 두 나라 조상이 같다는 내선동조동근론 설파, 창씨개명, 황국신민서사 암송 강요, 신사참배 강요 등도 진행한다.

대동아공영권의 기치를 강조하며 숱한 남녀 젊은이를 끌고 간 것도 이 때고, 물자가 모자라자 집안의 쇠붙이까지 쓸어간 것도 이 때다. 중일전쟁으로 일본이 중국의 도시권 상당수를 집어삼키자 지식인층 상당수가 충격과 좌절 끝에 독립을 포기하고 변절해 적극적 친일파가 되어 징병과 징용을 독려하기도 했다. 우리말 신문과 잡지 등은 강제 폐간되고 언로가 틀어 막혔으며, 점차 꽃을 피우던 가요와 신문과 잡지를 통해 독자를 만나오던 근대 우리 만화도 함께 암흑기를 맞았다. 이렇듯 압박 속에서도 어떻게든 꽃 피우던 초기 대중문화도 고조되는 전쟁 분위기 앞에서는 시들 수밖에 없는 노릇이었다.

## 미쓰코시 백화점 자리의 미8군 PX화

중국과 일본에 이어 명동 삼국지의 한 꼭짓점을 완성하는 나라는 바로 미국이다. 제2차 세계대전으로 일본이 패망하면서 우리나라는 광복을 맞이했지만(1945. 8. 15), 위도 38도선 이남은 미국이, 이북은 소련이 맡으면서 나라가 양분된다.

미8군 PX가 된 미쓰코시 백화점 건물. 1952년 12월 24일 촬영된 사진

한반도 남쪽이 미 군정 체제가 된 1945년 9월 저 미쓰코시 백화점 건물은 동화백화점으로 이름을 바꾸었으나 1950년 한국전쟁이 터졌고, 이듬해 1951년 서울이 수복되고 난 뒤 1951년 7월 19일부터는 미8군 PX가 됐다. 일제강점기 본정 상가의 입구이자 화려한 소비문화의 상징물이 미군 군인을 상대로 하는 매장이 된 셈이다.

이 자리에서는 1954년 11월 관재청이 동화백화점을 미군에게서 인수받아 휴전 후인 1955년 2월부터 영업을 재개했다가 1962년 동방생명으로 넘어갔고 1963년 7월 삼성그룹에 넘어간 뒤 그해 11월 21일 '신세계'로 이름을 바꾸면서 현재의 형태가 되었다. 신세계백화점이 미쓰코시를 자신들의 전신으로 소개하며 미쓰코시 백화점 경성점이 들어선 1930년을 출발점으로 소개하는 건 그래서 다소 어폐가 조금 있는 억지라 하겠는데 언론 일부가 '아픈 역사마저도 자기 역사로 안아들었다'같이 칭송하듯 언급하고 있으니 적잖게 비릿하다.

전쟁 중이던 1951년 겨울 미8군 PX에 취직했던 소설가 박완서 선생은 문학앨범인 《모든 것에 따뜻함이 숨어 있다》에 실려 있는 산문 〈나에게 소설은 무엇인가〉에서 당시 미8군 PX와 그 주변 분위기를 고스란히 전하고 있다. 이 글에서는 PX는 물론 청계천 저편의 종로 상권이 당시 어떤 모습이 됐는가와 청계천 쪽의 도깨비 시장에 관한 이야기도 볼 수 있다. 같은 책에 이어 실린 선생의 딸 호원숙의 산문 〈행복한 예술가의 초상: 박완서 연대기〉는 PX에서 돌아온 동화백화점에서 전기상을 했던 아버지의 이야기를 담고 있는데 역시 당시 풍경이 고스란히 드러난다.

그 때의 서울은 포 소리가 지척에서 들리는 최전방 도시여서 한강 도강은 삼엄하게 금지돼 있었다. 군인 외의 주민이라곤 피난지에서 도저히 자리를 잡을 수 없었던 극빈자와 미군 부대의 경기를 따라다니는 양공주, 펨프, 양키 물건 장수와 미처 피난을 못 간 노약자가 전부였다. 종로 일대의 중심상가는 지난 가을 인민군이 패주하면서 불지르고 파괴한 그대로의 폐허였고, 전화를 비교적 덜 입은 주택가도 밤에 불이 켜지는 집은 열 집에 하나도 안 되었다.

텅 빈 폐허의 도시에 일자리가 있을 리 없었다. 게다가 내 나이는 방년 21세였다. 유엔군이라는 갖가지 인종이 혼합된 외국 군인이 들끓는 기지촌에서 젊은 여자가 할 수 있는 손쉬운 밥벌이는 너무나 뻔했나. 거의 신댁의 여지 없이 내 앞에 열린 한 가닥의 휑한 전락의 길에 나는 소스라쳤다. 한 때는 대학생이었다는 것, 양반 자세 하기 좋아하는 양갓집 출신이라는 것 등 당시엔 아무도 안 알아주는 내 출신이 그래도 차마 그 길만은 못 들어서게 했다.

그 길 외에 정당한 밥벌이는 없을까, 허구한 날 헛되게 헤매던 끝에 마침내 커다란 행운을 잡게 되었으니 그건 미8군 PX에서 점원을 모집하는 기회를 잡은 것이다.

[…]

당시의 서울에서 그 이상 가는 취직 자리란 없다고 해도 과언이 아닐만큼 모두가 선망하는 일자리였다. 그 때의 미8군 PX는 지금의 신세계백화점 자리였고, 지금의 도깨비시장도 그 때부터 시작된 게 아닌가 싶다. 국내에선 거의 아무것도 생산이 안 될 때였으니까, PX에서 흘러나오는 거라면 담배나 껌, 치약 등 자질구레한 일용품에서부터 쓰다 버린 쓰레기까지 당장 현금으로 교환이 가능한 귀중품 취급을 받았고 없어서 못 팔았다. 자연히 PX를 중심으로 한 회현동 남대문 시장 일대가 특이한 PX 경기를 누리며 번창했다. PX 근처를 온종일 배회만 해도 눈치껏만 굴면 밥벌이는 할 수 잇다고들 할 때였으니 그 안에서 물건을 취급할 수 있는 점원으로 취직이 됐다면 대단한 행운을 잡은 거였다.

― 박완서 문학앨범 《모든 것에 따뜻함이 숨어 있다》 수록 산문
〈나에게 소설은 무엇인가〉 중에서

아버지는 휴전 협정 후 미군 PX가 옮겨가고 난 뒤 그 자리에 들

어선 동화백화점에서 전기상을 시작하셨다. 동화백화점에서 삼성 그룹으로 넘어가 직영백화점이 될 때까지 십 년 넘게 한 곳에서 장사를 하셨다. 그 때만 해도 제대로 된 국산품이 없었던 시절이라 주로 일제나 미제 같은 수입품을 취급했다. 요즘처럼 세분화되지도 않아서 작은 소품부터 냉장고, 텔레비전 같은 큰 물품까지 취급했던 전기제품 잡화상이었다. 그래도 그 당시에는 아버지의 가게는 정말 화려했고 넥타이를 맨 양복차림하며 중절모를 쓴 아버지는 말 그대로 명동 신사였다. 누구보다도 부유해 보였고 아버지 주머니는 늘 넉넉하여 부족함이 없었다. 아버지가 골목에 들어서면 골목이 훤히 빛이 났고 모두들 쳐다보는 것 같았다. 그도 그럴 것이 전후인지라 길에는 남루한 차림의 사람들, 상이군인 같은 부상병들, 그렇지 않더라도 찌든 사람 천지였으니까.

— 박완서 문학앨범 《모든 것에 따뜻함이 숨어 있다》 수록 산문 〈행복한 예술가의 초상: 박완서 연대기〉 중에서

한데 명동 거리에 미국이 들어온 건 엄밀히 말하면 미쓰코시 백화점이 미8군 PX가 되기 전인 광복 직후다. 중국 대사관 골목은 다른 이름을 둘 달고 있는데, 바로 '명동 딸라 골목(암달러 골목)'과 '명동 외국 서적 골목'이다. 둘 다 해방 직후 미군이 들어오면서 형성되기 시작했다.

## 딸라 골목, 외국 서적 골목

당시를 다룬 1977년 5월 14일자 《경향신문》의 〈자취 감추는 명동 달러 골목〉이라는 기사에 따르면 암달러 골목은 1945년 10월 무렵 형성되기 시작해 회현 시장 뒷골목과 함께 암달러 상가의 2대 본산으로 자리매김했다. 초기엔 1달러에 20~80원씩 이익을 붙여 팔던 20~30명이 터줏대감 노릇을 했으나 1965년 한일 국교 정상화부터는 엔화도 취급하면서 40~50명으로 늘어났다고 한다. 해당 기사는 이곳에 암달러 환전상이 많이 들어선 이유를 주변에 은행가가 즐비한 도심지면서 암달러 환전이라는 특성상 바로 앞이 아닌 뒷골목에 모였기 때문이라고 설명하고 있다.

중국 대사관 골목. 달러 골목의 흔적은 지금도 빼곡하게 들어서 있는 환전상에서 확인할 수 있다.

1976년 8월 17일 《동아일보》의 〈노폭 30~50m 확장 계획〉이란 기사에 따르면 서울시는 1976년 8월 17일 남산3호터널 개통을 앞두고 도심지 교통 혼잡도를 낮추기 위해 서울중앙우체국 앞에서 안국동에 이르는 도심지 도로의 폭을 넓히는 도로확장계획을 발표했고, 이에 따라 소공로와 퇴계로가 만나는 대연각 즈음에서 서울중앙우체국 앞을 거쳐 명동에 이르는 도로가 12~15미터씩 확장하게 됐다. 암달러 골목은 1977년 5월 5일부터 통행이 막히고 철거 공사에 들어갔지만 암달러상들은 코스모스 백화점(현 눈스퀘어 위치)부터 대사관 입구에 이르는 지금의 대사관길 쪽에서 활동을 계속했다.

그리고 대학천과 그 주변을 설명하며 소개했던 바와 같이 충무로(법정동의 근원이 된 원래의 충무로) 쪽에 자리를 잡고 있던 책 노점식 이동 서점들이 임대료를 감당 못하고 밀려나오면서 대사관길 쪽으로 들어와 터를 잡기 시작한다. 이 서점들이 해방 직후 쏟아져 나온 일본 서적들을 취급하던 서점들과 함께 외국 서적을 전문으로 취급하는 공간을 형성한 것이 명동 외국 서적 골목이라 하겠다.

일제강점기 전후의 유물들과 미쓰코시 백화점의 미8군 PX화가 뒤섞인 명동 풍경을 《경향신문》 1971년 8월 19일자 〈서울 새 풍속도 (218) 명동 [18] 불황 모르는 외서상 하(下)〉라는 기사는 다음과 같이 소개하고 있다. 만화 본다고 '수준 운운'하는 이야기는 시대가 시대려니 하고 애교로 넘어가도록 하자.

양서洋書 고서적방이 명동 뒷골목 충무로 입구 소공동 호텔 어귀에 늘어섰던 때가 있었다. 미군부대에서 휴지로 버린 듯 흘러나오는 책을 관으로 달아서 정리만 해 놓으면 돈을 벌 수 있었던 시절이다. 고서점가에서는 호랑이 담배 피우던 시절이라고 이 무렵을 말하지만 수복 직후 즐비했던 양서점포들은 우리의 변변한 책이 없었던 만큼 엄청난 이익을 보았던 것도 사실. 그 때 돈으로 1만여 원 어치를 팔았다며는 9천 원쯤은 순이익이었다니 경기를 알 만하다. 미군부대가 이동하거나 하면 숫제 도서관을 차릴 만큼의 양서가 쏟아져 나와 어림짐작으로 사들여 재미를 보았다는 이야기.

수복 직후 지금 신세계 자리에 미군 PX가 있어 주변의 고서적방에는 책들이 쏟아져 나왔고 미군부대에서 대량으로 나온 책을 며칠 후 영국군 부대에서 몽땅 사가기도 하고 참전 16개국에서 온갖 잡지가 나와 흥청거리던 때도 있었지만 요즘은 정식 수입상보다 훨씬 경기가 못하단다. 그래도 명동 뒷골목에 자리 잡은 고서적상에는 없는 책이 없을 정도로 다양한 것이 특색이다. 손님 또한 천태만상으로 영어 깨나 하는 체하고 포켓북이나 미국 잡지를 허리에 끼고 다녀야만 행세하는 것으로 통하던 악습이 남아 있기 때문인지는 모르지만 젊은 남녀가 심심풀이로 서점에 들러 값비싼 책을 용케 알고 보여 달란 후 실컷 뒤적이다가 나갈 때는 약이 오른다는 얘기.

그것도 한 권에 몇 천 원 씩 하는 사진판 희귀본을 손가락에 침을 발라 들출 때는 정말 짜증이 난단다. 그런가 하면 고등학교 녀석들이 "아저씨 플레이 보이 없어요?"하고 뛰어들 때는 야단을 쳐 쫓아

보낸다는 K서점의 정 씨는 "뭐니뭐니해도 만화책이 제일 잘 나간다"고 하니 양서방 수준도 그리 높지만은 않은 듯. 10원짜리서부터 1백원짜리까지 만화책만의 애독자도 어른들이라고.
― 〈서울 새 풍속도 (218) 명동 〔18〕 불황 모르는 외서상 하(下)〉,
《경향신문》, 1971년 8월 19일자

당시 이 골목에서는 정식 수입품이 아닌 책들도 미군 등 다수 개별적으로 확보한 경로를 통해 들여왔기 때문에 없는 책이 없다는 이야기가 돌았으며, 당시 열악한 국내 사정상 최신 유행이나 해외 아이템을 확인하고자 하는 이들의 실용서, 패션잡지 수요가 굉장히 많았다.

한편으로 학술, 분야별 전문 서적 가운데 서양 쪽의 책이 비싸고 우리 책이 없는 경우 일본 책을 찾는 수요도 많았다고 한다. 《경향신문》 1971년 8월 13일자는 앞서 인용한 기사의 선행 기사 격인 〈서울 새 풍속도 (218) 명동 〔18〕 불황 모르는 외서상 상(上)〉에서 일서 전문 서점 수를 30여 개 정도로 보도하며, 한때 이승만의 자유당 정권을 비판하던 일본 서적을 불온도서 취급하면서 된서리를 맞았으나 1965년 한일 국교 정상화 이후에는 일본 서적 판매상들이 때를 맞았다고 적고 있다. 심지어는 최신 유행을 파악해 해적판을 만들려는 이들도 곧잘 이곳을 찾았다고 하니, 네트워크가 없던 시절 해외 최신 정보가 모여드는 집결지였다 해도 과언이 아니었을 터다.

## 명동, 한국형 오타쿠 1세대의 양식을 제공하다

이렇게 중국과 일본을 거쳐 미국에 이르는 외세의 각축 속에서 명동은 그야말로 뭐라 말로 형용할 수 없는 색채를 갖추고 있었다. 그 가운데에서 특히 중국 대사관 거리는 개발이 낳은 우여곡절 속에 '딸러 골목'으로도 통용되고, 또 다른 이름으로 외국 서적 골목이 되기도 하는 등 서로 다른 정체성을 지닌 공간이 혼재된 채로 주변 공간들에서 음으로든 양으로든 시대적 소명을 수혈 받고 수혈하기도 하는 기묘한 공간이 되어가고 있었다.

조선은행(현 한국은행)과 조선저축은행(현 SC제일은행)과 한일은행(1998년 IMF 구제금융기 당시 상업은행과 합병해 현 우리은행)이 자리해 일제강점기 금융의 중심지 역할을 했던 조선은행 앞 광장, 즉 한국은행 앞 교차로 근처 명동 뒷골목에 환차익을 꾀하는 암달러상들이 대거 자리 잡았고, 청계천과 미군 PX화한 옛 미쓰코시 백화점 건물 주변으로는 일본이 버리다시피 놓고 간 일본어 책들과 휘황찬란한 서양 책들이 제2차 세계대전 직후와 한국전쟁 직후라는 공백기에 지적 욕구를 채워주었다. 중국 대사관 앞이라는 특성상 화교들이 운영하는 중국 요릿집과 중국 서적들까지 가세하면, 이 공간은 그야말로 한국 안에 있을 뿐 한국이 아닌 색다른 느낌을 주기에 충분했다. 그리고 이런 독특한 분위기 속에서 전에 없던 독특한 계층이 모여들기 시작했다. 멀리 돌아왔으나 바로 만화와 애니메이션에 심취한 이들이 바로 이 시점에 등장하는 것이다.

1980년대 초반까지 만화를 접하는 주요 창구는 만화방(대본소)이었다. 많은 명작이 나오기도 했지만, 한편으로는 전국에 산재한 만화방 개수에 맞춘 물량 공세를 통해 수익을 내는 구조였기 때문에 '공장'으로 불리는 대량 제작 시스템을 통해 질보다 양을 채우는 경향이 컸다.

앞서 신촌 편에서 합동출판사에 관해 소개했고 청계천 편에서 대학천의 덤핑 만화에 관한 언급을 했지만, 당시의 만화는 후진적 유통 체제를 기반으로 종이질이 떨어지고 인쇄 상태가 불량한 상태로 팔리는 경우가 잦았던 것이다. 이런 시기에 명동 딸라 골목에서 만난 만화 등의 각종 일본 대중문화는 그야말로 소년 소녀들에게 그야말로 신세계를 열어주었다. 영화 〈킬리만자로〉와 〈무뢰한〉을 만든 오승욱 감독이 《씨네21》 1043호에 실은 기획연재 〈오승욱의 만화가 열전〉 허영만 편에는 이 시기 딸라 골목에서 일본 만화를 만난 소년의 심정이 고스란히 묻어난다.

누나들과 자란 소년들에게는 남자들과 자란 나와는 다른 세계가 있었다. 그들은 내 책가방 속의 무협지를 몰아내고 삼중당에서 나온 이어령의 수필집을 읽게 만들었다. 만화책과 무협지 말고 또 다른 읽을거리가 내 손에 들어온 것이다. 그뿐만이 아니었다. 헌책방에서 가끔 노다지처럼 만났던 일본 만화책을 돈만 있으면 반짝반짝 빛나는 새책으로 살 수 있는 명동의 중화민국 대사관과 코스모스백화점 사이에 있던 '딸라골복'을 일게 되었다. 질 떨어지는 종이와 인쇄 상태의 한국 만화들을 보면 한숨이 나왔던 시기에 나와 같이 동행한 누나들이 많은 소년은 내가 일본 만화책에 정신이 팔려 있으면 당시 인기 최고였던 록밴드 키스KISS의 화보집을 들어 보이며 "이런 책을 사야지, 어린애처럼 만화가 뭐냐?"라고 했었다. 누나들이 많은 집에서 자란 소년들은 어린애였던 나를, 소녀를 사랑하는 소년으로 만들어주었다.

- 오승욱, 〈오승욱의 만화가 열전 : 소년에서 남자로〉,
《씨네21》 1043호, 2016년 2월 23일자

한데 이 공간의 세례는 만화에 국한된 게 아니었다. 애니메이션 팬들에게도 꽤 각별한 추억으로 기억되는 곳이 이 딸라 골목의 일서 전문 서점들이었다.

1970년대 중반 이후 보급되기 시작한 TV에서 수많은 일본 애니메이션을 한국 것으로 알고 봤던 성장기 학생들은 애니메이션을 제법 많이 편성했던 TBC 동양방송이 전두환 정권의 언론 통폐합(1980. 11. 14)으로 사라지고(1980. 11. 30) 애니메이션 방영 횟수 자체가 줄어들면서 극심한 갈증에 시달렸다. 이때 이들의 갈증을 풀어준 것이 다이나믹 프로 등의 해적판 출판사에서 찍어낸 '대백과' 시리즈로, 일본에서 출간되던 동명의 자료집을 무단 도용한 책들이었지만 당시 성장기였던 이들에게는 그야말로 지적 욕구를 채우는 데 사막의 오아시스 같은 역할을 했다.

그러던 이들에게 1980년대 들어 VTR의 국내 본격 보급과 함께 국내 브랜드의 비디오로 출시된 일본 애니메이션들은 TV에서 끊긴 애니메이션 감상 기회를 이어주는 역할을 했다. 이윽고 애니메이션 팬층은 더 많은 정보를 얻기 위해 일본의 애니메이션 정보지들을 찾기 시작한다. 만화와 애니메이션을 통해 일본어를 직독직해와 대화가 가능한 수준으로 익히고 정보와 물품을 끊임없이 수집하며 자기 나름의 전문성을 갖추기 시작한 한국형 1세대 오타쿠가 이렇게 형성된 것이다.

우리나라 1세대 오타쿠들의 글을 묶은 2003년의 무크지 《애니메이션 시크릿 파일》(시공사)의 첫 꼭지를 맡은 안영식은 해당 글 〈1세대 마니아의 20세기 진화론〉에서 이 형성기를 가리켜 다음과 같이 적고 있다. 참고로 이 책에는 나도 말석에 참여하고 있으나, 나의 경우 전작 《키워드 오덕학》에서 선언했듯 2세대에 가까워서, 돌아보면 다소 민망한 부분이 없지 않다.

아마도 이 즈음을 한국에서 애니 마니아 1세대들이 자신들의 문화적 터전을 마련하기 시작한 태동기로 보아야 하지 않을까 싶다. 국적이 은폐된 TV 애니메이션과 해적판 대백과 그리고 더빙판 비디오를 보며 자라난 세대들은 자신들이 좋아해 온 매체에 대한 정체성을 확립하기 위해 일본 원어로 된 자료를 찾기 시작한 것이다.
　　　　　　　　　　　– 안영식, 〈1세대 마니아의 20세기 진화론〉,
　　　　《애니메이션 시크릿 파일》, 시공사, 2003 중에서.

이들이 애니메이션 정보지들을 사 모으는 주요 창구가 된 곳이 바로 이 명동의 외국 서적 골목이었다. 명동 외국 서적 골목에서는 각종 실용 서적과 패션 잡지를 실시간에 가깝게 구할 수 있는 곳으로 정평이 나 있었지만, 애니메이션 전문지들도 이곳에서 거의 대부분을 구할 수 있었다. 이들 정보지를 직접 해석해가며 정보를 섭취해내던 이들은 여기에 만족하지 않고 애니메이션을 직접 입수하는 단계에 이르게 된다. 그 이전까지 일본 TV 전파가 닿는 부산 등지에서 녹화된 비디오를 반복 복제해 판매하는 식으로 유포되던 일본 애니메이션은 1980년대 후반 레이저 디스크Laser Disc(이하 LD)라는 문명의 이기를 들여온 이들 덕에 일대 유통 혁신(?)을 맞이한다.

거듭된 복제에도 화질 열화가 없는 광매체인 레이저 디스크는 금전 여유 있는 이들은 일본에서 직접 사오고 돈이 모자란 이들은 명동 지척인 회현 지하상가 쪽에 자리한 LD 수입 매장에서 구입하거나 복제하는 물건이 됐다. 이 LD에서 복제했거나 일부 일본 위성방송 접시를 직접 단 이용자가 녹화한 비디오테이프들이 다시 복제되어, 거리상 일본 직수입 물량이 많았던 부산 정도를 제외한 전국으로 퍼지게 된다.

이 물품들은 애니메이션 전문 채널인 투니버스가 청소년 이상층의 구미에 맞는 작품들을 본격 방영하고 SBS가 '만화 왕국'을 표방하고 초고속 인터넷이 가정에 보급되기 시작하던 1990년대 후반을 전후한 시점까지 일본 애니메이션의 세례를 받은 이들에게 중요한 덕심 보급물자가 되어주었다. 물론 LD를 직접 구입하지 않는 이상 모두 불법이었지만 1998년 일본 문화 정식 개방 이전까지 TV 방송사가 틀어주지 않는 애니메이션을 볼 방법은 그뿐이었으니 그 시기까지만 용인될 수 있는 방식이었다 하겠다.

한편 1980년대 후반부터는 아마추어 만화인(만화 동인)으로서 활동하던 이들이 동아리를 만들고 프로 무대 진입을 꾀하는 등 활발히 활동하기 시작했는데, 1990년대 중반 즈음에 X-JAPAN 등 일본 비주얼록 밴드들의 팬북이 나온 것을 보면 앞서 인용한 오승욱 감독의 글에 나오는 누나의 반응을 이해할 수 있을 듯하다. 일본에서 시작된 코스프레(코스튬플레이)가 ACA 만화축제에서 소개된 것도 1995년인데, 당시 비주얼록 밴드 팬북을 직접 그려 팔던 아마추어 만화인들이 밴드 구성원과 비슷하게 분장하고 나왔던 게 한국 코스프레의 시작점이라 할 수 있다. 소위 동인녀라는 표현으로 분류되는 오타쿠 여성층이 저 시기 비주얼록 쪽에도 꽤 흥미가 컸음을 짐작케 하는 대목이다. 그 역시 명동의 외국 서적상이 정보의 주요 전파처였으리라.

## 한국의 오타쿠, 반백 년 만에 환생한 모던보이와 모던걸

이렇듯 한국에서 자생하여 모습을 드러낸 오타쿠층은 정보 취득에 한계가 극단적으로 명확한 대상을 접하기 위해 돈과 시간을 아낌없이 들인 사람들이다. 특히 당시에는 유난히 커 보였던 우리 것과 일본 것의 수준차 속에서 좀 더 나아 보이는 쪽을 감상해보고픈 욕구에 따랐던 이들이며, 식민지 경험 때문에 일본 것에 심취한다는 것만으로 '친일파라네' 등등 쏟아지는 비난을 감수하면서도 좀 더 나은 품질로 작품들을 즐기려 들었다. 이들은 1990년대 이후 본격화한 PC통신이라는 컴퓨터 통신망을 통해 자기들이 쌓아 올린 지식들을 공유하고 토론하며 갖가지 독특한 문화를 만들어내게 된다.

이 시기 명동과 그 주변을 통해 해외 만화나 애니메이션과 그 정보들을 섭취했던 이들은 앞서 소개한 안영식이 일본의 유명 애니메이션 정보지 《뉴타입》 한국판의 편집장을 맡은 것처럼, 상당수가 업계 안으로 진입하면서 자생적인 문화를 만들어내는 역할을 했다. 이들이 기틀을 닦은 매체나 공간에서 형성된 흐름이 라이트노벨을 비롯해 전에 이 땅에 없던 대중문화와 그 수용자층이 정착되었음을 보자면 결코 그 역할이 작은 게 아니었음을 알 수 있다.

명동의 변천사를 돌이켜보면, 그곳은 복잡다단한 국제 정세의 영향을 직격으로 받은 공간에 자연스레 해외 문물이 모이는 곳이었더랬다. 1세대 오타쿠들은 시대적 한계에도 이 문물에 이끌리고 주변의 고까워하는 시선을 감수하며 즐기면서 그 문화를 자기 안으로 소화해냈다. 1980년대 기준으로 반백 년 전, 별천지 같았던 이 공간에서 비슷한 감정으로 이 땅에 뿌리를 튼 초기 엔터테인먼트를 초보적으로나마 열심히 즐겨내며 엄혹한 전체주의로 향하던 시기 '대중'으로서의 자의식을 만들어낸 이들이 떠오른다. 어쩌면 우리나라에서 자생하여 이후 오덕, 덕후로 분화하는 부류의 원형이 된 이들은 반백 년 만에 환생한 '우리 시대'의 모던보이, 모던걸이 아니었을까 싶다.

2000년대를 넘어가며 명동의 분위기는 또 바뀌었다. '명동 뒷골목'에는 더 이상 암달러상이 드러내놓고 보이지 않고, 일본 서적을 전문으로 취급하던 서점도 거의 사라졌다. 외서 서점으로 많은 이에게 추억의 장소가 되어주었다던 제일서림마저 2017년 6월 문을 닫았고 2017년 10월 현재 일신서적 한 곳만 남아 있다.

LD를 테이프에 복사해주었다던 회현지하상가의 LD 판매상들도 거의 사라지고 이젠 1979년 LD 판매의 첫 장을 연 현대전자 한 곳밖에 남아 있지 않다. 일본 관광객에 이어 중국 관광객이 쇼핑을 위해 대거 몰려들어 명동은 또 다른 의미로 외국인들의 공간이 되

중국 대사관 골목의 현재

어가고 있고, 서점이었던 공간은 대부분 외국인을 상대로 하는 사설 환전소가 채우고 있다.

이는 인터넷 발달 등으로 외국 책을 통해 정보를 얻을 필요가 사라진 탓도 있을 터다. 그럼에도 이 일대가 지금 현재 만화와 그 주변의 대중문화 지형을 만드는 데 큰 역할을 한 곳이었음을 부정할 수는 없다. 이젠 거의 흔적뿐이지만, 만화와 애니메이션에 심취하다 못해 자생 오타쿠로 진화한 이들을 낳은 문화적 배경이 이렇듯 복잡다단한 외세 삼국지 위에서 태동했음을 알고 나면 호객과 외국어로 연일 시끄러운 명동 거리 풍경도 굉장히 색달라 보인다.

 장소 옆 이야기

### 만문만화

1907년 7월 24일 이완용 친일 내각이 법률 제1호로 제정 공표한 신문지법과 두 해 뒤인 1909년 2월 23일의 법률 제6호 출판법에 따라 조선에서는 경술국치 이전부터 조선인의 신문과 잡지 발행이 '허가'되지 않았고 사전검열과 반포 금지, 발행 정지 등 규제책이 실행됐다. 1919년 3.1 운동 이후 총독부가 문화통치라는 이름의 민족 분열 통치 정책을 내세우면서 우리말 신문과 잡지의 발행이 제한적

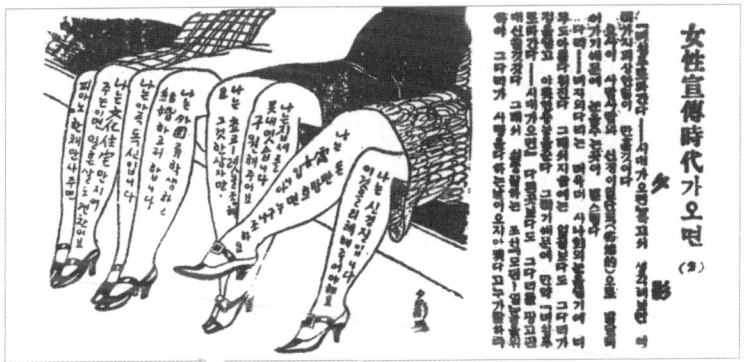

《조선일보》에 실린 안석영의 만문만화들. 위에서부터 〈가상소견-3화 꼬리 피는 공작〉편(1928. 2. 9), 〈가두풍경-털 시대〉편(1932. 11. 24), 〈여성선전시대가 오면〉편(1930. 1. 12). 모던걸을 비꼬는 묘사가 가득하다.

으로 허용되긴 하였으나 그나마도 1920년대 중반 이후에는 검열이 강화하면서 사회 비판적 내용을 등장인물을 통해 직접 발화하는 신문 시사만화가 제대로 나오지 못하게 됐다. 이런 검열을 우회하기 위해 그림과 함께 설명글을 싣는 형태가 도입되었다.

은유적인 표현이 많은 이 만화 장르는 1913년 일본의 오카모토 잇페이岡本一平가 처음 선보인 만화만문漫画漫文을 효시로 한다. 만화만문은 세시풍속을 담은 그림 옆에 무겁지 않으면서도 정돈되고 적당히 짧은 문장을 곁들인 형식이다. 한국에서는 1920년대 중반 이후 석영 안석주를 필두로 일송 최영수, 웅초 김규택 등이 선보인 만문만화漫文漫畵 혹은 만화만문漫畵漫文 작품이 대표적이다. 국내에서는 연구를 통해 명칭을 '만문만화'로 정리해가고 있는 이 장르는 현대적 의미의 만화로 넘어가기 전 우리나라에 출현한 몇 가지 만화 형식 가운데 하나이기도 하다. 한데 만화만문에서 유난히 눈에 띄는 주제가 바로 저 모던보이와 모던걸을 향한 비판적 풍자였다.

만문만화는 검열 강화로 직접적인 사회 비판을 하지 못하는 환경에서 우회로로 찾아낸 형식이다. 드러내놓고 총독부를 비판할 수 없어 많은 경우 경성의 세태와 풍경을 담아내고 논평하는 세시풍속도의 형태를 띠었다. 물론 그 자체만으로도 연구용 사료로서 가치가 있고, 일부 작품은 시사만평이나 시사만화에 준하는 풍자를 보여주기도 한다. 하지만 그 가운데 모던보이와 모던걸 풍자는 아무래도 비교적 안전한 비판 거리에 가까웠다고 하겠다. 모던보이와 모던걸은 어감으로는 1990년대를 장식한 '오렌지족'과 비슷한 멸칭이었으며 특히 모던걸에 대해 유난히 비판적으로 묘사한 부분들은 '김치녀' '꼴페미'라는 멸칭으로 대표되는 근래의 여성혐오적 차별 의식과 크게 다르지 않다.

만문만화에 담긴 모던보이 모던걸 비판들은 그 자체로 해당 시기를 살던 이들의 주된 인식을 보여주는 바다. 하지만 지금에 이르러서는 그 논조가 어느 시대가 됐든 젊은이, 그리고 그들이 즐기는 대중문화와 엔터테인먼트에 쏟아져온 비판 수준과 딱히 다르지 않다는 점 또한 염두에 두고 볼 필요가 있다 하겠다.

## 일신서적과 현대전자

일신서적은 현재 명동에 거의 유일하게 남다시피 한 일본 서적 전문 서점이다. 현재는 원래 있던 곳에서 다소 밀려 나와 현재 골목 깊숙한 곳에서 조용히 영업을 이어가고 있다.

이곳은 현재 점장분도 환갑 줄이고 일제강점기를 겪은 아흔 살 노신사와 같이 옛날부터 일본 서적을 읽어온 부류 정도만 가끔 소일거리 삼아 찾을 만큼 한산해졌다고 한다. 한때 주변에 일서 전문 서점이 많던 시절에는 패션지와 더불어 일본의 애니메이션 전문지가 곧잘 나갔다는데, 점장님은 당시 가게를 찾던 1세대 오타쿠들과 그중 유난히 필력이 좋았던 단골의 이름들을 거론할 만큼 추억을 간직하고 있다. 지금은 만화와 애니메이션 관련 서적을 많이 취급

일신서적

하고 있지는 않으나 일본 서적만 모아놓고 있으니만큼 관련 공부가 필요한 이들에겐 여전히 의미 있는 공간이다.

우리나라 최초의 LD 상점인 현대전자도 인터넷과 스마트폰 발달 이후 찾는 사람이 줄어 현재는 점장님이 소일거리 삼아 나와 가끔 옛 추억을 찾는 이들을 맞이하고 있다. 진공관과 트랜지스터 수입업체에 취직했다가 레이저디스크를 접하고 화질에 충격을 받은 점장님이 1979년 회현지하상가에 가게를 내고 직접 팔기 시작한 게 시초다.

LD가 생산 중단된 지금은 DVD를 주로 취급하지만 한때 이곳은 애니메이션 LD를 구입하기 위해 몰려든 한국의 1세대 오타쿠 소년과 청년들의 성지였다. LD를 직접 사가는 사람도 많았지만 당시 장당 10만 원 하던 가격이 부담스러운 이들에겐 테이프에 복사도 많이 해주었다는데, 서울에서 먼 지역에 살던 나 같은 사람은 그렇게 흘러나온 영상을 보며 오덕으로 각성했으니 그야말로 마음의 고향 같은 곳이 아닐 수 없다. 재밌는 건 원래 애니메이션을 주로 취급하려 한 게 아니라 여러 나라에서 영상물을 골라 구비하다 보니 그 속에 애니메이션이 들어간 것이었는데, 그 시기가 한국 1세대 오타쿠들의 성장기

현대전자

와 절묘하게 맞아떨어지며 졸지에 덕심 공급처가 됐다는 점이다.

  두 곳 모두 명동과 그 주변의 한 시기를 증명하는 최후의 생존자다. 서점들도 한때엔 중국 대사관 주변에 거리를 이루었고 LD 판매상 또한 현대전자의 등장 이후 한창 때엔 회현지하상가 내에만 수십 곳이 있었다는데, 지금은 각자 홀로 남아 있다. 작은 공간에 가득 들어차 있는 책과 영상, 그리고 이제 적잖게 든 점장분들의 나이가 지나간 시간을 말해주고 있다. 양쪽 점장님의 입담이 좋은 편이기도 하거니와 사람이 찾는 한 영업을 계속하겠다고 말하기도 하니 관심이 있다면 한번쯤 들러보아도 좋을 듯하다.

## 메이드 카페

2006년 3월 4일 우리나라의 첫 '메이드 카페'가 명동에 들어섰다. 이름은 '아무아무'. 당시 명동이 일본인 관광객의 쇼핑 공간으로 각광을 받고 있던 시기이기는 했지만 메이드 카페를 실제로 구경하게 되리라곤 생각을 못 해서 깜짝 놀랐던 바 있다.

메이드maid(하녀)는 〈신세기 에반게리온〉이 등장한 1990년대 중반 이후 일본의 오타쿠 문화를 설명하는 데 핵심적인 키워드인 취향 코드 집합 '모에萌'를 대표하는 속성 가운데 하나다. 본래는 영국 빅토리아 시대에 본격 등장한 가택 상주 가정부를 뜻하는 말로 산업혁명 이후 등장한 자본가 계층이 신흥 상류 계급으로서의 멋과 실용적 측면을 충족하기 위해 고용한 여성 인력들로 일부 엇나간 착취가 일어난 바는 있으나 기본적으로는 가사 노동의 프로들이었다. 그러던 것이 일본에서는 '주인님'을 모시는 몸종으로서의 이미지가 부각되며 하나의 캐릭터 조형 코드로 정착된다.

일본의 메이드는 빅토리안 메이드와는 달리 복식에서부터 여성 몸의 섹슈얼리티가 좀 더 부각되는 형태로 바뀌었는데, 한때 "아무데나 돌을 던져도 메이드가 맞는다" 할 정도라는 푸념 아닌 푸념이 일부 만화가의 캐릭터 제작 노트에 등장할 정도로 만화와 애니메이션에서 붐을 이룬 바 있다. 메이드 카페는 이 인기를 바탕으로 메이드복으로 코스프레를 한 여직원들이 손님을 '주인님'으로 깍듯하게 모시는 콘셉트를 내세운 카페다.

가게에 들어설 때 "다녀오셨습니까 주인님お帰り為さい、ご主人様"이라는 극존칭 인사를 들을 수 있으며, 음료와 간단한 식사를 제공하고 토마토케첩 등으로 오므라이스에 이름을 써주거나 별도 요금으로 사진을 찍어주는 서비스가 제공되

요미우리TV에 소개된 한국 첫 메이드 카페 '아무아무'

는 게 보통이다. 메이드 카페가 유행을 타며 겉으로는 싫어하는 척 하지만 속으로는 좋아한다는 '츤데레' 콘셉트를 내세운 츤데레 카페나 여성 손님들을 대상으로 하여 '집사'를 내세운 집사 카페 등이 나오기도 했다.

한국에 등장한 메이드 카페 '아무아무'는 일본식 메이드 카페를 거의 그대로 옮겨놓은 형태였다. 메뉴나 인테리어, 거리에 메이드 복 차림으로 나가 손님을 모으는 홍보 방식까지 그대로였고, 한국인 종업원들도 메이드 코스프레를 하고 있었다. 개장 초기 일본 요미우리 TV에서도 〈News Scramble: 追跡屋 – CHASER OF THE NEWS〉라는 꼭지를 통해 아무아무를 다루었는데 해당 뉴스의 첫 머리는 "일본의 오타쿠 문화를 상징하는 '메이드 카페'가 지난 주 한국에 첫 진출했습니다. 일본에선 400억 엔으로도 일컬어지는 오타쿠 시장, 그 비즈니스는 해외에서도 통용하는 걸까요? 도전자는 오사카의 '오타쿠 사장'입니다"로 시작한다. 영상엔 영업 개시 30분

만에 만석이 된 모습도 등장하는데 실제로 가게에 들어섰을 초반 당시에는 제법 사람이 들어차 있었다.

다만 "모에는 세계 공통이며 메이드복은 어느 누구라도 느낄 수 있는 모에다"라던 사장의 결연한 의지와는 달리 '아무아무'는 얼마 못 가 장사를 접는다. 골목으로 들어가야 찾을 수 있었던 입지 탓인지, 또는 한국의 오타쿠 수가 콘텐츠 외의 파생 문화를 먹여 살릴 만큼 크지 않았던 탓인지 또는 둘 다의 영향인지는 명확하게 드러나지 않았으나, 분명한 것 하나는 너무 일본 것 그대로이기만 했고 여기는 한국이었다는 점이었다. '오덕'이나 '덕후'처럼 오타쿠라는 말이 한국에서 토착화하고 츤데레 같은 표현은 아예 대중매체에서도 곧잘 쓰이는 표현이 됐음에도 모에는 2018년 현재까지도 통번역이 필요한 걸 보면 당시로서는 '모에'니까 통한다는 생각보다는 조금 다른 방식을 택했어야 하지 않았을까 싶다. 실제로 당시 요미우리TV가 길거리에서 만난 한국인들에게 물어본 결과는 "연극 안내입니까?" "인어공주 이야긴가요?"(인어공주의 영어 표기가 The Little Mermaid인 데에서 한 착각) "가정부잖아, 가정부처럼 머리에 에이프런하고서 말이야" "한국에선 새로운 거네요. 일본이란 느낌이 강하게 듭니다" 정도고, 아무아무에서 실제로 일하게 된 종업원들도 "'다녀오셨습니까 주인님'이란 말은 한국에서 퇴폐적으로 비치니 다른 호칭으로 바꾸면 좋겠다"는 의견을 피력할 정도였으니 말이다. 하지만 그와는 별개로, 작품이란 형태도 아니라 파생된 문화의 오프라인 첫 데뷔 장소가 명동이라는 사실 자체는 그야말로 '그럴 만하다'라는 생각이 든다. "역시나 명동"이라 할 만하다.

한편 일본에서도 일본화한 '몸종' '성적 매력 풍겨나는 가정부' 이미지와 달리 '정통파' 빅토리안 메이드를 소재로 삼은 만화가 있다. 모리 카오루森薫의 〈셜리〉와 〈엠마〉가 그런 작품으로, 작가의 메이드복 덕질의 끝을 보여줌과 동시에 그 시기 풍경과 사람들의 이야기를 그럴싸하게 만화로 재현하고 있어 모에 메이드물과는 차별점이 있다.

## 부산 보수동 책방 골목과 남포동 일대

앞서 언급했던 바와 같이 한국형 오타쿠 1세대의 형성을 이야기할 때엔 크게 세운상가-용산전자상가로 이어지는 전자 기기의 발달과 그 안에서 구동되는 콘텐츠의 복제 및 유포, 그리고 명동 중국 대사관 근처에서 그 주변인 회현까지 연결되는 외국 정보의 직접적 유입을 이야기하곤 한다. 하지만 이건 어디까지나 서울 중심인 이야기다. 외국, 특히 일본의 정보를 직접적으로 접하는 데 서울 이상으로 활발한 모습을 보였던 곳이 있었으니 바로 일본에 가까운 부산이다.

부산은 지리적 특성으로 일본의 침략 때에도 가장 먼저 당하는 아픔을 겪었고, 일찍이 조선 초부터 왜관이 설치돼 양국 간 무역이 이뤄진 역사도 지니고 있다. 당연히 일본에서 직접 들어온 일본발 만화/애니메이션 관련 상품이 많아서, 남쪽 지역에서 만화나 애니메이션 좀 보았다 하는 이들 상당수가 부산을 통해 관련 문화를 접했다. 그 중심지가 된 곳이 부산의 보수동 책방거리와 그 주변 지역인 남포동 등지다. 특히 부산 쪽에서 나 좀 덕도(오타쿠로서의 레벨)가 좀 높다 싶은 사람들은 서울보다도 최첨단을 걷는 오덕 문화의 성지로 보수동 책방거리와 남포동을 꼽을 만큼 나름대로의 자존심과 자부심을 지니고 있는 편이다.

일본 문화가 정식으로 개방돼 있지 않던 시기 일찍이 보따리장수

보수동 책방 골목

를 통해 들어온 일본 문화 상품들이 보수동 책방골목이나 남포동 등지의 음반 가게 등에 널리 퍼져 있었고 일본 지상파 방송이 직접 잡혀서 일찌감치 일본 애니메이션이나 노래 등 일본발 대중문화의 세례를 받은 이들도 많았던 편. 남포동 쪽에 많았던 노점에서는 컴퓨터 게임과 성인잡지, 각종 포르노 비디오, 패션 잡지 등이 부산 명물 길거리 음식으로 꼽히는 호떡과 어묵 사이에서 정품과 불법복제를 막론하고 팔려 나갔다. 헌책방이 중심인 보수동 책방골목 쪽에도 일본 만화책 원본을 비롯해 애니메이션 화보집이나 비디오 등이 적잖게 들어왔다. 물건을 구입하기 위해 서울에서 부산으로 원정을 오는 경우도 있었다 하니 서울 쪽에서 만날 수 있는 일본 자료 가운데는 서 부산을 거친 물건이 어느 정도는 있었다고 봐야 할 터나.

이런 연유 때문인지 지역 중에서 서울 이외 지역 가운데에서 프로로 데뷔해 활동하고 있는 만화가 또는 만화 업계인들이 유난히 많은 곳이 부산이기도 하다. 어리거나 젊었던 시기 일본 만화나 애니메이션을 통한 문화적 세례를 듬뿍 받은 영향이 한몫했으리라. 부산은 현재 부산과 경남 지역의 만화가들이 꾸준히 연대체를 만들고 유지하며 다양한 활동을 꾀하고 있고 부산 출신으로 타 지역에서 활동하는 작가들도 부산 출신임을 드러내는 등 그 나름대로의 정체성을 보여주고 있다.

한편 보수동 책방거리는 만화나 애니메이션, 게임이 아니라도 청계천과 대학천 만큼이나 한때 온갖 종류의 책이 모여드는 공간으로서 널리 인기를 끈 공간이다. 한국전쟁으로 부산이 임시수도가 됐을 당시 북에서 피난 온 부부가 미군 부대에서 흘러나온 중고 잡지나 만화책 등으로 노점을 시작한 게 책방거리의 시작이라 알려져 있는데 전쟁 피난지에서도 작가들이 만화를 그려 팔았다는 사실이 우리 근현대 만화사에서 꽤 중요하게 언급되는 터라 공간 자체로도 만화계와 인연이 있다고 볼 수 있다. 뿐만 아니라 영화 〈변호인〉의 배경 사건이 된 '부림사건'이 이곳에서 진행된 독서모임을 소재로 공안당국이 창작한 용공조작사건이어서 역사적으로도 의미가 깊다.

물론 대학천이 그렇고 청계천이 그러하듯 이곳도 인터넷 시대에 더 이상 정보를 찾는 데에 책을 필요로 하지 않는 분위기 속에서 기세가 많이 꺾였다. 만화나 애니메이션 쪽으로도 일본 대중문화 개방 이후엔 수입 통제가 만들어냈던 금기의 매력마저 사라진 탓에 예전 같은 분위기는 없다 해도 과언은 아닐 터다. 하지만 공간은 사람을 낳고 사람은 활동의 결과물 속에 문화적 유전자를 남기니, 중요한 건 공간 그 자체의 보존보다도 그 시기의 에너지를 기억하고 기록하는 일이 아닐까.

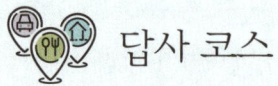 답사 코스

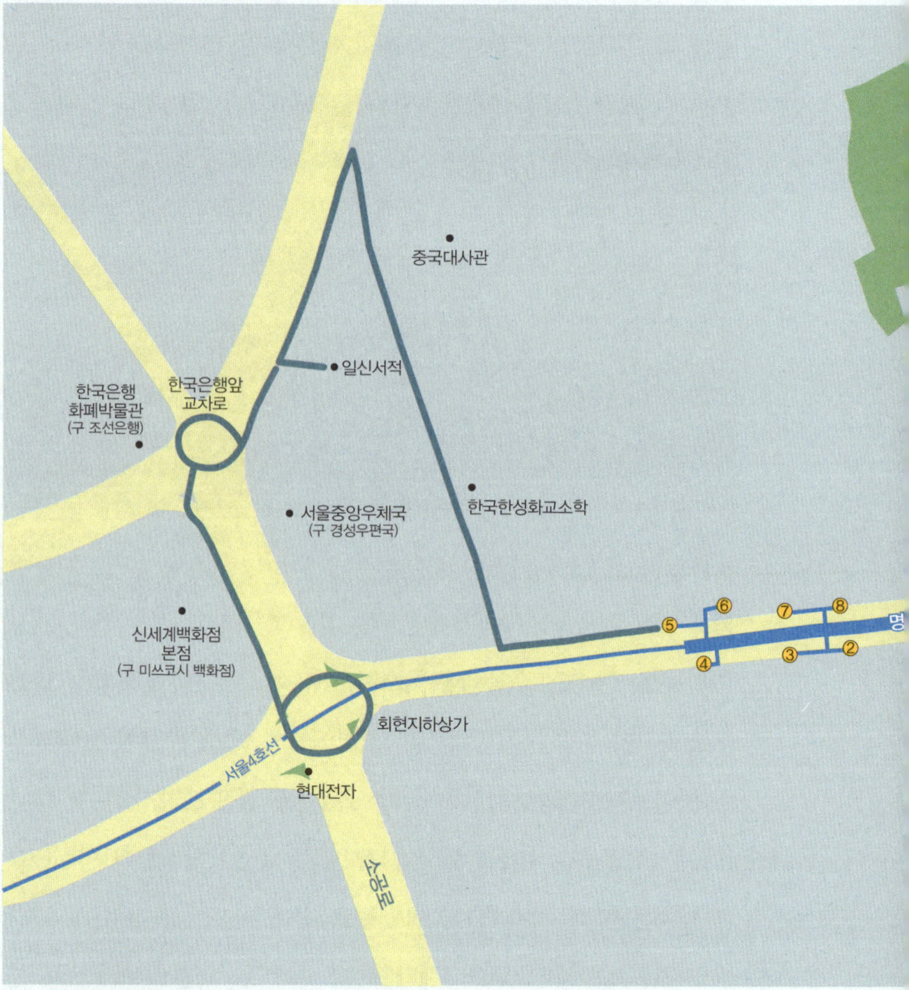

한국한성화교소학

중국대사관

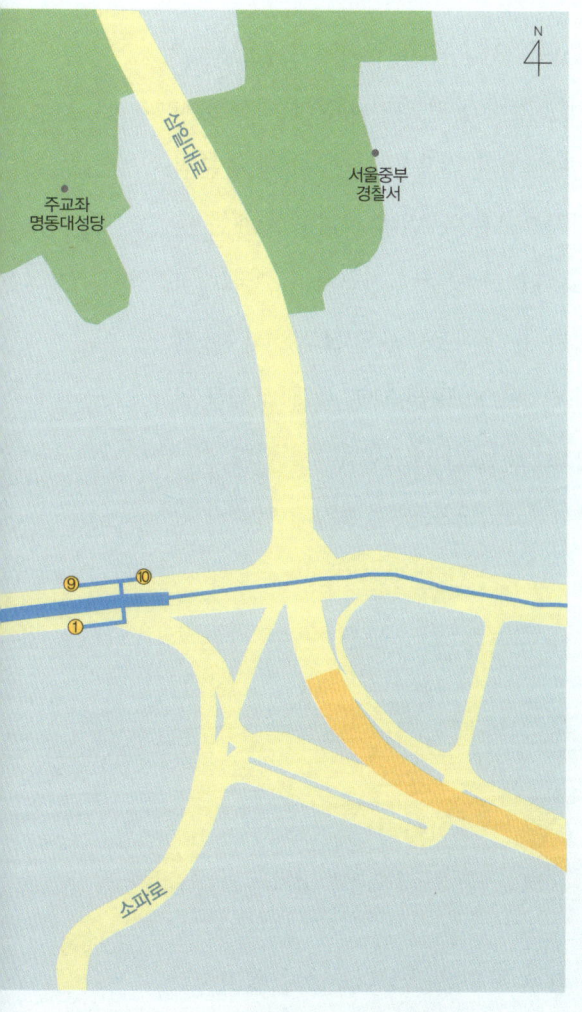

현대전자

한국은행 화폐박물관

서울중앙우체국

중국대사관 골목

일신서적

명동의 중국 대사관 골목과 회현은 남산의 북쪽 아래에 자리하고 있다. 그래서 남산을 둘러본 후 내려오거나 종로에서 청계천, 세운상가, 인쇄골목을 거쳐 현 충무로역으로 온 후 연이어서 걸어도 좋다. 두세 코스를 한꺼번에 걷기엔 거리가 꽤 되기 때문에 쉽진 않지만, 그만큼 남산 주변에 얽힌 이야기가 많음을 실감하기엔 충분한 시간이 되리라 생각한다. 개인적으로는 두 번째 꼭지로 소개한 남산 코스를 다닌 후 예장 자락을 내려와 명동에 진입하여 중국 대사관 골목-회현지하상가로 빠지거나, 동대문에서 출발해 청계천, 세운상가, 인쇄골목을 거쳐 남산을 오르지 않은 채로 중국 대사관 골목과 회현지하상가로 빠지는 코스 또는 그 역방향을 추천한다.

중국 대사관 골목과 회현지하상가만으로 좁혀 보자면 다음과 같이 움직이길 권한다.

## 중국 대사관 골목

서울 지하철 4호선 명동역 5번 출구 - 명동2길로 진입 -
중국 대사관 골목 입구 500미터

중국 대사관으로 진입하기에 편한 곳은 서울중앙우체국 쪽이지만 나는 골목 전체를 일직선으로 꿰뚫어 지나가 보길 권한다. 서울 지하철 4호선 명동역 5번 출구에서 명동2길 쪽으로 꺾어 들어와 쭉 걸으면 굉장히 복잡다단한 분위기가 느껴지는 공간을 만날 수 있다. 현재 이 공간에 함께 들어차 있던 서점은 대부분 사라졌지만, 한 시기 만화/애니메이션 문화에서 중요한 역할을 한 혼돈의 도가니 같은 분위기는 궤는 좀 달라졌어도 여전히 존재하고 있다.

중화민국과 중화인민공화국이 교차하는 학교와 대사관의 분위기, 암달러 골목의 흔적을 느낄 수 있을 만큼 온갖 곳에 늘어선 사설 환전소, 각종 골동품 수집/판매상에 이르기까지 볼거리가 굉장히 다양한 것이 특징이다. 식사를 하지 않았다면 이쪽에 자리하고 있는 중화음식점들을 찾아봄 직도 하다.

## 한국은행 앞 교차로

중국 대사관 골목 입구 – 한국은행 앞 교차로 200미터

중국 대사관에서 나와 다시 남쪽으로 언덕을 거슬러 오르면 한국은행 교차로가 나온다. 여기가 왕년의 센긴마에히로바다. 신세계백화점 본점 신관 건물과 옛 미쓰코시 시절의 건물이 연결돼 있는 풍경을 구경할 수 있고, 화폐박물관으로 외양을 유지 중인 조선은행 건물과 마징가Z 모양새로 바뀐 경성우편국 건물도 볼 수 있다. 세 곳 모두 역사적 장소라선지 안내판이 다양하게 서 있으니 하나하나 읽어보는 것도 좋다.

중국 대사관에서 한국은행 앞 교차로로 가는 도중의 길목으로 들어가면 약간 숨은 위치에 명동에서 유일하게 남은 일서 전문 서

한국은행 앞 교차로의 한 축인 한국은행 화폐박물관

점인 일신서적이 자리하고 있다. 규모는 작지만 앞으로도 계속해서 운영할 예정이라고도 하고, 만화 서적도 일부 취급하고 있다. 주소는 서울시 중구 명동2가 95-1이다.

## 회현지하상가

한국은행 앞 교차로 – 회현지하상가 160미터

한국은행 앞 교차로에서 명동 방향으로 조금 더 이동하면 회현지하상가가 나온다. 이곳에 심지어 나보다도(!) 나이가 더 된 LD 판매점 현대전자(회현지하상가 다-6)가 있다. 지금은 DVD를 주로 팔지

현대전자에서 판매 중인 〈세일러문〉〈아르슬란 전기〉〈드래곤볼 Z〉 LD. 물론 이외에도 훨씬 많다.

만 LD도 옛날 가격에 비해 매우 저렴하게 판매하니 LD로 애니메이션을 볼 생각이 있다면 수집해보는 것도 좋을 듯하다. 입담 좋은 점장님이 기다리고 있다.

　LD 매장은 이제 현대전자 정도만 남아 있지만, 회현지하상가에는 LP를 취급하는 매장이 여전히 많아 옛 방식의 미디어를 구경하고자 한다면 찾아볼 거리가 참 많다. 서점들이 사라졌다고 방심하고 갔다가 지갑을 탈탈 털리는 대참사를 겪게 될지도 모를 일이다.

나의 만화유산 답사기 10

《보물섬》의 자취를 찾아
# 육영재단과 어린이회관

이번 이야기는 긴 추억담으로 시작하지 않으면 안 될 것만 같다.

만화로 글을 써서 먹고사는 일이 직업이다 보니 어쩌다 이 일을 하게 됐느냐, 언제부터 만화를 좋아하게 됐느냐는 질문을 제법 자주 받는 편이다. 그러면 대체로 내가 드는 모범 답안은 '정신 차리고 보니 이미 오덕이었다'이다. 내 첫 책 《키워드 오덕학》의 서문 첫머리도 그렇게 시작한다. 그야말로 "정신 차리고 보니 난 이미 오덕"이었다. 만화는 늘 읽고 있었고 생활 같았으니까, 컴퓨터를 한다고 조금 굽이굽이 돌아오긴 했어도 결국 만화에 관해 말하는 일을 직업으로 삼은 건 큰 틀 안에선 자연스러운 귀결인 듯도 했다. 하지만 그래도 내 활동의 기원을 굳이 묻는다면 어떻게 이야기해야 하나 싶을 때 집어드는 건 역시 《보물섬》이었다.

1979년생인 내게 학습효과가 아닌 재미와 즐거움을 주는 엔터테인먼트로서의 만화는 《보물섬》이 제공했다. 조금 더 일찍 태어났더라면 고우영 선생이 활약하던 신문 연재만화를 실시간으로 읽을 수도 있었으련만, 내 세대의 꼬마에게는 목침 수준으로 두꺼운 부피를 자랑하던 《보물섬》이야말로 만화의 시작이자 끝에 가까웠다.

물론 '소년○○일보' 따위 제호를 단 일련의 일간소년지가 만화 없이는 지면을 채우지 못할 정도이기는 했고, '○○학습' 같은 전과류도 곧잘 만화를 싣긴 했지만, 《보물섬》의 두께가 주는 압도적인 풍족함을 이겨낼 수는 없었다. 지금과 마찬가지로 놀이에 별다른 재주가 없던 나였지만 유일하게 흥미를 느끼고 해냈던 게 바로 만화 베끼기였다. 당시 나는 먹지와 종이를 밑에 깔고 《보물섬》의 만화들을 하나하나 베껴 그려냈다.

그중에서 많이 베긴 작품은 얼마 전 돌아가신 고 김영하 선생의 〈펭킹 라이킹〉이랑 윤승운 선생의 〈맹꽁이 서당〉 등이었다. 두 작품에서 보듯 극화 계열보다는 명랑 만화 계열이었다. 막상 최고 인기작이었던 김수정 선생의 〈아기공룡 둘리〉는 따라 그리지 못했는데 어째서였는지 모르겠다. 어쨌든 이때의 베끼기 수련(?) 덕인지 딱히 만화를 배우지 않았음에도 어설프나마 만화 전개나 연출에 관한 감을 체득할 수 있었으나 첫발을 명랑만화에 들인 결과 지금까지도 막상 머리로 그리고픈 샬랄라 미소녀는 못 그리고 오로지 명랑만화 같은 그림체로만 만화 그리기를 흉내 낼 수 있다.

어쨌든 이 시기 만화에서 유난히 마음에 드는 장면들을 따로 베껴 그린 후 색칠해서 코팅해 '나만의 책받침'을 만들어 들고 다닌 게 내 나름의 세련된 취미생활이었다. 이렇듯 추억은 물론 내 삶의 절반 이상을 장식한 '만화'의 시작점은 보다시피 《보물섬》이었다.

《보물섬》이 없었으면 아마도 나는 지금껏 프로그래밍을 하며 뭔가 다른 주제로 글을 쓰고 있었을지도 모를 일이다. 이토록 내 활동 전체에 지대한 영향을 끼친 게 《보물섬》이건만, 막상 머리가 굵어지고 난 후 이 월간 만화지를 내던 곳이 어디였는지를 알게 되면서부터 내 추억은 순식간에 당혹스러운 과거가 되고 말았다.

길고 긴 추억담이지만 그만큼 배신당한(?) 기억에 몸부림친 흔적이라 보아주시라. 《나의 만화유산 답사기》의 마지막은 바로 저 《보물섬》을 만들어냈던 곳, '육영재단'의 어린이회관과 그 주변의 이야기다.

## 《보물섬》, 1980년대 만화계 변화의 대표 주자

1982년 9월 29일, 《경향신문》 1면 하단과 《동아일보》 6면 중단에 《보물섬》의 창간호 광고가 큼지막하게 실렸다.

9월 28일부터 전국 서점에서 발매됨을 알리는 이 광고에는 만화 잡지 광고치고는 놀라우리만치 만화 그림이 없다. 제호와 함께 가장 먼저 눈에 띄는 건 "재미있게 읽으며 즐겁게 공부하는 잡지"라는 표어와 "육영재단 어깨동무사가 정성을 기울여 만든 코믹 매거진 '보물섬'은, 이땅의 청소년들에게 드리는 최고의 선물입니다!"라는 선언 문구다. 그다음으로 눈에 들어오는 건 "'영수네 식구'를 찾습니다"라는 제목으로 적힌 원고지 한 장 반 분량의 두 문단짜리

《보물섬》 창간 광고

글귀, 그리고 연세 지긋해 보이는 각계 인사들의 묵직한 창간축하 인사들이다. "당당히 내세우는 호화 라인업 20"이라며 내민 목록은 오히려 오른쪽 구석에 배치돼 있고 작가 이름 없이 제목과 장르만을 기재하고 있다.

### '영수네 식구'를 찾습니다

국민학교에 다니는 영수 어린이. 그 위로, 중학교와 고등학교에 다니는 영철 군과 영희 양, 그리고 외삼촌인 대학생 철호 씨. 이들 4사람을 묶으면 '만화 세대'가 됩니다.

만화책만 읽는다고 나무라는 어른들의 꾸중을 들어가며 영수네는 만화책을 읽었습니다. 때때로, 만화가 어린이 교육에 좋지 않다는 어른들의 잘못된 생각을 빗겨가면서, 그래도 틈틈이 만화책을 읽고 자랐습니다. 어느새 이들은 그 보우너스로 '책 읽기 습관'을 가지게 되었습니다. 꿈과 용기와 모험심도 키웠습니다. 이들 4사람은 지독한 '만화 가족'이었읍니다.
　　　－1982년 9월 29일자 《경향신문》 1면/《동아일보》 6면,
　　　　　　　《보물섬》 창간호 광고 중에서

창간호 광고에서 엿볼 수 있는 《보물섬》의 특징은 ① 만화 전문지다 ② 만화 독서의 효과를 부각하고 저명인사들의 권위까지 빌려 부모들이 '만화'에 품고 있다고 판단되는 부정적 인식을 불식시키려 했다 ③ 학습 교양의 성격을 띠고 있음도 강조했다 ④ 그리고 육영재단 어깨동무사가 만들었다 정도라고 할 수 있다. '공부'와 '효과'를 강조한 전략 덕이었는지 《보물섬》 창간호는 매진되어 창간 다음 달인 10월 27일자 《동아일보》 12면에 "지난 창간호 매진에 감사드립니다"라는 감사 광고까지 실었다.

"재미있게 읽으며 공부하는 잡지"라는 표어가 말해주듯 《보물섬》은 앞 시대에 만화방에서 잔뼈가 굵은 독자들만이 아니라 자라나는 어린 세대를 끌어들일 무기로 만화를 전면 선택한, 이른바 '가족 만화 잡지'였다. 가격은 1500원으로 당시 짜장면 한 그릇이

《보물섬》 창간호 매진 감사 광고

400~500원 사이였던 것에 비하면 제법 묵직한 비용이었지만 거의 목침 수준에 준하는 500여 페이지의 두께 덕에 아빠가 한번 사다 주면 한동안 가정의 평화가 보장되는 마법의 아이템이었다. 비록 창간호 광고에는 표지나 작품 이미지가 책을 사줘야 할 물주인 부모들의 마음을 움직이기 위한 정보들에 밀려나 있긴 했지만, 잡지에 실린 만화의 면면은 지금 봐도 화려함 그 자체다.

《보물섬》은 창간호 표지를 강렬하게 장식한 이현세를 비롯해 허영만, 이희재, 김수정, 황미나, 고유성, 김철호, 윤승운, 김동화, 이진주, 허영만, 김영하 등 당대의 스타 작가들이 거쳐 간 잡지였으며 각종 읽을거리 또한 풍성하게 제공했다. 두께가 말해주듯 볼거리 읽을거리가 워낙 많기도 했거니와, 대부분의 내용을 국내 작가 작품으로 채운 잡지이기도 했다. 앞서 만화를 많이 싣던 잡지로 《새소년》(어문각, 1964년 5월 창간)과 《어깨동무》(육영재단, 1966년 12월 창간)가 있었지만, 이 둘이 일종의 소년 교양지로서 만화를 싣는 편이었던 데 비해 《보물섬》은 그야말로 만화로 수백 페이지를 매월 꽉 채워 나왔으니 파괴력이 어마어마했다.

결과적으로 《보물섬》은 1980년대 중·후반 이후로 연결되는 만화 잡지

《보물섬》 창간호

의 붐에서 시작점 역할을 했다. 《보물섬》의 등장과 함께 종합 아동 교양지들은 일제히 하향세로 접어들기 시작했고, 아동만이 아니라 성인을 비롯해 다양한 연령대를 대상으로 만화를 전문으로 다루는 잡지가 우후죽순 생겨나기 시작했다.

마침 이 1980년대 초반은 그 지독하던 합동출판사의 만화 유통 독재가 무너져가던 시점이기도 했는데, 이 시점을 기점으로 〈공포의 외인구단〉〈신의 아들〉과 같이 만화방 만화의 후반기에 가깝던 시기를 화려하게 불태우며 시대의 일면을 그려낸 수작이 튀어나오는가 하면《보물섬》이 촉발시킨 아동/성인/여성 만화잡지 붐 속에서 수많은 연재작이 나름의 자리를 점하고 주간 성인 만화지들에서 리얼리즘 만화 사조가 등장했다. 이렇듯 1980년은 다양성 면에서

《아이큐점프》 창간호

《소년챔프》 창간호

도 굉장히 주목할 만한 성과들을 만들어낸 시기라 할 수 있겠는데, 《보물섬》의 성공은 이러한 변화에서 만화만으로 채워진 만화 전문 잡지의 시장성이라는 화두에 쐐기를 박았다 할 수 있다. 《보물섬》은 이후 1988년 서울문화사가 《아이큐점프》를, 1991년 대원문화사가 《소년 챔프》를 내면서 일본식 만화 편집 시스템이 정착되는 시점까지 1980년대 한국 만화의 흐름을 주도하고 이끌었다.

한데 만화사적인 측면에서는 이토록 중요한 역할을 인정받는 《보물섬》이건만, 그 창간의 앞뒤를 살피면 미묘한 표정을 지을 수밖에 없다. 이 잡지가 해당 시기, 그리고 그 시기를 쥐고 흔들던 사람들과 깊은 연관이 있기 때문이다. 《보물섬》은 박정희, 육영수, 전두환 그리고 바로 첫 여성 대통령이자 첫 파면 대통령이 된(2017. 3. 10) 박근혜에 이르는 현대사의 질곡 한 페이지를 장식하고 있다.

### 박정희 일가와 육영재단, 그리고 《어깨동무》

《보물섬》의 발행처는 육영재단이다. 박정희의 부인이었던 육영수가 1969년 4월 어린이 복지사업을 목적으로 설립한 재단으로, 이름부터가 다름 아닌 육영수의 이름에서 따 온 것이다. 이 육영재단과 《보물섬》의 이야기를 하려면 먼저 박정희 독재집권기, 그리고 《보물섬》의 언니뻘인 잡지 《어깨동무》 이야기를 꺼내지 않을 수 없다.

출판도시문화재단의 정병규가 국립중앙도서관 도서관 연구소의 기관지 《도서관》 386호에 실은 〈어린이책을 권장하는 사회〉라는 글에 따르면 《어깨동무》는 본래 육영수의 개인 사업 형식으로 어깨동무사를 내세워 발행하다 육영재단이 설립되면서 업무를 합쳤다. "섬마을과 전기가 들어가지 않는 산골 마을 어린이에게까지 읽을거리를 제공한다"가 창간 취지였다지만 창간호부터 박정희 친필 휘호와 박정희 일가의 가족사진, 박정희의 아들인 박지만의 사진 화보를 집어넣었다 하니 그야말로 어린이들을 대상으로 한 독재 선전 수단 내지는 세습에 대비한 세뇌 작업에 가까웠다 하겠다.

《어깨동무》는 한때 15만 부를 팔았다고 하는데 당시로서는 어마어마한 수치다. 마찬가지로 앞서 인용한 〈어린이책을 권장하는 사회〉에 따르면 육영수가 직접 《어깨동무》의 편집과 취재, 표지 인물 선정에까지 관여하고 최종 결재까지 진행했다. 말 그대로 영부인 주력 사업이자 적극적 내조였던 셈이다. 1974년 8월 15일 육영수가 암살당한 이후 《어깨동무》는 딸인 박근혜가 발행인으로 이름을 올려 펴냈다.

《어깨동무》는 어린이 교양지로서 신문수, 고유성, 이상무, 박수동 등 인기 작가의 만화를 많이 실었는데 만화를 내보내는 방식이 바로 '별책부록'의 형태였다. 《어깨동무》뿐만 아니라 당시 어린이 교양지는 판촉을 위해 별책부록을 비롯해 본지 외의 물품을 끼워넣는 경쟁을 많이 했다. 《만화 보물섬》은 《어깨동무》의 별책부록 제호 중 하나였으며 어느 순간부터 본지보다도 인기를 끌게 됐다. 물론 별책부록이나 과도한 특별부록은 이후 매체들의 수익성 악화로

《어깨동무》 표지. 제호의 글씨는 박정희 것이다.

《어깨동무》 1982년 2월호 별책부록 《만화 보물섬》

《어깨동무》 1985년 1월호 별책부록 《만화 챔피언》

《보물섬》 창간 직후인 1982년 10월의 《어깨동무》 별책부록. 《만화 보물섬》이 《만화 챔피언》으로 바뀌었음을 볼 수 있다.

직결되곤 했지만, 일단 이겨야 한다는 압박감이 잡지들의 경쟁을 부추겼다. 훗날 본격적인 웹 시대로 들어오기 전의 게임 정보 잡지들이 부록 경쟁으로 겪었던 피폐함을 일찍이 만화잡지들이 앞서서 겪었던 셈이다.

## 《어깨동무》와 《보물섬》의 거처, 어린이회관의 터 잡기

《어깨동무》의 편집부가 있었던 곳은 어린이회관이다. 현재 서울 광진구 능동의 대부분을 차지하고 있는 어린이대공원의 한쪽을 차지하고 있다. 육영수 생전 육영재단의 주 설립 목적이자 사업 방법으로서 세운 건물로, 원래는 서울 남산 아래에 터를 잡았다.

1970년 7월 25일에 지하 1층 지상 18층으로 개관한 남산의 어린이회관은 불과 4년 만인 1974년 7월 15일 국립중앙도서관에 이양되고 새 건물을 어린이대공원 한쪽에 지어 올렸다. 남산에 있던 건물에는 이전 전까지 약 400만 명가량의 어린이가 들렀다고 언론이 보도하고 있는데, 이 건물을 넘기고 새 공간을 찾으려 한 이유는 '표면적으로는' 이 건물의 대지가 대략 1980제곱미터(약 600평)로 좁고 18층 건물로 높아서 넓은 곳에서 뛰어놀기 좋아하는 어린이들과 안 맞았던 데다가 산 중턱에 자리한 건물이라 아이들이 찾아 올라가기도 쉽지 않아서였다. 설상가상으로 대중교통도 만족스러운 편이 아니었다.

남산 야외 음악당 쪽에서 바라본 옛 어린이회관 건물. 사진은 1975년 10월 19일 촬영된 것으로, 능동 어린이회관은 이보다 9일 전인 10월 10일 개관했다.

자료: 서울사진아카이브

1972년 5월 2일 '어머니 대표'라는 사람들이 남산 어린이회관과 주변에서 벌인 '어린이 보호대회'. 서울시, 여성 단체 협의회, 시 교육위원회 등의 협조로 진행됐다. 똑같은 관제 행사로 "불량만화 가게를 일소하자"라는 팻말의 문구가 눈에 들어온다.

자료: 서울사진아카이브

재밌는 건 당시 언론들이 죄 똑같이 "국립중앙도서관 사정에 따라 넘기고"라고 적고 있다는 점이다. 국립중앙도서관 입장에서는 원래 서울시 중구 소공동에 자리하고 있던 건물이 일제강점기인 1923년 11월 30일 개관한 조선총독부 도서관(조선총독부령 제19호) 건물을 그대로 쓰고 있었던 탓에 늘어나는 장서 수를 감당 못해 이전을 추진하고 있긴 했으나, 막상 원래 이전을 고려하던 곳은 박정희 정권이 1968년부터 도시계획의 일환으로 멀쩡히 있던 산까지 폭파해 그야말로 넓고 평평하게 다져놓은 여의도였다. 심지어 국립중앙도서관은 여의도에 1만 6500제곱미터(5000평) 대지를 확보해놓고 있기까지 했지만 건축 자재의 값이 오르고 이전지를 바꾸자는 주장 등이 나와 결정을 못 하던 상황이었더랬다. (《이전될 중앙도서관 어린이회관 확정》,《경향신문》, 1974년 7월 8일자) 그러던 중에 느닷없이 남산 중턱의 좁고 넓은 건물로 올라가게 됐으니 도서관이라는 성격에는 도무지 맞지 않는 상황이었던 셈이다.

실제로 어린이회관 건물은 애들이 놀러 가기에도 부적합한 편이었고 늘어나는 장서의 하중을 감당할 만한 건물도 못 되었던 데다 지하에 습도가 높아 책과는 상극인 공간이었다. 이러니 책을 관장하던 이들 입장에서 자의로 선택할 리 없는 노릇이었다. 언론조차 '좁고 높기만 해서' 다른 데로 간다고 적었던 건물을 당시 돈 8억 4000만 원에 구입해 들어간 국립중앙도서관은 1988년 서울 서초구 반포동의 현 위치로 이전해 비로소 국내 최대 도서관에 어울리는 시설을 갖추게 된다. 소공동의 국립중앙도서관 자리는 현재 호텔

롯데 주차장 한 구석의 표지석으로만 흔적을 남겨놓고 있다.

이 시기에 서울시 도시계획국장 등을 역임했던 손정목 서울시립대 명예교수는 저서 《서울 도시계획 이야기》 2권에서 이 일련의 과정 일체가 박정희 정권이 롯데에 특혜를 주는 문제에서 비롯한 일이었다며 "공원용지인 남산에 어린이회관을 짓게 한 일, 그것을 국립도서관에 강제로 인수시킨 일, 도서관 건물을 호텔 롯데에 매각하라고 지시한 일 등 일련의 독재 행위를 당시 어떤 매스컴도 보도하지 않았고 따라서 일반 시민은 무엇이 어떻게 이루어진 것인지 전혀 알지 못했다" "제3·4공화국 정권이 어떤 것이었는지 그리고 박 대통령의 절대 권력이 얼마나 대단한 것이었는지를 말해주는 사실들"이라고 적고 있다.

## 능동에 어린이대공원이 들어선 사연

이렇게 어린이회관이 생긴 지 4년 만에 이사 간 곳이 서울 광진구 능동의 어린이대공원 한 구석이다. 한데 이 어린이대공원이 건설된 사연도 참 기구하다. 이 자리의 동명이 '능동'인 까닭은 대한제국의 마지막 황제 순종의 부인 순명효황후의 묘인 유릉이 있던 자리였기 때문이다. 1926년 순종이 승하하자 유릉을 명성황후와 고종이 묻힌 홍릉 옆으로 옮겨 부부를 같이 안장했는데, 옮기고 남은 자리를 차지한 게 군사리 골프장이었다.

순종 승하 1년 뒤인 1927년 6월 착공해 1930년 조성을 마친 이 골프장을 이용한 극소수 가운데에 고종의 일곱째 아들이자 순종의 동생인 영친왕 이은이 있었다. 아무래도 어떻게 전 대의 임금이 묻힌 능 자리를 골프장으로 만드는 일에 동의할 수 있는가 하는 의문이 제기되곤 했다. 대체로는 이 부분을 식민지의 껍데기 왕직 소유자로서 어쩔 수 없이 허락할 수밖에 없었을 것이라고 해석한다.

하지만 호서대 스포츠과학부 골프 전공 조상우 교수가 쓴 글에 따르면 이왕직 차관이자 경성골프구락부 초대 감사였던 시노다의 일기에 '영친왕이 유럽 시찰을 가고 싶어하다 1926년 순종 승하 이후 왕직을 계승하며 일본 궁내성의 반대에 부닥쳤으나 1927년 시노다가 궁내성을 설득해 1년간 여행을 다니게 됐다'는 내용이 담겨

대한제국 마지막 황태자인 '의민태자' 영친왕 이은과 비인 이방자(혼인 전 이름은 나시모토노미야 마사코梨本宮方子). 이 사진은 영친왕이 일본육군대학을 졸업할 무렵(1923) 찍은 것이다.
자료: 위키미디어 커먼즈

있었다 한다.(〈영친왕과 골프〉,《골프 다이제스트》, 2017년 9월 7일자)

조상우 교수는 이 설득 과정에서 영친왕과 밀접한 관계를 쌓은 시노다가 유릉 자리의 골프장화를 간청해 허락받았을 것으로 보인다고 언급한다. 게다가 영친왕은 유럽 시찰 당시에 내내 부인 이방자와 함께 골프를 즐겨 사실상 유럽 시찰 자체가 골프 여행에 가까웠다고도 한다. 아닌 게 아니라 영친왕은 우리나라 최초의 골퍼로 기록돼 있기도 하니, 압박을 못 이기고 어쩔 수 없이 넘겼다고만은 보기 어렵지 않나 싶다. 어쨌든 광복 이후에 이 군자리 골프장은 서울 컨트리클럽이 되어 부자들이 곧잘 찾는 도심 속 휴양지가 된다.

그러던 자리가 느닷없이 어린이대공원이 된 것도 박정희 때문이다. 1970년 12월 4일 박정희 대통령의 재가로 추진을 시작한 어린이대공원 조성은 당시 보도 내용들에 따르면 1970년 12월 12일 서울시의 '시민생활향상을 위한 15개의 대서울건설사업' 중 하나로 확정됐다. (〈교통난·공해 방지 등 대서울건설 15개 사업 확정〉,《경향신문》, 1970년 12월 12일자) 때가 때인지라 박정희가 재가했다는 다음 날《경향신문》이 곧바로 "어린이 낙원이 될 골프장. 골퍼들은 여전히 몰려오고 있지만 이제 서울컨트리클럽은 대공원으로 모습을 바꾸게 됐다"라는 기사를 길게도 실었다. (〈골프장 잡음 씻고 펼쳐질 어린이 낙원〉,《경향신문》, 1970년 12월 5일자) 박정희는 이어서 1971년 2월 6일부터 20일까지 진행한 연두 지방관사 순시 중 서울컨트리클럽에 어린이대공원 설치를 서두르라고 재촉하기도 했다. (〈71년 행정 독려 행차 박 대통령 연두 순시─지표의 문제점〉,《동아일보》, 1971년 2월 23일자)

서울컨트리클럽이었던 시절 클럽 하우스로 쓰인 공간. 우리나라 최초의 클럽하우스였다. 얄궂게도 짓자마자 느닷없이 골프장이 어린이대공원이 되면서 이런저런 구조물을 덧대 관리사무소와 어린이용 상업전시 공간(일명 '교양관')으로 쓰이다 지나치게 춥고 크다는 이유로 헐릴 뻔한 걸 '구조'해 원형을 복원하여 2011년 5월 '꿈마루'라는 이름으로 재개장했다.

하나 막상 1971년 4월에 "8월부터 1973년까지 3개년 계획으로 시비 17억5천2백70만 원과 민간자본 7억1백30만 원 등 모두 24억5천4백만 원을 투입"(〈어린이 서울대공원 서울컨트리골프장에〉, 《매일경제》, 1971년 4월 20자)하여 1972년 4월경 일부 완공하겠다던 계획과는 달리 서울컨트리클럽이 이전 문제 등에서 이견을 보였다.

서울컨트리클럽은 1971년 12월 19일 150여 명 회원이 모여 연 클럽 총회에서 임원 선출을 위한 전형위원만을 뽑고 해산하여(〈어린이 공원 제자리걸음〉, 《경향신문》, 1971년 12월 20일자) 결국 서울시로 하여금 1972년으로 선설 계획을 미루게 하는데, 막상 1972년 6월 13일에는 서울컨트리클럽이 경기도 고양군(현 고양시)에 자리한 한양컨트리클럽을 인수하기로 하고(〈한양컨트리클럽을 인수〉, 《매일경제》, 1972년 6월 13일자) 서울컨트리클럽 땅 70만 2900제곱미터(21만 3000평) 가운데 39만 6000제곱미터(12만 평)를 서울시에 '기증'하기로 했다. 이에 따라 어린이대공원은 1972년 9월 1일부터 조성공사에 들어갈 수 있게 됐다. (〈어린이대공원 9월 착공〉, 《동아일보》, 1972년 6월 27일자)

서울시는 기증받고 남은 30만 6900제곱미터(9만 3000평)을 25억 원에 팔았다가 이듬해 한창 공사가 진행 중이던 1973년 2월 고스란히 같은 돈을 주고 다시 사서 어린이대공원 부지로 더해 쓰게 됐으니(〈12만 평에서 22만 평 어린이대공원 확장〉, 《매일경제》, 1973년 2월 26일자) 실질적으로 어린이대공원은 서울컨트리클럽 부지 전부를 이용하게 된 셈이다. 당시 마땅한 도심 내 공원지가 없던 서울시에 갑자기 어마어마한 공원이 생겼으니 좋은 일일 순 있겠으나, 그 과정이 역시나 번갯불에 콩 구워먹듯 진행된 것은 그 시대다웠다 하겠다. 이 일을 실무 단위에서 지휘한 서울시장은 앞서 쌍문동과 둘리 이야기할 때도 등장했던 '두더지' 양택식. 세운상가를 만든 '원조 불도저' 김현옥 후임으로 서울시장이 된 양택식은 강북 개발 억제와 강남 개발을 주도하며 지금 서울 하면 생각나는 지형적 구도를 짠 사람이다. 손정목 교수는 저서 《서울 도시계획 이야기》 1권에서 양택식을 주말과 밤낮도 없이 일에만 몰두한 사람으로 소개하고 있기도 하니, 김현옥과 거의 동급의 워커홀릭이었던 모양이다. 참고로 양택식은 두더지란 별명까지 얻을 만큼 뻔질나게 지하를 누비며 진행한 지하철 1호선 개통일인 1974년 8월 15일 육영수가 피살당하는 바람에 책임을 지고 물러나게 되었으니, 사람의 인생이란 참으로 알 수가 없다.

골프장이 대공원이 된 이유에 관해선 1970년 12월 4일 박정희 대통령이 "이 주위는 이미 도시화되었고 마이카로 골프를 치는 사람들에게는 골프장이 도심지에서 떨어져 있어도 골프를 칠 수 있으니 이곳에 대규모의 어린이 대공원을 만들라"고 지시했다는 데에서 비롯했다는 게 당시 언론의 보도(〈골프장 잡음 씻고 펼쳐질 어린이 낙원〉, 《경향신문》, 1970년 12월 5일자)지만 실제로는 '좀 많이' 달랐던 모양이다. 만화 전문 기자이자 건축 전문 기자로 좋은 기사를 써 만화계에서도 좋은 평가를 받았던 고 구본준 기자는 "워커힐 호텔을

어린이대공원 입구 왼쪽에 서 있는 비석

국가사업으로 지어놓고 가끔 호텔에서 비밀리에 쉬기를 좋아했던 박 대통령은 지금은 사라진 삼일고가도로를 타고 워커힐로 가다가 저 골프장을 보고 크게 노했다고 한다. '조국 재건의 기치 아래 모두가 뼈 빠지게 일하고 있는데 평일 낮에 저렇게 한가하게 골프 치는 인간들은 도대체 무슨 작자들이냐'는 것이었다. 그리고는 '당장 저놈의 골프장 없애버리라'

박정희 시기 반공의 상징인 이승복 동상

고 지시했다고 한다. 물론 자료로 확인되는 사실은 아니나 당시 관계자들이 증언하는 이야기다"라고 기록됐다. (〈공무원이 우연히 찾아낸 한국 건축사의 '보물'〉, 《한겨레》, 2011년 11월 21일자)

서울컨트리클럽이 이후 땅을 '기증'하게 되는 것도 말 그대로 '무상 기증'이었는데 한양컨트리클럽 인수에 따라 서울시가 주는 인수금이야 둘째 치고 저런 상황에서 '무상 기증'하는 게 그리 기꺼웠을 리는 만무했을 터다. 《동아일보》는 이와 관련해 "말 좋아하는 사람들은 또 큰 마음 먹은 거냐, 울며 겨자 먹기냐 하고 시간을 보낼는지는 모르겠지만 시민된 입장에서는 일천이백 서울칸트리클럽 회원들에게 사의를 표한다"(〈횡설수설〉, 《동아일보》, 1972년 6월 28일자)라 적고 있으니 적잖게 얄궂은 일이다. 저 워커힐과 삼일고가도로 건설에도 박정희와 얽힌 완전히 또 다른 일화들이 켜켜이 쌓여 있지만 주제와 꽤 멀어지니 생략하겠다.

어쨌든 이렇게 들어선 어린이대공원에는 놀이도구와 넓은 쉼터들, 동물들 사이에 반공 이념용 동상과 박정희 글씨 등이 곳곳에 도사리고 있다.

## 육영재단의 본체, 능동 어린이회관

어린이대공원은 우여곡절 끝에 1973년 5월 5일 어린이날에 딱 맞춰 개장했다. 그리고 1974년 10월 2일 어린이대공원 남서편에 새 어린이회관이 기공식을 열고 공사에 들어가 1년 만인 1975년 10월 10일 개관했다. 규모는 대지 약 9만 9000제곱미터(약 3만 평)에 과학관 지하 1층 지상 3층 연건평 약 1만 494제곱미터(약 3180평), 그리고 문화관 지상2층 연건평 4771.8제곱미터(1446평), 기계실 577.5제곱미터(175평)이다.

개장 당시 어린이대공원은 입장료로 어린이 50원, 어른 100원을 내게끔 했는데 어린이회관은 대공원 쪽 출입문을 내 대공원에 입장료를 내고 들어온 사람들이 어린이회관도 무료로 관람할 수 있게 하고 반대도 가능하게 했다. 어린이대공원은 입장료 외에 각종 놀이기구에 별도의 요금을 붙였는데 개장 직후인 1973년 5월 9일 《동아일보》엔 '생겨서 기쁘긴 한데 완전히 다 도는 데 950원이고 부모 포함해서 가면 5000원씩이나 든다. 가난한 집 아이는 구경이 불가능하단 이야기인데 서민 실정을 참작하지 않아 아쉽다'는 요지의 독자 투고가 실렸다. 어린이대공원 입장료는 2006년 오세훈 서울시장의 공약에 따라 무료화되어 지금은 어린이대공원과 어린이회관 모두 무료로 양쪽을 서로 오갈 수 있다.

  능동에 새로 들어선 어린이회관의 외관은 그야말로 그 시대를 대표하는 건축 양식 그 자체다. 한국 전통 목조 건축을 본뜬 거대한 계란빛깔 콘크리트 건축물 두 채가 머리 위에 기왓장을 인 형태를 띠고 있고, 주변에는 박정희의 글씨를 박은 돌이 곳곳에 배치되어 있다. 능동의 어린이회관이 기공식을 연 시기는 육영수가 피살된 뒤여서 육영수 본인이 이 공간의 완성을 볼 수는 없었지만 곳곳

능동 어린이회관 본관 격인 과학관 전경

에 '육영재단의 설립자' 육영수의 흔적이 남아 있다.

본관 격인 과학관 벽에는 어린이 헌장과 더불어 "웃고 뛰놀자 그리고 하늘을 보며 생각하고 푸른 내일의 꿈을 키우자"라는 육영수의 친필 휘호가 벽에 붙어 있는데 이는 능동보다 한 해 앞선 부산어린이회관의 개관(1974. 9. 7)을 앞두고 먼저 써둔 것이다. 휘호에는 날짜가 1974년 9월 5일이라고 적혀 있는데 원래는 이날 개관할 예정이었다고 한다. 육영수가 문세광의 총에 맞아 죽은 때는 개관 예정일보다 20일 전이어서 부산어린이회관 개관식에는 기공식 당시의 축사를 녹음으로 재방송했다고 한다. 과학관 건물 오른쪽에는 "해 같이 밝고 꽃처럼 아름답게 슬기를 키우는 어린이 나라"라는 박정희의 글씨가 매우 큰 돌에 큼지막하게 박혀 있다. 능동 어린이회관 개관일에 맞춰 세운 것이다. 건물 맞은편에도 '어린이회관'이라는 박정희의 글씨가 적힌 큰 돌이 놓여 있다.

과학관으로 들어가면 가장 먼저 보이는 게 바로 육영수의 전신 동상이다. 육영재단이 정확히는 누구 것이었는지를 새삼 확인할 수 있게 하는 조형물이다. 건물 안에는 육영수 기념 전시실, 천체과학관, 유치원과 놀이터, 각종 체험시설이 마련돼 있으며 웨딩홀과 혼인 연회실로 쓰이는 공간도 배치돼 있다. 1980년대부터는 과학 기자재와 플라네타리움 등을 활용한 체험 프로그램이 운영되었다고 한다.

1~3층 사이에는 어린이들이 주로 이용하는 공간답게 계단이 아닌 경사로가 설치되어 있다. 경사로 벽면엔 어린이회관을 통해 진

어린이회관 과학관 정면 왼쪽에 붙어 있는 육영수 친필 휘호

과학관 맞은편에 있는 '어린이회관' 비석

과학관 입구에 들어서자마자 보이는 육영수 동상

행된 행사 사진과 어린이들의 미술 작품이 걸려 있고, 3층에는 재단 사무실과 유치원 시설이 배치돼 있다. 이곳이 육영재단의 본체인 셈으로《어깨동무》와《보물섬》, 그리고 미취학 아동용 그림책《꿈나라》를 만들던 어깨동무사도 이쪽에 자리하고 있었다. 재밌는 건《보물섬》의 창간호 정기구독 안내문에 편집부 주소가 "서울특별시 성동구 능동 산3-39 (어린이회관 내) 어깨동무사 보물섬 업무부"로 적혀 있다는 점이다.《어깨동무》는 1987년 6월호까지 나오고 휴간했는데, 휴간 이전까지는 육영재단이 출판물을 내던 어깨동무사와 시설 쪽을 맡던 어린이회관 이원 체제로 운영돼 오던 것을 휴간 이후 어린이회관으로 단일화하게 된다. (이경순, 〈르포─흔들리는 육영재단, 박근혜 이사장은 괴롭다─어깨동무와 꿈나라 휴간, 농성사태까

어린이회관 3층 육영재단 사무실 입구

지 육영재단의 어제와 오늘〉,《여성중앙》, 1987년 10월호)《보물섬》은《어깨동무》와《꿈나라》가 휴간한 이후에도 이 어린이회관 출판부에서 계속해서 출간했다.

　과학관을 나오면 옆에 자리하고 있는 건물이 문화관이다. 현재는 1~2층이 주로 혼인식장으로 쓰이고 있고 꼭대기에는 한국애견협회가 입주해 있다. 2층의 홀은 무지개 극장으로 어린이회관에서 열리는 무대 행사 등이 수없이 진행된 공간이다. 1층에는 유치원 시설들이 현재도 운영 중인데, 예전에 이 1층에 1982년부터 1990년까지 육영재단 이사장을 맡았던 박근혜의 사무실이 있었다고 한다. 박근혜는《보물섬》이 창간호를 낸 직후인 1982년 10월 육영재단 이사장으로 취임했고,《보물섬》창간호에 발행인으로서 창간사를

어린이회관 문화관 건물

실었다.

문화관을 나와 다시 과학관을 마주해 오른쪽을 보면, 여름이 한창인 8월에 《보물섬》이 무료 이용권을 부록으로 제공하기도 했던 어린이회관 수영장이 보인다. 박정희 글씨가 새겨진 큰 비석 쪽에 간판을 세워놓은 근화원의 건물은 그보다 조금 더 멀리 떨어져 있다. 근화원은 1987년 어린이회관 부지 내 예절교육장소로 선 곳으로 사실 육영수는 물론 박정희와도 관련이 없는 공간이다. 설립자는 2016년 이후 박근혜와 함께 모르는 사람 없이 유명해진 '비선실세' 최순실의 아버지인 구국봉사단 최태민 총재. 최순실이 관련 업무를 보기도 했으며, 최태민 스스로도 이 안에 근화교회라는 이름의 교회를 세웠다고 한다.

이렇게 근화원까지 둘러보면 능동 어린이회관은 대충 둘러봤다 할 수 있겠다. 다시 돌아와 본관 앞에 서면 어린이회관 앞 주차장에 빼곡하게 주차돼 있는 유치원 버스를 만나볼 수 있다. 유치원이 비교적 큰 규모로 운영되고 있음을 실감할 수 있는 대목이다.

어린이회관 과학관 오른쪽에 자리한 박정희 글씨 비석.
이 오른쪽으로 쭉 가면 근화원이 나온다.

## 《보물섬》 창간 과정에 비릿한 냄새가 나는 까닭

《보물섬》이 창간되었던 1982년 당시 《어깨동무》는 조금 적자 상태였다고 한다. 하지만 《보물섬》이 잘 팔려 이 적자를 충분히 메웠다 하니(〈르포-흔들리는 육영재단, 박근혜 이사장은 괴롭다〉, 《여성중앙》, 1987년 10월호) 육영재단 입장에서는 상당히 효자 상품이었던 셈이다. 한데 이 《보물섬》의 인기는 오롯이 잡지 자체의 성과라고 할 수만은 없다. 창간 당시 만화만으로 전체를 채운 잡지로서는 경쟁자가 아예 없었기 때문이다. 그리고 여기에는 당시의 정치적 고려가 담겨 있었다.

박정희가 부하 김재규의 총에 맞아 최후를 맞이하자(1979. 10. 26) 전두환이 혼란을 틈타 반란으로 군부를 장악하고(1979. 12. 12) 계엄령을 전국으로 확대시키면서(1980. 5. 17) 이에 항거한 광주 시민들을 학살했다(1980. 5. 18). 권력을 쥔 전두환의 위협에 최규하 대통령까지 하야하자(1980. 8. 16) 전두환은 박정희를 죽인 김재규를 속전속결로 처형한(1980. 5. 24) 뒤 얼씨구나 체육관 간접선거(1980. 8. 27)로 대통령 자리를 꿰찬다. 전두환은 통치 체제를 공고히 하고 반발을 억누르기 위해 사회정화위원회라는 기구를 동원해 국민을 맘대로 끌고 매질할 수 있는 삼청교육대를 만드는가 하면 언론 통폐합으로 신문과 방송, 정기 간행물 등을 대거 통합하거나 등록 취소했다(1980. 11. 14.).

이 분위기가 만화계를 비껴가지 않았다. 검열기구인 한국도서잡지주간신문윤리위원회가 1980년 9월 5일 만화정화방안 16개항을 채택해 출판사와 만화가에게 '통보'했는데 그 내용은 다음과 같다.

- 1977년 2월 1일 이전에 발행되었던 만화를 재발행하고자 할 때는 반드시 재심의를 받을 것.
- 성인을 대상으로 한 만화라도 청소년에게 해를 끼칠 우려가 있는 내용은 삼갈 것.
- 어린이와 어른 간의 관계를 지나치게 희화적으로 표현하여 어른에 대한 존경심을 잃게 하지 말 것.
- 역사적 사실을 다룰 때는 항상 정통성을 유지하고 고증에 철저를 기할 것. 전기, 전설 등의 내용을 다룰 때도 그 시대적 배경에 주의를 기울일 것.
- 반공·새마을·독립운동에 관한 내용은 신중을 기해야 하며 이를 빙자한 폭력·잔인·선정적인 표현 등을 삼갈 것.
- 살상·보복 등을 주제로 한 무협물이나 범죄 수사물은 가급적 피할 것.
- 해외만화, 특히 일본 만화를 무분별하게 복사하여 경쟁적인 출판을 함으로써 출판인의 품위와 긍지를 손상시키는 일이 없도록 할 것.
- 아동에게 아무 보탬을 줄 수 없는 저질 또는 무가치한 내용을 피할 것.
- 범죄행위 또는 비도덕적인 행위가 정당한 것으로 보이게 하는

표현을 금할 것.
- 표준말 사용을 원칙으로 하며 방언·은어·비속어·저속한 유행어 등을 사용치 않도록 할 것·.
- 성인 사회의 지나치게 어두운 면이나 이성 간의 불건전한 애정 관계 등 사회도덕과 미풍양속을 해치는 표현을 삼갈 것.
- 사행심 또는 미신 행위를 조장할 우려가 있는 내용을 삼갈 것.
- 만화 내용에 광고성을 내포하는 일이 없도록 할 것.
- 등장인물의 묘사가 천박하거나 흉측하지 말아야 하며 그 차림새 등이 불량 또는 사치스럽지 않도록 할 것.
- 문맥의 불통·불필요하고 어색한 인명의 사용 또는 외래어 조어를 남용하는 일이 없도록 할 것
- 저작자명을 조작 표시하거나 다른 작가의 작품을 표절 또는 두드러지게 모사하는 일이 없도록 할 것.

이런 어처구니없는 내용으로 엄포를 놓은 것도 모자라 문화공보부 문화예술국장 앞에 작가와 출판사, 관련 업자들을 "불량만화 추방"을 외쳐야 하는 정화 대회에 끌고 나오기도 하더니(《작가·출판사·업자 정화 대회》,《동아일보》, 1980년 11월 5일자) 얼마 지나지도 않아 저속 불량 만화를 제작했다면서 만화가와 만화 출판업자 14명을 구속하고 14명을 불구속 입건해 조사했다. (《저속 불량 만화 제작 14명 구속》,《동아일보》, 1980년 11월 20일자) 1980년 11월 20일엔 아예 문화공보부 차원에서 반공물과 역사물을 만화출판사들로 하여금

일정비율로 출판하도록 의무화하고 모든 만화의 권말부록에 교육적 내용을 삽입하도록 유도하겠다고 발표(〈만화 출판사들에 반공물 등 의무화〉,《동아일보》, 1980년 11월 20일자) 하기도 했다. 이 과정에서 신문 통폐합으로 시사만화가들도 퇴출과 가택연금을 당하는 수모를 겪어야 했으니, 지성수 목사의 말을 빌리자면 실로 "사회 정화를 하겠다고 사회를 정화조로 만드는" 짓이 아닐 수 없었다.

이렇듯 나오던 정기간행물도 폐간되고 신규 간행물 등록도 틀어 막혔으며 하물며 만화는 정화 대상으로 온갖 모욕을 당하던 시기가 전두환의 12.12 반란 직후다. 한데 전두환이 이런 행태를 누구에게 배웠을까 하면, 사실 박정희 정권기와 판박이였다. 박정희도 일제 강점기의 통제를 베끼다시피 한 셈이었지만, 어쨌든 박정희 당시의 만화 탄압 사례 또한 심각하기 이를 데 없었다.

깡패 소탕령으로 정치깡패 이정재를 질질 끌고 다니며 조리돌리다 처형하고(1961. 10. 19), 자유당 정권기의 부정선거 책임을 물어 최인규 내무부장관을 처형하는(1961. 12. 21) 등 초반부터 사회 질서 확립을 빙자한 공포 정치에 나섰던 박정희 정권은 1966년엔 5대 사회악을 지정해 수사 선상에 올렸다. 박근혜 정권기에 고스란히 부활한 그 사회악 레토릭이다. 1967년엔 6대 사회악으로 하나 더해 그중 하나에 만화를 집어넣기도 했으며, 박정희가 제6대 대통령 선거에서 재선한 이듬해인 1968년엔 한국 아동만화 윤리위원회를, 1970년엔 한국 도서잡지 윤리위원회를 설치하면서 만화에 본격적으로 사전 심의를 적용한다.

박근혜 정권이 지정한 4대 사회악은 성폭력·학교폭력·가정폭력·불량식품 유통을 일컫는다. 1966년 박정희 정권이 발표한 5대 사회악은 밀수, 마약, 탈세, 폭력, 도벌(나무를 허락 없이 베어가는 것)이었고 이듬해 6대 사회악이란 이름으로 만화가 추가된다. 사진은 2014년 부천의 한 파출소에서 촬영한 것이다.

  물론 사전 심의 이전에도 박정희 정권은 만화에 꾸준한 시비를 걸었다. 대표적인 사례가 당시 최고 인기작이었던 〈정의의 사자 라이파이〉의 김산호 작가가 중앙정보부에서 라이파이와 인민 해방군과 싸우는 장면에 그려진 붉은 별을 보고 용공 사상이 있다면서 1주일을 조사 받은 사건이다. 김산호는 이후 한국에 환멸을 느끼고 미국으로 건너간다.

  이 시기 몰아닥친 사회악 단속과 맞물려 만화에 가해진 검열은 그나마 움트고 있던 만화의 다양성을 무너뜨리는 결정적인 역할을 한다. 당시 심의 기준은 공산주의를 상징한다는 붉은색을 쓸 수 없다거나, 남녀 연애를 다룰 수 없다는 식이었고 반공과 모범, 친일파 처단 외의 이야기가 거의 불가능했다. 1972년엔 "만화 주인공은 되살아난다"라며 목을 맸다가 덜컥 죽고 만 12살 정병섭 군 자살 사건과(1972. 1. 31) 파출소장의 9살 딸을 성폭행한 뒤 목 졸라 죽였다는 춘천 파출소장 딸 강간 살인 사건을(1972. 9. 27) 이용해 만화는 저질이고 불량이라는 인식을 심어주려고 했다. 특히 춘천 파출소장 딸 강간 살인 사건은 열흘 안에 범인을 잡으라는 박정희의 불호령으로 딱 열흘째에 애먼 사람을 잡아들여 고문하고 거짓증언을 모아 무기수로 만들었음이 드러나 재심에서 39년 만에 무죄 판결이 났으니, 이 사건을 보도한 언론 기사도 몽땅 가짜가 된 셈이다. 이 유명한 사건은 이후 영화 〈7번방의 선물〉의 소재가 되기도 했다. 당시 박정희의 불호령을 받아들고 검거 시한을 정해 수사 관계자들을 달달 볶은 사람은 당시 내무부 장관이던 김현옥. 앞서 서울시장으로 세운상가를 만든 그 원조 불도저다.

춘천 파출소장 딸 강간 살인 사건은 유신 발표 직전에 터진 사건을 수습하기 위한 희생

영화 〈7번 방의 선물〉 포스터. 춘천 파출소장 딸 강간 살인 사건의 범인으로 제조됐다 39년 만에 무죄를 받은 정원섭의 이야기를 소재로 한 작품이다.

양을 만화방이라는 공간을 배경으로 조작한 사건이다. 정병섭 군 사건의 경우는 일이 터지고 서울시경이 서울 시내 만화 대본업소 1360개소에서 만화책 2만여 권을 수거해 불살랐고(1972. 2. 2) 그 이튿날엔 정병섭 군의 모교인 신설동 국민학교 학생들이 불량만화 안 보기 운동을 전개하기도 했는데(1972. 2. 3) 이 역시 효율적인 전시 효과를 노린 일이다.

전두환은 물론 이후 이명박-박근혜 정권기에 일어난 불량만화 시비는 실상 이렇게 그 행태가 일찌감치 정립된(?) 일이었다. 재밌는 건 한국 만화 탄압사에서 가장 유명하다 할 법한 만화 화형식 사진에 남산 시절의 어린이회관이 떡하니 배경으로 등장하고 있다는 점이다. 해당 사진은 1971년 6월 29일 오전 10시에 남산 야외 음악당에서 열린 불량만화 화형식 장면을 《동아일보》가 실은 것으로, 박정희 정권기에 만화에 대한 취급이 어떠했는지를 시각적으로 가장 잘 보여주는 장면이라 하겠다. 현수막 등에 적힌 글씨가 모두 같은 글씨체로 적힌 전형적 관제

불량만화 회형식 장면
자료: 《동아일보》 1971년 6월 29일자

행사로 "불량만화는 사회악의 근원이다"라는 문구가 서슬 퍼렇다.

한데 《보물섬》은 1982년 10월 만화 전문 잡지로서 발간되었다. 다른 매체를 모두 없애고 틀어막은 전두환 정권이건만 어쩐 일이었을까. 이는 사실상 박정희 유족의 호구지책을 염두에 둔 전두환의 특혜였다 해도 과언이 아니다. 그 결과 《보물섬》은 서울문화사의 《아이큐점프》(1988년 창간)에 이어 대원문화사(현 대원씨아이)의 《소년 챔프》가 등장(1992년 창간)하며 만화 제작의 기틀이 뒤집어지기 전까지 사실상 가장 유력한 만화 잡지로 군림할 수 있었다. 물론 《보물섬》의 존재는 만화만 담은 만화 잡지들이 1980년대 중반부터 조금씩 등장할 수 있게 하는 시작점이 되어주기는 했지만, 그것도 《보물섬》 등장에서 시간이 좀 지난 후였다.

《보물섬》의 등장으로 수많은 작가가 작품을 본격적으로 발표하는 장을 만났고, 독자는 물론 작가 입장에서도 《보물섬》에 추억과 호의를 품고 있는 경우가 많았다. 하지만 전두환도 박정희도 만화에 호의적이었던 적은 단 한 번도 없다. 두 정권기에 만화가 당한 탄압을 생각하면 《보물섬》 창간호 광고의 문구들은 그야말로 어이가 없을 정도다. 그럼에도 이만큼이나 뻔뻔할 수 있기 때문에 저만한 악행을 저지르고도 얼굴을 들고 살 수 있겠구나 하는 생각과 더불어, 전두환이 어떤 심정으로 허가를 해 줬든 《보물섬》은 박정희 일가가 육영재단이라는 실행 주체를 통해 세상에 내보이려던 숱한 가치를 어린이들을 향해 구현하려는 시도의 연장선 역할을 작품이나 작가들과는 달리 그 존재 자체로 하고 있었음이 못내 껄끄럽다.

돌이켜 보건대 박근혜가 창간사에서 밝힌 잡지의 방향성은 "또 하나의 알찬 봉사"였다. 육영재단은 이후 최씨 일가의 개입과 전횡 때문인지 또는 그 자신의 무능 때문인지 끝없는 내홍에 휘말리게 되지만, "또 하나의 알찬 봉사"라는 방향성만은 창간사의 어설픈 문장 속에서도 명확하게 빛나고 있다. 이는 가능했든 못했든 《어깨동무》에서 시작해 육영재단 그리고 어린이대공원과 어린이회관으로 이어지는 일련의 문화적, 시각적, 공간적 프로파간다를 이어가 겠다는 소름 돋는 선언이나 다름없다.

독재 시스템은 필연적으로 시간과 함께 훈련된 우민을 필요로 하고, 이를 위한 시작점으로 소년병을 키운다. '어린이'가 저 일가에게 어떤 의미였을지, 박근혜가 박정희 시대를 스스로 끝내고만 지금에 와서는 부질없는 생각일 뿐이지만 한때《보물섬》과 육영재단을 '만화계의 은인'으로까지 여기는 이들이 있었음을 떠올려보자면 그저 여러모로 괴로울 따름이다.

 장소 옆 이야기

### 《보물섬》 창간호(1982년 10월호)에 실린 박근혜 창간사

《보물섬》 창간호에는 박근혜가 창간사를 게재했다. 육영수를 고스란히 따라한 게 명백해 보이는 한복 차림에 올림머리를 한 사진과 함께 실은 이 창간사의 제목이 바로 〈'보물섬'은 또 하나의 '알찬 봉사'〉이다. 육영재단 이사장직은 창간호가 발표된 9월 말보다 조금 뒤여서 창간사에 직함은 담겨 있지 않다.

　매달 매달 한 아름의 이야기 보따리를 만들어 우리 어린이들에게 즐거움과 기쁨을 선사할 만화 월간지 '보물섬'의 창간을 진심으로 축하합니다.
　재미있고도 건전하며, 웃으면서도 무엇인가 소중한 배움이 있는 책은 학부모, 선생님 그리고 모든 어린이들에게 사랑받을 수 있고 기대를 모으는 보물과 같은 존재입니다.
　어린 시절이면 거의 누구나 앞 다투어 읽어 보게 되는 만화가 알차고도 다양한 내용으로 다달이 어린이를 찾게 됨은 한층 더 축하하고 환영할 일이라 하겠읍니다.
　눈 내리는 겨울 밤, 따뜻한 방에 모여 앉아 흥미진진하게 눈동자를 빛내며 할아버지, 할머니로부터 들을 수 있는 전설과 옛날 이야기에서 현대판 상상 모험을 그린 우주 전쟁에 이르기까지, 국내외 역사 속의 인물의 일생에서 동물·과학·스포오츠로서의 세계에 이르기까지 아기자기한 내용들을 어린이들이 읽으면서 즐거워하고, 그 가운데서 상식과 배움을 키워나간다면, 이는 우리 사회가 사랑하는 어린이들에게 정성을 다하는 또 하나의 알찬 봉사가 될 것입니다.

돌아가신 어머니께서 '어깨동무'를 창간할 때 어린이들을 위해 뜻하셨던 그 정성대로 '어깨동무'의 자매지 '보물섬'도 다달이 그 내용이 밝고 충실하여 어린이를 아끼고 사랑하는 데 으뜸가는 잡지, 그 권위를 사랑하는 잡지로서 무궁한 발전이 있기를 충심으로 축원하는 바입니다.

－《보물섬》 창간호 중(1982년 10월호)

## 박조건축

능동 어린이회관이 들어서던 당시는 박정희가 1971년 대선에서 김대중을 '가까스로' 누르고 3선에 성공한 후 위기감을 느낀 나머지 1792년 10월 26일 대통령 특별선언을 발표하고 비상계엄령을 선포, 국회까지 해산한 이른바 '10월 유신'이 한창 진행 중이던 시기였다. 이때 이론적 토대가 된 것이 '한국적 민주주의'였는데, 독재자가 민주주의를 말하기 위해 동원한 이 아이러니한 표현은 마치 이후 우리 사회는 물론 만화와 애니메이션까지 내내 시달려야 했던 '한국적' 소재나 형태 논쟁의 서막을 보는 듯한 상황을 연출하기 시작한다.

나치 독일이 잘 보여주듯 건축은 민족주의적 프로파간다를 가장 명확하게 설파하는 도구로 곧잘 쓰이곤 했다. 한국 전통 목조 건축을 콘크리트로 재현한 뒤 계란빛으로 칠하고 기와를 씌운 이 기괴한 공공 건축물들은 현판마다 박정희의 못 생긴 글씨를 낙관 같은 낙인으로 박은 채 지금도 곳곳에 배치돼 있다. 부인인 육영수가 설립을 주도한 육영재단의 본부 격인 어린이회관 또한 비록 공공 건축물은 아니어도 사실상의 공공 건축물로서 이 양식을 고스란히 보여준다.

아닌 게 아니라 박정희는 1976년 9월 23일 단청 대신 계란색으로 칠한 칠백의총 경내 건축물을 둘러보면서 "전통을 그대로 묵수할 것 아니라 창조적으로 머리를 현대적 채색방법을 개발해 놓으면 우리 후손들은 이를 우리 시대의 문화재로 보존하게 될 것" "이것이 곧 전통문화의 창조적 개발"이라고 말했다는데(〈먼 훗날 우리 시대의 문화재로 보존될 것〉,《경향신문》, 1976년 9월 24일자), 앞서 세운상가로 시대를 앞선 설계를 시도한 바 있던 건축가 김수근은 이와 같은 일련의 건축 양식을 가리켜 '박조건축朴朝建築'이라고 단칼에 잘라 비웃었다. 박조건축은 그야말로 겉가죽만 조선시대풍이지 사실상 공간적 시각적 권위를 내세우는 시대착오적 고전주의 양식인 거대 콘크리트 구조물을 가리키기에 더할 나위 없는 표현이다. 어쨌거나 이 건축 양식은 노태우 대에 신축된 현 청와대 건물에까지 적용됐는데, 졸지에 어린이회관의 주인이자 훗날 대통령이 되기도 했던 박근혜와 얽혀 미묘한 오해를 만들기도 했다.

재밌는 건 남산 시절의 어린이회관 건물의 경우 박조건축이 아니란 점이다. 박정희 시기 '한국적 민주주의' 프로파간다의 시작이 1972년의 10월유신이어서였을지, 또는 옛 어린이회관을 짓던 당시

오른쪽 면에서 바라본 어린이회관. '박조건축'의 대표적 사례다.

부터 이미 다른 목적으로 쓰일 거라 생각했던 건지 알 수는 없으나 분명한 사실은 주체는 그대로인데 '건물의 전후 스타일이 너무나 다르다'.

## 육영재단의 내홍

기인에 가까운 최태민의 행태가 어땠다든지, 근화교회에서 최태민이 박근혜를 첫 여성 대통령으로 만들기 위한 준비를 했다든지(〈'박근혜의 몸과 정신을 지배한 자' 최태민은 누구?〉,《노컷뉴스》, 2016년 10월 30일자) 최태민이 육영새단 이사장이던 박근혜와 같은 방을 사무실로 썼다든지(〈"자기 아버지 일인데… 설마 박근혜가 그랬겠어?"〉,《동아일보》, 2012년 3월 5일자) 하는 이야기들이 언론 보도를 통해 계속해서 보도된 바 있으나 이 글에서는 그리 중요하지 않은 이야기다. 다만, 《어깨동무》의 휴간은 '적자 때문'이라는 표면상 이유와는 달리 최태민과 그 딸인 최순실이 육영재단에 깊숙이 관여하고 《어깨동무》 편집권과 인사권까지 침해한 끝에 일어난 일련의 파업, 편집장 교체, 기자 줄사퇴 등에 따른 것이었다. 《어깨동무》가 휴간사 하나 없이 휴간한 건 편집자들의 의중을 무시한 결과다. 《어깨동무》와 《꿈나라》가 1987년 5월 22일 문공부에 휴간 신청을 내면서 《어깨동무》 기자 7명, 《꿈나라》 기자 4명, 사진기자 2명, 미술기자 3명 등이 그만두고 《보물섬》만 기자 3명의 손으로 발행됐다고 한다. (이경순, 〈르포-흔들리는 육영재단, 박근혜 이사장은 괴롭다-어깨동무와 꿈나라 휴간, 농성사태까지 육영재단의 어제와 오늘〉, 《여성중앙》, 1987년 10월호) 폐간 당시 《어깨동무》의 통권 수는 총 247권. 판매 부수는 언론 보도된 최고치가 15만 부고 보통 월 6만 부 정도를 찍다가 폐간 즈음에는 많이 떨어졌다(〈「어깨동무」, 「꿈나라」 폐간 신청〉, 《경향신문》, 1987년 5월 25일자).

휴간 이후 최씨 일가의 전횡에 어린이회관 직원들의 불만이 폭발해 급기야 농성 사태까지 일어났다(1987. 9). 한데 파업과 농성에 이르는 육영재단의 내홍을 상세 보도한 《여성중앙》 1987년 10월호에는 각종 주장과 의혹에 관한 최순실의 반박 인터뷰도 함께 실려있다. 당시 최순실은 "순수한 도움이 악의로 이용되었다" "이 좋은 뜻에서 건의한 시작한 일이 결과를 못 본 것 같다"라 말했는데,

2016년 터진 '최순실 국정농단 게이트' 때 기사가 여러 언론사를 통해 인용 보도되며 박근혜와 함께 보여준 유체이탈 화법과 고스란히 오버랩되는 효과를 낳았다.

육영재단과 어린이회관은 분명 독재 시기의 산물이지만 육영수 암살 이후 망가져가는 과정을 읽다 보면 되레 일면 안쓰러워진다. 2013년부터, 아니 엄밀히는 2008년부터 2016년까지의 우리나라에도 마찬가지 심정이긴 할 텐데, 대체 어쩌다 저런 자들에게 휘둘린 걸까.

## 새 보물섬은 학습만화 잡지

2012년 12월 25일 서울문화사는 《보물섬》의 이름을 딴 만화잡지를 새로 창간한다. 이름하여 《종합학습만화지 보물섬》. 육영재단과는 전혀 관계없는 이 잡지는 말 그대로 인문사회, 수리과학, 예체능 등의 부문별로 구분된 학습만화 전문지다. 서울문화사는 《보물섬》 이후인 1988년 등장한 만화전문잡지 《아이큐점프》를 냈던 출판사로, 《아이큐점프》의 등장이 만화계를 《보물섬》의 시대와 다른 방향으로 이끌어갔음을 생각하면 미묘한 기분이 든다.

육영재단의 《보물섬》과는 전혀 관련 없음에도 그 이름을 쓴 데에 관해서 서울문화사는 언론 보도를 통해 "『보물섬』이 학부모 세대에게 향수가 있는 잡지명으로 손꼽히는 등 호감도가 커 잡지 이름으로

학습만화판 《보물섬》

선정했다" "정부 부처 등에 문의했는데 10년 이상 사용을 하지 않은 이름은 사용 가능하다는 자문을 받았다"(〈'보물섬' 16년만에 다시 나온다, 만화+학습〉, 2012년 12월 18일)라고 밝힌 바 있다. 다만 잡지 자체가 육영재단과 관련은 없지만 서울문화사의 국장이 《보물섬》의 기자 출신이라는 인연은 있다고 한다.

《보물섬》을 보며 만화를 베껴 그리던 나도 어느덧 마흔을 목전에 둔 애 아빠가 되어 있다. 내 나이 전후로 자녀를 둔 사람이라면 대체로 《보물섬》을 보며 소년, 소녀 시절을 보냈을 터다. 아이가 이제 두 돌이어서 나에겐 이르지만, 학습 만화를 보여줄 만한 아이들이 있는 이들이라면 학습만화판 《보물섬》을 직접 보여줄 수도 있을 터다. 시간이 만든 기묘한 풍경일 것만 같다.

## 잼 프로젝트 첫 내한공연

능동 어린이공원은 카게야마 히로노부影山ヒロノブ, 오쿠이 마사미

奥井雅美, 엔도 마사아키遠藤正明, 후쿠야마 요시키福山芳樹, 키타다니 히로시きただにひろし 등 일본 애니메이션 주제가의 전설적 주자들이 뭉친 프로젝트 그룹 잼 프로젝트JAM Project, Japan 'Animation song Makers'가 처음으로 내한공연을 벌인 곳이기도 하다. 앞서 일부 멤버가 소규모 공연으로 한국을 찾아온 적은 있으나 현 멤버 전원이 온 건 이때가 처음이어서 굉장히 관심이 높았다.

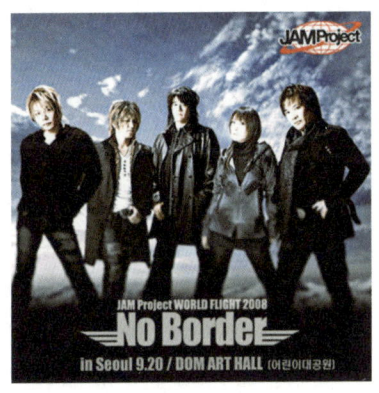

2008년 9월 20일 열린 잼 프로젝트의 첫 내한 공연을 홍보하는 배너

2008년 9월 20일 어린이공원 내 돔아트홀에서 열린 이날 공연은 '비를 부르는 남자雨男(아메오토코)'라는 일부 멤버의 별명 그대로 제법 궂은 날씨였음에도 일본 애니메이션 주제가를 좋아하는 한국 팬들이 대거 모여 장사진을 이루었다. 외국 뮤지션들이 한국을 찾으면 다들 놀라듯 이날도 떼창과 통역이 필요 없는 소통의 장이었다. 이때의 성과 덕분에 잼 프로젝트 공연은 이듬해인 2009년 5월 27일 서울 광진구의 멜론악스에서 두 번째 공연을 열게 된다.

# 답사 코스

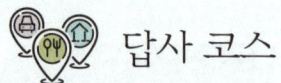

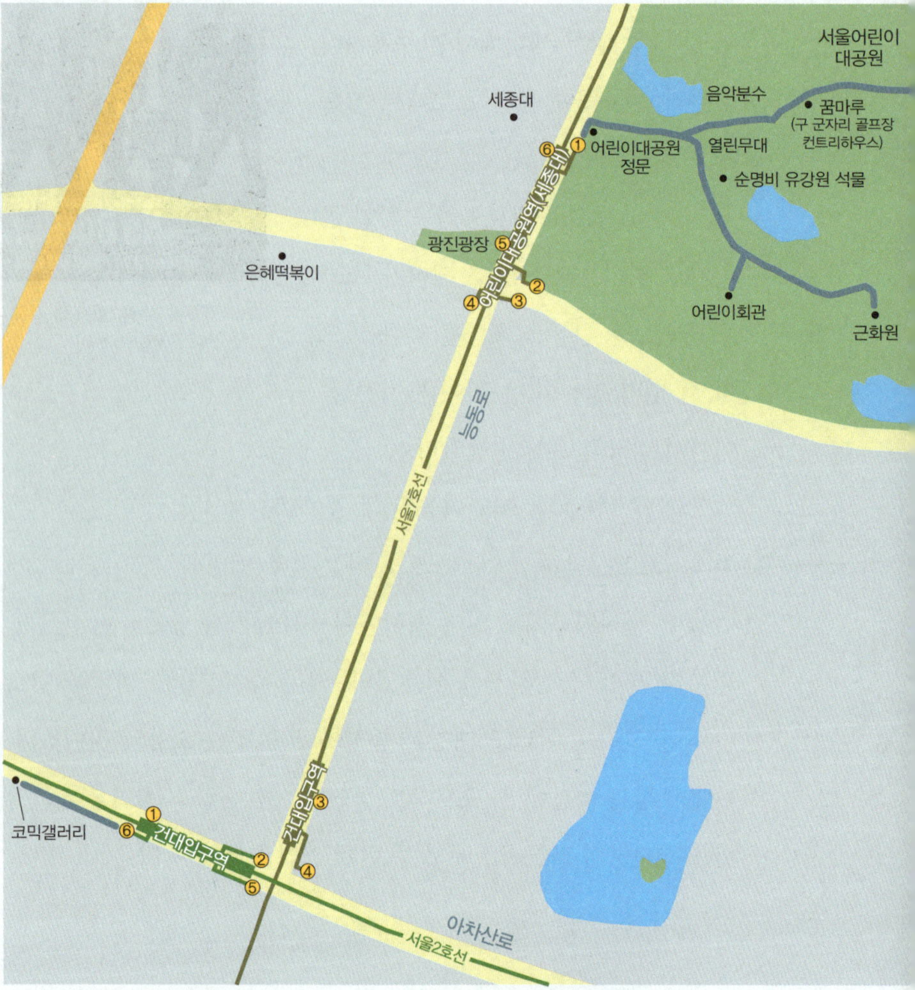

서울어린이대공원

꿈마루
(구 군자리 골프장 컨트리하우스)

음악분수
열린무대
어린이대공원 정문
세종대
순명비 유강원 석물
광진광장
은혜떡볶이
어린이회관
근화원

서울2호선
아차산로

코믹갤러리
건대입구역

세종대학교

어린이대공원

코믹갤러리 건대점

순명비 유강원 석물

꿈마루

어린이회관

근화원

육영재단 어린이회관은 어린이대공원과 붙어 있어 간 김에 논다는 선택이 가능하다는 게 특징이다. 어린이대공원은 역사 면에서도 여러 가지 이야기가 많지만 일반 시민 입장에서만 생각하자면 의외로(?) 볼거리 즐길거리가 많고 넓어 아이와 함께는 물론 산책 코스로도 데이트 코스로 활동하기에도 적당하다. 게다가 근처에 건국대학교와 세종대학교 근처의 상업시설들이 있어 놀고 난 후의 식사도 부담이 없다. 개인적 경험으로는 새벽에 서울 지하철 5호선 아차산 쪽 후문에서 정문까지의 1.3킬로미터 가량의 코스를 지나와 본 적 있는데 한적함을 즐기는 이들에게 추천한다. 새벽녘을 장식하는 중년분들의 집단 에어로빅을 구경할 수 있는 건 별첨.

## 능동 어린이대공원
서울 지하철 7호선 어린이대공원역 1번 출구 바로 앞(정문),
서울 지하철 5호선 아차산역 4번 출구 바로 앞(후문)

"세상에서 가장 큰 놀이터"라는 표어를 걸어놓고 있는 능동 어린이대공원. 오세훈 전 시장의 몇 안 되는 선정으로 입장료가 무료가 된 덕에 그냥 가서 놀기 편하다. 물론 놀이기구는 별도 요금을 내야하고 일부 시설 대여 등도 요금이 책정돼 있지만, 산책과 동물원, 식물원 관람 용도로는 돈을 안 쓰고도 충분히 다닐만하다. 매우 넓으므로 한 번에 전부 다 돌아보는 데에는 시간과 체력의 한계가 따

르기 쉬우니 목적에 따라 맥락
을 정해 볼거리 즐길거리를 정
하는 편이 좋다. 동물원은 최근
에도 국내에선 거의 볼 수 없는
희귀동물 알파카를 들이는 등
여전히 볼거리를 만들어내고
있다.

다만 이 책의 목적에 맞춘다
면, 놀러 가서 머리 아프기 싫
을 수는 있지만 이곳이 유릉이
었다가 골프장이었다가 공원이
된 맥락을 좇아 보는 것도 방법
이다. 박정희 글씨가 담긴 비석

"세상에서 가장 큰 놀이터"라는 어린이대공원

부터 반공의 흔적이 남아 있는 동상들, 유강원(유릉)의 흔적, 그리
고 골프장 컨트리하우스였다가 느닷없이 용도 변경을 당했던 과거
가 있는 꿈마루 등을 좇아가 보면 좋다. 꿈마루는 특히나 그 시기의
건축물로 보기엔 너무나 과감하고 독특한 설계를 보여주고 있다.
기껏 만들어놓았다가 외장을 덕지덕지 붙인 채 엉뚱하게 쓰이다 철
거당할 뻔했단 스토리가 그 시대답다는 생각이 들 정도다.

## 육영재단 어린이회관

어린이회관/서울 지하철 7호선 어린이대공원역 1번 출구 – 어린이회관 400미터

처음부터 어린이회관으로 가서 어린이대공원으로 들어가는 방법도 있다. 하지만 어린이회관이 어린이대공원 설립 후 그 옆에 자리를 잡았던 맥락을 생각하며 훑어 들어가는 게 좋을 듯해 두 번째에 배치했다. 선택은 물론 독자들의 몫이다.

박조건축의 대표주자다운 콘크리트 한옥(?) 건축물 두 채, 건물과 주변 이곳저곳에 보이는 박정희와 육영수의 흔적들, 그리고 최태민의 흔적이라 할 수 있을 근화원에까지 이르면 참으로 복잡다단한 감상에 빠지게 된다. 물론 그 복잡다단한 기분 상당수는 '저 당

어린이대공원 꿈마루에서는 어린이회관 건물이 보인다. 사진 왼쪽 가운데쯤 보이는 기와지붕 건물이 어린이회관 과학관이다.

시'가 아닌 '지금 현재' 벌어져 있는 저 일가의 상황적 맥락 때문이고, 한편으로는 이 공간에서 나왔던 잡지 등에 어린 시절 상당수를 저당 잡힌 이들이 너무나 많기 때문이기도 하겠다. 그 모든 총체적 아이러니를 심정 가득히 느끼며 바라보는 것도 좋다.

현재도 두 건물을 통틀어 유치원과 예식장이 운영 중이므로 구경과 반응에 주의를 요한다.

## 세종대
서울 지하철 7호선 어린이대공원역 6번 출구 바로 앞

능동 어린이대공원 정문으로 돌아오면, 건너편에 세종대학교가 자리하고 있다. 세종대학교는 설립년도만으로는 공주대학교에 밀리지만 4년제 대학 가운데에서는 최초로 만화 관련 학과를 설립한 곳이다. 세종대는 1996년 3월 영상만화학부를 열었고 2000년부터는 만화애니메이션학과로 운영 중이며 만화 석·박사 과정도 운영 중이다. 대선배라 할 수 있는 이현세, 이두호 선생 등을 중심으로 여러 만화가가 후학을 기르는 데 참여하고 있다. 데뷔한 유명 작가도 많거니와 만화 공모전이나 대회 등에서 많은 수상자를 내며 꾸준히 선전 중인 것도 특징이다.

세종대학교 만화애니메이션학과와 얽힌 재미난 이야기를 꼽으라면 단연 지옥캠프를 들 수 있다. 2001년 6월부터 이두호 선생이

학교 학생들을 데리고 산간 오지나 폐교 등 완전히 차단된 공간에 데려가 9박 10일간 그야말로 만화 제작에만 몰두하게 하는 '지옥캠프'를 시작한 일을 시작으로 이후 일종의 전통 연례행사로 자리매김했다. 문 앞에 이두호 선생이 자리 잡고 앉아 선생의 지론인 '만화는 엉덩이로 그리는 것'을 몸소 보여주면 후학들은 꼼짝도 못 하고 만화 그리기에 매진할 수밖에 없었다는 공포스러운 전설이 전해져 온다.

  2008년 이두호 선생의 정년 은퇴 이후에는 이현세 선생이 가세하며 맥을 이어오다 2014년부터는 네이버문화재단의 후원으로 세종대 이외의 만화가 지망생에게도 문을 열었다. 네이버 웹툰에서는 이 캠프 참가자 가운데 평가를 거쳐 수작으로 뽑힌 작품을 지옥캠프 단편선이라는 이름으로 공개하며 지망생들에게 대중 공개의 기회를 열어주고 있다.

## 세종대-건국대 앞 상업시설 + 코믹갤러리

서울 지하철 2호선 건대입구역 / 서울 지하철 7호선 어린이대공원역 하차 후 이동. 코믹갤러리는 서울 지하철 2호선 건대입구역 4번 출구에서 180미터 직진 후 왼쪽으로 꺾음

어린이대공원을 다 돌았으면 먹으러 가는 것도 좋다. 마침 이 주변은 대학 두 곳이 모여 있는 공간이어서 비교적 저렴한 비용으로 그럴싸하게 먹을 만한 곳이 많다. 하지만 기왕이면 이곳 학생들이 먹

을 법한 걸 한번 먹어봄 직도 하다. 어린이대공원역 근처의 '은혜떡볶이'는 독특한 풍미를 자랑하는 짜장 떡볶이로 두 대학교 학생들의 사랑을 오래도록 받아왔다. 포장해와서 집에서도 끓여먹을 수 있으니 꼭 한번 가보도록 하자. 주소는 서울 광진구 화양동 192이다.

만화 전문 서점이라면 홍대 앞의 한양TOONK와 북새통문고를 생각하지만 건국대학교 앞에도 서울 동부권 만화 독자들의 사랑을 받는 만화 전문 서점이 있다. 이름하여 코믹갤러리다. 아주 크지는 않지만 만화 전문 서점이 갖춰야 할 분위기와 친절함을 모두 갖춘 곳이다. 신간들도 비교적 빠르게 들어오니 만화가 필요한데 홍대가 좀 멀다 싶으면 이곳을 찾아가면 된다. 어린이대공원과 어린이회관을 둘러보며 《보물섬》을 추억하고 온 다음 만화책 쇼핑으로 화룡점정을 찍는 코스라면 그야말로 좋지 아니한가. 주소는 서울 광진구 자양동 8-3이다.

## 마무리하며

1년 만의 새 책이다. 강의와 방송과 글 의뢰의 폭풍우 속에서 이사까지 치르며 써낸 원고들이 이제 끝에 다다랐다. 지연에 지체를 거듭하는 진도에 시달렸으나 그만큼 내실을 기하려 애를 썼다. 어디 가서 "저는 성실한 필자입니다!" 하고 말하기에는 다소 민망해졌지만, 좀 더 많은 읽을거리와 볼거리를 현 시점에 맞춰 싣고 싶다는 욕심이 컸다. 실수와 오류는 있을 테지만 이것이 지금 보일 수 있는 최선이라 믿으며 독자 여러분 앞에 내밀어본다.

《나의 만화유산 답사기》는 만화와 얽힌 장소에 관한 이야기이자, 그 장소가 지닌 공간적 맥락과 역사가 만화와 어떻게 엮이는가를 찾고자 하는 탐구의 글이다. 장소와 만화라는 완전히 다른 맥락에 서 있는 이야기를 하나로 묶기 위해선 내가 오롯이 그 시대 이야기들 한가운데에 설 만큼 몰입해야 했다. 덕분에 메소드 연기가 이런 걸까 싶을 만큼 각 시기 각 장소 속에서 허우적대다 빠져나오기를 반복해야 했다. 참으로 힘겨웠지만, 각 공간이 담고 있는 이야기가 절묘하게 시대 흐름 속에서 연결점을 지니고 있는 까닭에 막상 쓰면서는 이를 연결해내는 재미가 쏠쏠했다. 만화 이야기가 작품론이나 작가론, 또는 '만화계'의 이야기로만이 아니라 우리 삶이 펼쳐지는 자리와 어떤 연결점을 지니는가를 읽을 수 있는 기회가 되기를 바란다.

복잡다단한 맥락의 실타래를 풀어 오롯이 내 시선을 담아 엮어내겠다는 목표를 달성할 수 있어 뿌듯했고, 숱한 역사 속에 서 있던 내 모습을 새삼 확인할 수 있었다는 점이 반가웠다. "나는 언제나 내 분야의 한 시기를 기록하고 있었다"는 충실감이 버거운 일정 속에서도 나를 끊임없이 몽실몽실 달뜨게 했다. 이 느낌을 잊고 싶지 않다.

~~~

이 책에서 소개하는 곳 가운데에는 흔적마저 사라진 곳도 있고 가까스로 버티는 곳도 있다. 하지만 중요한 건 그 공간을 살던 사람들이 마셨던 공기를 그 자리에 서서 마셔보며 자리의 흐름과 시간적 역사적 맥락을 떠올려보는 일이라고 생각한다. 모든 답사는 결국 그 지점에서 시작한다. 그리고 답사라는 말을 빌렸지만, 이전과 지금의 맥락을 살피며 재해석하고 조립하는 일은 그저 그땐 그랬다고 웃으며 넘어가기 위해서가 아니라 현재를 더욱 풍성하게 만들기 위한 유·무형의 에너지로 삼는 과정이라고 생각한다.

이는 성과와 성장에 발목 잡혀 사람을 숱하게 다치게 하고 있는 지금의 한국 만화에 필요한 에너지이기도 하다. 이 책이 감히 그 역할을 하겠노라 하고 선언할 수야 없겠으나, 거창한 이야기나 거시 담론이 아니라 사람들 속의 작은 물음표와 생각의 보풀 끝을 잡아 풀어내는 사소하면서도 미시적인 접근이 늘어나길 바라는 마음이다. 아울러 아직 살아 있는 공간이 있다면 그 공간을 찾는 이들이 조금 더 늘어나는 계기가 되면 좋겠다.

책에 나온 답사 코스는 걷기를 기준으로 작성했다. 보고 느끼려면 역시 걸어야 한다고 생각한다. 부천 지역은 각 공간이 워낙 동떨어져 있어 자동차 이동을 권장한다고 적었지만, 옛 공간 하나 정도를 빼면 전철로도 충분히 이동할 수 있으니 웬만하면 집에서 이동할 때엔 대중교통을, 소개한 장소 근처부터는 직접 걷기를 권한다. 느긋한 마음으로 걸으며 봐야 보이는 것들이 훨씬 많음을 알 수 있다. 책 속에 나오는 장소는 좁은 곳을 찾아 들어가야 해서 애초에 차량으로 다니며 볼 수 없는 곳이 태반이다.

～～～

시작하는 글에도 적었지만, 《나의 만화유산 답사기》는 마음의 빚더미 같은 글이었다. 방향을 잡는 데에도 오래 걸렸고, 잡고 나서도 여러 사정으로 멈추고 말았다. 이 글을 내 안에서 만났음에 감사한다. 또한 이 글을 '완성'할 수 있었다는 점에도 감사한다. 한때 멈추었던 아이를 다시 일으켜세워 달리게 할 수 있었던 건 이 글을 낳은 자로서 큰 은혜라 생각하지만, 한편으로는 이제 묵혀둔 글 같은 게 남아 있지 않다. 다시 말해 나는 이제 영점에 선 상황이다. 그러니 앞으로 다양하고 깊은 이야기를 할 수 있게끔 공부하고 정리하려 한다. 독자 여러분께서 계속 응원해주시기를 바랄 따름이다.

아울러 나는《나의 만화유산 답사기》의 다음 편도 써보고 싶다. 어딜 가도 안내문과 표석을 그냥 지나치지 못하는 종족인 입장에서 장소와 만화 이야기의 접점은 늘 마음 속 화두일 수밖에 없다. 지역 출신이면서도 결과적으로 서울 쪽에 치중한 이야기가 대부분인 점은 아쉬움으로 남는다. 기회가 닿는다면 다른 지역의 장소와 얽힐 만한 만화 이야기를 발굴해보고픈 마음이다. 이번에 다루지 못한 곳을 포함해 언젠가 꼭 선보일 수 있길 희망한다.

출간 막바지인 이 시점에는 오로지 아내와 아이만 떠오른다. 마무리 과정에서 고생에 고생을 더 얹기만 한 못난 남편이자 아빠였다. 온갖 생각이 떠오르지만 이 말로 갈음한다. 고맙습니다. 사랑합니다.

2017년 12월<br>
서찬휘

## 참고 문헌

각주와 미주를 싫어하는 편이라 참고한 문헌과 기사 등은 본문 안에서 소개했다. 그 외에 인용의 범주가 아니어서 출처를 명시하지는 않았더라도, 글을 쓰기 위한 정보 수집과 공부 과정에서 참고하고 도움 받은 책들이 있어 여기 별도로 적어둔다.

《고종실록》, 국사편찬 위원회《조선왕조실록》, http://sillok.history.go.kr
《만화, 내 사랑!》, 박재동, 지인, 1994.
《박시백의 조선왕조실록 개정판 1 - 개국》, 박시백, 휴머니스트, 2015.
《박시백의 조선왕조실록 개정판 19 - 고종실록》, 박시백, 휴머니스트, 2015.
《박시백의 조선왕조실록 개정판 2 - 태조·정종실록》, 박시백, 휴머니스트, 2015.
《박시백의 조선왕조실록 개정판 20 - 망국》, 박시백, 휴머니스트, 2015.
《박시백의 조선왕조실록 개정판 4 - 세종·문종실록》, 박시백, 휴머니스트, 2015.
《브리태니커 세계 대백과사전》, 한국브리태니커회사, 1993.
《사진으로 보는 옛 한국 - 은자의 나라》, YBM Sisa, 2002.
《서울, 건축의 도시를 걷다 1》, 임석재, 인물과 사상사, 2010.
《서울은 깊다》, 전우용, 돌베개, 2008.
《세종실록》, 국사편찬 위원회《조선왕조실록》, http://sillok.history.go.kr
《우리 역사는 깊다 1》, 전우용, 푸른역사, 2015.
《우리 역사는 깊다 2》, 전우용, 푸른역사, 2015.
《태조실록》, 국사편찬 위원회《조선왕조실록》, http://sillok.history.go.kr
《한국 슬레이어즈 팬픽사》, 장은선, 환상서고, 2007.

《한국현대만화사 1945~2009》, 박인하·김낙호 공저, 두보북스, 2011.
《한국현대예술사대계 IV》, 이영미 외 14명 공저, 시공사, 2004.
《한국현대예술사대계 V》, 이영미 외 9명 공저, 시공사, 2005.
《LIFE – LIFE AT WAR》, 한국일보 타임-라이프, 1977.
《LIFE – THE BEST OF LIFE》, 한국일보 타임-라이프, 1977.

# 나의 만화유산 답사기

초판 1쇄 인쇄 | 2018년 2월 20일
초판 1쇄 발행 | 2018년 3월  1일

지은이   서찬휘
책임편집  손성실
편집   조성우
마케팅   이동준
디자인   권월화
용지   월드페이퍼
제작   성광인쇄㈜
펴낸곳   생각비행
등록일 2010년 3월 29일 | 등록번호 제2010-000092호
주소  서울시 마포구 월드컵북로 132, 402호
전화  02) 3141-0485
팩스  02) 3141-0486
이메일  ideas0419@hanmail.net
블로그  www.ideas0419.com

ⓒ 서찬휘, 2018
ISBN 979-11-87708-73-5  03300

책값은 뒤표지에 적혀 있습니다.
잘못된 책은 구입하신 서점에서 바꾸어드립니다.

이 책 내용의 전부 또는 일부를 재사용하려면
반드시 지은이와 출판사 양쪽의 동의를 받아야 합니다.